YINGKE®
盈科律师事务所
YINGKE LAW FIRM

『律师说法』案例集（6）

韩英伟 主编

中国商务出版社
·北京·

图书在版编目（CIP）数据

"律师说法"案例集. 6 / 韩英伟主编. —北京：
中国商务出版社，2023.5

ISBN 978 - 7 - 5103 - 4652 - 1

Ⅰ. ①律… Ⅱ. ①韩… Ⅲ. ①案例 - 汇编 - 中国
Ⅳ. ①D920.5

中国国家版本馆 CIP 数据核字（2023）第 043498 号

"律师说法"案例集（6）
"LÜSHI SHUOFA" ANLI JI（6）
韩英伟　主编

出　　版：中国商务出版社
地　　址：北京市东城区安外东后巷 28 号　邮编：100710
责任部门：发展事业部（010 - 64218072）
责任编辑：陈红雷
直销客服：010 - 64515210
总 发 行：中国商务出版社发行部（010 - 64208388　64515150）
网购零售：中国商务出版社淘宝店（010 - 64286917）
网　　址：http：//www. cctpress. com
网　　店：https：//shop595663922. taobao. com
邮　　箱：295402859@ qq. com
排　　版：北京墨知缘文化传媒有限公司
印　　刷：北京荣泰印刷有限公司
开　　本：710 毫米 × 1000 毫米　1/16
印　　张：17　　　　　　　　字　　数：260 千字
版　　次：2023 年 5 月第 1 版　　印　　次：2023 年 5 月第 1 次印刷
书　　号：ISBN 978 - 7 - 5103 - 4652 - 1
定　　价：68.00 元

编 委 会

序 言 PREFACE

　　三月桃花映日开，灼灼其华春意浓。在充满希望的春天，在全面贯彻党的二十大精神的开局之年，在第十四届全国人大一次会议、全国政协十四届一次会议胜利闭幕之时，《"律师说法"案例集（6）》正式出版，这是新时代、新征程"盈科律师一日一法"的新贡献。

　　"盈科律师一日一法"公众号创建于 2019 年 7 月 16 日，始终坚持全面落实党的十八届四中全会提出的"谁执法谁普法"的要求，用法治宣传的方式化解社会矛盾于未然、维护社会稳定，推动法治社会发展。从《"律师说法"案例集（1）》到《"律师说法"案例集（6）》，一本书一个颜色，一本书 105个案例，一本书一个时间节点，一本书一个侧重点。实践证明："以案释法"是法治宣传、法治理解、法治学习的一大亮点，一个好办法。

　　"盈科律师一日一法"公众号中的案例体现了党的十九大以来我们党团结带领人民，如期打赢脱贫攻坚战，全面建成小康社会，实现第一个百年奋斗目标，推动党和国家事业取得举世瞩目的重大成就。

　　《"律师说法"案例集（6）》重点描述了在 2022 年这个极为重要、极为关键的一年，在顺利举办北京冬奥会、冬残奥会，动态优化调整疫情防控政策措施，党和国家事业取得了丰硕成果之社会背景下的法律故事。

　　党的十八大以来，《"律师说法"案例集》身着赤、橙、黄、绿、青、蓝的外衣，带着盈科律师的热情、丰富的专业知识、专注执着的精神，奔跑在中国法治建设的大道上，用实际行动宣传着中国法治建设的精神，见证着中国法治建设的成果，也为中国的法治建设贡献着力量。

　　置身历史的洪流，感知时代的伟力。盈科人不负时代，用较高的政治素养、深厚的法律知识、敏捷的思维能力、丰富的工作经验、娴熟的写作能力，将五彩缤纷的世界、五颜六色的社会现实中发生的事件，编写成一个个案例、一段段故事呈现出来，这些案例颇具典型性、时代性、新颖性、群众性、可读性，吸引了大量读者。公众号中律师们的解释也分别为读者做出了正面的引导和反面的警示，让其在更好地理解法律规定的同时，在实践中感受到法治精神、法治权威。

"盈科律师一日一法"公众号已经实现了我们的初衷，不仅在社会中产生了重大影响，还在公、检、法、律师、当事人之间架起了沟通的桥梁，增进了公众对法律案件判决的理解，并提高了公众的法治意识。

站在新的起点，展望未来，盈科律师信心满满。奋进新征程，盈科律师是法治社会的建设者、参与者、推动者。盈科人愿将"盈科律师一日一法"公众号作为推动法治建设的载体，为法治社会建设绘就出赤橙黄绿青蓝紫的精彩画卷。

踏上新征程，阔步春风里。今天的中国，充满生机活力；明天的中国，奋斗创造奇迹。盈科律师满怀豪情，脚踏实地，踏上中国式现代化新征程。

谨此祝贺《"律师说法"案例集（6）》的出版，我隆重推荐这本书，也希望你能喜欢。

举目千山绿，新程好扬帆。在充满希望的春天里，希望各位读者和我们一起努力，共创美好未来！

中华全国律师协会女律师协会副会长兼秘书长
盈科律师事务所创始合伙人、名誉主任、党委书记　　郝惠珍

2023 年 3 月 21 日于北京

目　录 CONTENTS

第二部分　刑事法篇

第三部分　公司法篇

第四部分　劳动法篇

第五部分　行政法篇

第一部分

民事法篇

1. 同一份遗嘱，发回重审后被告为何胜诉?

□ 张印富

【案情简介】

被继承人 R 某、F 某系夫妻关系，婚生四子女 R 某 1、R 某 2、R 某 3、R 某 4。R 某于 2009 年 4 月去世，F 某于 2013 年 3 月去世，二人的父母均先于他们去世。R 某 1 及其丈夫于 2014 年 11 月去世，二人婚生女儿是 M 某。R 某 3 婚生女儿是 R 某 5。

2018 年 7 月，原告 M 某向法院起诉，要求转继承 R 某名下位于北京市某区 8 号房四分之一份额，理由是该房系 R 某、F 某夫妻共同财产，二人生前未留有遗嘱。M 某系 R 某 1 唯一继承人。

被告 R 某 3 不同意原告 M 某诉求，辩称母亲 F 某生前留有自书遗嘱，内容为："2001 年，我与丈夫依据房改政策购买了位于北京市某区 8 号房。2009 年我丈夫因病去世，我在此立遗嘱，自愿将上述归我所有的房产遗留给我孙女 R 某 5，作为其将来的教育费用。F 某，2012 年 X 月 X 日。"诉讼中，追加 R 某 5 为第三人；R 某 2 作为原告方、R 某 4 作为被告方参加诉讼。

原告 M 某对自书遗嘱的真实性不认可，并主张 R 某 5 未在知道受遗赠后两个月内作出接受遗赠的表示，F 某的遗产应按法定继承办理。R 某 3、R 某 5 认可自书遗嘱的真实性，并表示 R 某 5 在 F 某立遗嘱时即得知了遗嘱内容，向 F 某表示接受遗赠，但未向其他继承人表示过接受遗赠。

原一审法院认为，对自书遗嘱的真实性，当事人有异议，无法确定。R 某 5 作为受遗赠人应当在知道受遗赠后两个月内作出接受遗赠的意思表示，其未在两个月内向其他继承人告知遗嘱内容及表示接受遗赠，即使该遗赠真实，亦应视为放弃遗赠。判决支持原告 M 某的诉讼请求，对 F 某的遗产按法定继承。R 某 3、R 某 5 不服该判决，随即聘请张印富律师作为其二审程序代理人提起上诉。

【判决结果】

一审判决：

登记在 R 某名下的位于北京市某区 8 号的房由原告 M 某、R 某 2，被告 R 某 3、R 某 4 共同继承，每人各占四分之一份额。

R 某 3、R 某 5 不服一审判决，提起上诉。

二审裁定：

一、撤销（2018）京 0102 民初某号民事判决；

二、发回重审。

发回重审后一审判决：

遗嘱合法有效，坐落于北京市某区 8 号房由被告 R 某 5 按遗嘱份额继承。

【律师解读】

本案经过了一审、二审、发回重审三个诉讼程序。同一份遗嘱，不同的判决结果。关键在于对"自书遗嘱的效力""受遗赠人接受或放弃遗赠的意思表示"及"意思表示形式"等问题的理解和把握。

一、如何认定自书遗嘱的效力？

《中华人民共和国民法典》（以下简称《民法典》）第一千一百三十四条规定："自书遗嘱由遗嘱人亲笔书写，签名，注明年、月、日。"《最高人民法院关于民事诉讼证据的若干规定》（以下简称《民事证据规定》）第九十二条第二款规定："私文书证由制作者或者其代理人签名、盖章或者捺印的，推定为真实。"《北京市高级人民法院关于审理继承纠纷案件若干疑难问题的解答》第十七条规定："以遗书形式处分遗产的，如该遗书具备法律规定的自书遗嘱形式要件的，应认定有效。"法律对自书遗嘱在形式上进行了强制性规定，自书遗嘱欠缺其中任意一项，即被认定为无效，如符合法律规定的形式要件，即推定为真实。从形式上看自书遗嘱系由 F 某亲笔书写，注明年、月、日，符合法律规定的形式要件，应当推定为真实。原一审判决认为"当事人有异议，无法确定"，对遗嘱效力未确定，进而认定R某5未明确表示接受遗嘱，视为放弃遗赠。发回重审后，司法鉴定认定自书遗嘱系遗嘱人本人书写，合法有效。

二、自书遗嘱真实性的举证证明责任如何分配？

最高人民法院关于适用《中华人民共和国民事诉讼法的解释》第九十条规定："当事人对自己提出的诉讼请求所依据的事实或者反驳对方诉讼请求所依据的事实，应当提供证据加以证明，……未能提供证据或者证据不足以证明其事实主张的，由负有举证证明责任的当事人承担不利的后果。"《民事证据规定》第九十二条规定："私文书证的真实性，由主张以私文书证证明案件事实的当事人承担举证责任。"自书遗嘱属于私文书证，应由主张遗嘱真实的被告R某3及第三人R某5承担举证责任。R某3提交了自书遗嘱原件，原件经鉴定系遗嘱人本人签名，R某3已完成了举证责任。原告M某不认可，但未提供相应证据，依法承担不利后果。

三、受遗赠人接受或放弃遗赠的意思表示从何时起算？

《民法典》第一千一百二十一条规定："继承从被继承人死亡时开始。"第一千一百二十四条第二款规定："受遗赠人应当在知道受遗赠后六十日内，作出接受或者放弃受遗赠的表示；到期没有表示的，视为放弃受遗赠。"遗嘱虽是遗嘱人生前作出，但遗嘱人生前可以撤回、变更自己所立的遗嘱；立有数份遗嘱，内容相抵触的，以最后的遗嘱为准。遗嘱在遗嘱人死亡后发生效力。遗嘱人活着时，受遗赠人不适宜表示接受遗赠。受遗赠人"在知道受遗赠后六十日内"的起算点，应是从遗嘱人死亡、受遗赠人开始继承（"知道受遗赠的事实"）时。R某3、R某5知道F某去世及生前自书遗嘱内容，自始表示接受遗赠。因此，受遗赠人的合法权利应当受法律保护。

四、接受或放弃遗赠的表示形式

接受或放弃遗赠，必须有明确的意思表示。即该表示行为必须能够确认接受或放弃遗赠的意思表示。表示形式可以是书面，也可以是其他形式；可以直接，也可以间接，但要满足能够确认接受或放弃遗赠的程度。如受遗赠人虽未以书面或口头形式表示接受，但其特定行为能够反映其接受遗赠，也应被认定为接受遗赠。不能简单以未作出书面表示否认其接受遗赠的权利。本案中，F某留有遗嘱，R某3作为R某5的法定代理人，持有涉案房屋的所有权证和遗嘱，并与 R 某 5 一直居住在涉案房内，应视为以行为表示接受遗赠。因此，F 某的遗产按照遗嘱由 R 某 5 继承，符合法律规定，应当得到支持。

2. 模仿他人产品包装，为何构成不正当竞争？

□ 汤学丽

【案情简介】

义某面包公司的义某面包品牌可谓一代老北京人心中的美好回忆。该品牌源于 1906 年，获得多项荣誉，具有较高的知名度。其中 A、B 两款面包（以下简称涉案面包产品）因包装装潢富有特色且显著而被广大消费者熟知，当属经典产品。相关公众在看到这两款产品的包装装潢时就可以将涉案面包产品与义某面包公司形成稳定的对应关系。

天津天某食品有限公司（以下简称天某食品公司）作为同行业竞争者，明知义某面包品牌以及涉案面包产品包装装潢的知名度，不仅未作出合理避让，而且其生产销售的面包使用了与义某面包公司涉案面包产品近似的包装装潢，这容易造成消费者的混淆，涉嫌违反了《中华人民共和国反不正当竞争法》（以下简称《反不正当竞争法》）。

义某面包公司针对天某食品公司故意模仿涉案面包产品包装装潢的行为，委托北京市盈科律师事务所律师团队进行维权。

【判决结果】

一、被告天某食品公司立即停止在其生产、销售的面包产品上使用侵害义某面包公司的包装装潢。

二、被告天某食品公司于本判决生效后十日内赔偿义某面包公司经济损失及合理开支。

【律师解读】

本案涉案面包产品的包装装潢是否为有一定影响的商品包装装潢？被告天某食品公司是否构成不正当竞争行为？

《反不正当竞争法》第六条规定："经营者不得实施下列混淆行为，引人误认为是他人商品或者与他人存在特定联系：（一）擅自使用与他人有一定影响的商品名称、包装、装潢等相同或者近似的标识。"可见，受到《反不正当竞争法》保护的"商品包装装潢"应当满足"有一定影响"的条件。

第一，"有一定影响"的商品标识是指在市场上具有一定的知名度、为一定范围内的相关公众所知悉的商品名称、包装装潢等标识。结合本案，义某面包品牌曾获多项荣誉，包括被认定为北京名牌产品、被商务部认定为"中华老字号"，具有较高的市场知名度。

第二，义某面包公司涉案面包产品的包装装潢独具一格，特征明显，且并不为相关产品所通用。律师指导义某面包公司收集大量使用、宣传、推广涉案面包产品的证据及所获荣誉，证明涉案面包产品的包装装潢足以起到识别商品来源的作用，属于具有一定影响的商品包装装潢。

第三，经对比，被控侵权商品在包装装潢的整体结构、线条数量、线条颜色、排列方式等方面均与义某面包公司产品构成近似，容易造成相关公众的混淆误认。

第四，法院经审理认定天某食品公司作为面包类商品的专门生产商，在未获得义某面包公司授权或许可的情况下，擅自在相同产品上使用与该公司有一定影响的包装装潢近似的标识，具有攀附该公司产品包装装潢影响力的故意，违反了诚实信用原则，容易造成相关公众误认或混淆，构成不正当竞争行为。

律师提醒各位经营者，在生产经营中应当重视对商品包装装潢的保护，并注意保存相关的使用、宣传等证据。当商品的包装装潢受到他人不法侵害时，经营者应当及时进行维权，维护自身合法权益。

3. 债权人提起代位权诉，再审 A 县政府为何不承担责任？

□ 杨 倩

【案情简介】

2013 年 11 月 13 日，发包方 A 指挥部与承包方 B 公司签订《施工合同》。合同约定由 B 公司承建 03 段项目，总价合计金额人民币 9509.8871 万元，并对付款方式作出了约定。2013 年 11 月 19 日，甲方 B 公司与乙方李某签订《工程项目责任考核协议》，约定："对乙方实行项目经济目标责任考核，由乙方负责本工程项目施工地具体实施，并承担本项目施工过程中所产生的一切经济、法律责任。"

2014 年 5 月 12 日甲方 B 公司与乙方李某签订《工程责任考核补充协议》约定工程建设资金的注入：乙方承诺根据本项目安排的资金计划，从 2014 年 5 月份起至 2014 年 8 月底，乙方每月 15 日前必须向本项目注入工程流动资金 500 万元用于本项目的材料购买及必要时支付人工工资，2014 年 9 月份后乙方的资金注入金额按后期实际资金情况经甲方核算后注入。每月乙方注入的工程资金必须经乙方账户打往甲方项目部的账户，资金的使用须按公司的工程资金管理制度执行。"

合同签订后在施工过程中，由于李某资金短缺，向第三人魏某借款 1480 万元。2014 年 1 月 25 日，李某向魏某出具《借条》，载明"今借魏某现金人民币壹仟肆佰捌拾万元整，用于 03 段工程项目款，必须在 2014 年 3 月 30 日前全部付清，否则追究违约责任，按 3% 月息计算欠款"，并署名"欠款人：B 公司副经理李某"。

2015 年 3 月 27 日，魏某作为债权人向李某出具《债权转让通知书》。载明李某："现我将对你的债权中的一部分，即人民币 450 万元，大写人民币肆佰伍拾万元整，转让给任某，其身份证号码为 4130231966×××× ××××，请你见到此通知书后，立即将我对你的债权中的 450 万元支付给任某或者任某的授权委托人……"并在末尾有李某手书："本人承诺在

2015 年 5 月 20 日还款 200 万元整，剩余款在 2015 年 12 月 30 日还清。李某，2015 年 5 月 6 日。"

李某到期未能偿还借款，任某将李某、B 公司、A 指挥部、A 县政府诉至法院，请求：一、李某、B 公司、A 指挥部、A 县政府支付任某欠款人民币 450 万元及利息；二、诉讼费由上述四个当事人承担。

【判决结果】

一审判决：

一、被告李某、B 公司于判决生效后十日内共同偿还原告任某借款 450 万元及利息（其利息按月息 2% 从 2014 年 1 月 25 日开始至清偿之日止计算）。

二、被告 A 县政府对上述李某、B 公司应承担的债务承担连带清偿责任。

被告 A 县政府、B 公司不服一审判决，提出上诉。

二审判决：

驳回上诉人 A 县政府、B 公司的上诉，维持原判。

上诉人 A 县政府、B 公司不服二审判决，提出再审申请。

再审判决：

一、撤销一审、二审判决；

二、被申请人李某偿还申请人任某借款 450 万元及利息（按月息 2% 从 2014 年 1 月 25 日开始至清偿之日止计算）；被申请人 B 公司对上述借款本息承担共同还款责任。

三、驳回被申请人任某的其他诉讼请求。

【律师解读】

《民法典》第五百三十五条规定："因债务人怠于行使其债权或者与该债权有关的从权利，影响债权人的到期债权实现的，债权人可以向人民法院请求以自己的名义代位行使债务人对相对人的权利，但是该权利专属于债务人自身的除外。代位权的行使范围以债权人的到期债权为限。债权人行使代位权的必要费用，由债务人负担。相对人对债务人的抗辩，可以向债权人主张。"提起代位权诉讼，应当符合下列条件：（一）债权人对债务人的债权合法；（二）债务人怠于行使其到期债权，对债权人造成损害；（三）债务人的债权已到期；（四）债务人的债权不是专属于债务人自身的债权。

本案中，任某因受让魏某对李某的债权而成为李某的债权人。而债务人李某作为实际施工人，对 B 公司享有工程款支付请求权，对 A 指挥部在欠付 B 公司工程款范围内亦享有该项债权。作为 A 指挥部民事责任的实际承担者，A 县政府应当在 A 指挥部欠付 B 公司工程款范围内对李某承担责任。李某应当偿还任某借款，这点并无争议。本案再审的焦点在于原审判决 A 县政府、B 公司对案涉债务承担责任是否正确。

在再审过程中，任某针对 A 县政府的申诉请求和理由，当庭答辩称：2013 年 11 月 29 日，李某和魏某共向 A 指挥部缴纳保证金 470 万元。在 2015 年 6 月份，该工程实际已经施工完毕，此时该 470 万元属于应当予以退还的到期债权。案涉工程从 2013 年开工，至今已有六七年之久，李某始终没有向发包方提起诉讼主张工程款，因此李某存在明显的怠于行使到期债权的行为。因此，本案情形符合提起代位权诉讼的构成要件。

再审查明：A 指挥部于 2013 年 11 月 13 日与 B 公司签订了施工合同，合同总价 9509.8871 万元。竣工日期为 2015 年 5 月 11 日，工程实际完工于 2016 年 11 月。A 县审计局于 2017 年 7 月 11 日审计确认该工程金额为 9990.47 万元。截至 2016 年 6 月 14 日，A 指挥部已支付给 B 公司 9344.42 万元，尚有 646 万余元工程款于 2016 年 2 月因多人起诉 B 公司而被 A 县人民法院诉前保全，并于 2017 年 7 月 12 日被该院扣划。截至本案再审庭审时，A 县政府及 A 指挥部已对该项目工程款履行了全部支付义务。根据本案查明的事实，A 县政府已经按照合同约定支付工程价款，李某对 A 县政府未有到期债权，更不存在李某怠于行使对 A 县政府到期债权的情况。因此，本案亦不符合代位权诉讼的条件。A 县政府对案涉债务不应承担责任。

本案系因原审法院法律适用错误，最高人民法院改判的典型案例。本案审理的重大分歧在于，A 县政府作为 A 指挥部的组建方，直接对任某承担偿还借款责任，是否具有法律依据？本案案由虽然为债权转让合同纠纷，但对于 A 县政府，则属于代位权的法律关系。本案是一件典型的代位权诉讼，事实清楚，法律规定也明确。但一审和二审判决未对 A 县政府的债务是否到期进行审理，直接判决 A 县政府承担责任，最高人民法院因此再审改判。本案波折的诉讼过程，说明在任何诉讼中，都可能存在难以预料的诉讼风险。

4. 变更抚养关系一波三折，为何达成调解协议？

□ 刘　敏

【案情简介】

2021 年 12 月底，王母和李父的一场离婚诉讼打响。虽王母力争抚养权且一直在实际抚养两个女儿，但法院最终将两个女儿的抚养权均判给了李父。王母没及时上诉导致该判决生效，而李父继续扮演着"消失的爸爸"的角色。王母虽未取得法律上的抚养权却一直实际抚养着两个女儿，并独自承担着两个女儿高昂的抚养费。

2022 年 4 月，王母准备起诉变更抚养权并要求李父支付抚养费。当王母准备以变更抚养关系为案由起诉时，李父却申请了对该抚养权判决的强制执行。

王母为不再犯同类错误，慎之又慎，经各方比较筛选，选定专注于法律、心理和谈判专业服务，诉讼与非诉处置方式融为一体的刘敏律师专业婚姻团队。刘敏律师给出详尽咨询后，王母委托刘敏律师作为代理律师。

【处理结果】

双方达成调解协议：两个女儿均归原告王母直接抚养，由被告李父承担其中一个女儿的每年近五十万元的全部教育抚养费，被告李父每月可接走女儿两次。

【律师解读】

实务中是否可以在抚养权判决生效后几个月变更抚养关系？如何在李父申请强制执行两个女儿抚养权已判决的情况下，申请法院裁决将抚养权变更？我方围绕这两个问题的诉讼策略展开工作。

实务中，专业婚姻律师都知道，对于一份刚生效的抚养权判决，尤其是在双方同时申请抚养权判决改判的情况下，让法官改判的难度十分大。根据《民法典》子女已满八周岁的应当尊重其真实意愿选择跟随父母的规定，我方最终以其中一位女儿已满八周岁，加上王母独自照顾抚养两个女儿三年之久的事实，依据未成年利益最大化原则，说服法官尊重并按照孩子的意愿将抚养权判归王母。请求法官根据两个女儿从小一起共同生活长大的事实，做出更有利于孩子健康成长的判决。

审理中，主办法官要求我们撤诉，对原来抚养权的案件进行再审或者申诉。法官的主要理由如下：其一，离婚诉讼判决的生效时间太短，本案的判决结果与离婚判决相悖会影响司法公信力；其二，李父申请强制执行两个孩子的抚养权判决。

在我方从情、理、法多方视角反复与主办法官沟通，论证王母辛苦独自抚养而李父拒绝抚养两个女儿三年之久的事实。结合2022年1月1日最新颁布的《中华人民共和国家庭教育促进法》的规定，向法院申请《家庭教育令》，对李父进行训诫，督促李父履行父亲教育的责任。在专门审理未成年案件主办法官的共情参与之下，法院最终接纳我方观点并站在未成年利益最大化原则的角度，解决了现实急需解决的问题。经过我方持续不懈的努力，法官在庭审过程中也对李父进行劝说教育，李父也表示要重新考虑自己的真正需求。

5. 违反"售后包租"的商铺订购协议，是否无效？

□ 娄　静

【案情简介】

2020 年，王某与 A 房地产公司签订了《商铺认购协议》（以下简称《协议》），《协议》约定王某购买 A 房地产公司开发的在建某商场的商铺一处，面积为 30 平方米，总房款为 32 万元，付款方式为一次性付款。并在合同中约定了"六年返租"的租金支付方式：以总房款的 50%，以六年期限（一年一付）返还给认购方。六年后，该店铺可自营，可返租。根据《协议》约定的内容分析，《协议》中"六年返租"内容的性质为"售后包租"的性质。后因 A 房地产公司未能交付商铺，王某以"售后包租"违反法律规定为由，起诉要求法院确认与 A 房地产公司签订的《协议》无效。

【判决结果】

驳回原告王某诉讼请求。

【律师解读】

随着商铺经济的兴起，越来越多的投资者涌入其中。而商铺售后返租作为一种拥有较高回报率、回笼资金迅速的商业地产开发模式，在受到各类投资者以及房地产开发商青睐的同时，也产生了诸多问题。且目前的法律法规仅禁止采取售后包租或者变相售后包租方式销售未竣工商品房，对已经竣工的商品房售后包租未作出限制。这种商业地产开发模式往往带有每年 8% 甚至 10% 的租金承诺，商铺业主往往受到高收益的诱惑而忽视高风险的后果。如果商场经营收益良好，则商铺业主能够获得稳定的投资回报。如果商场经营收益欠佳，则开发商或者经营管理公司长期拖欠商铺业主租金，导致群体性纠纷发生，给社会经济发展带来隐患。"售后包租"的商业模式其背后隐藏着诸多法律风险。

一、什么是商品房"售后包租"？

售后包租，是指房地产开发企业以在一定期限内承租或者代为出租买受人所购该企业商品房的方式销售商品房的行为。

二、采取"售后包租"的方式销售未竣工的商品房而签订的《协议》，是否因违反《商品房销售管理办法》第十一条的规定而无效？

《商品房销售管理办法》第十一条规定："房地产开发企业不得采取售后包租或者变相售后包租的方式销售未竣工商品房。"《关于进一步加强房地产市场监管完善商品住房预售制度有关问题的通知》规定："不得采取返本销售、售后包租的方式预售商品住房。"《民法典》第一百五十三条第一款规定："违反法律、行政法规的强制性规定的民事法律行为无效。但是，该强制性规定不导致该民事法律行为无效的除外。"

原《中华人民共和国合同法》（以下简称《合同法》）第五十二条规定："有下列情形之一的，合同无效：（五）违反法律、行政法规的强制性规定。"原《最高人民法院关于适用〈中华人民共和国合同法〉若干问题的解释（一）》第四条对合同无效作了细化规定，即："合同法实施以后，人民法院确认合同无效，应当以全国人大及其常委会制定的法律和国务院制定的行政法规为依据，不得以地方性法规、行政规章为依据。"原《最高人民法院关于适用〈中华人民共和国合同法〉若干问题的解释（二）》对强制性作了明确规定，即"合同法第五十二条第（五）项规定的'强制性规定'，是指效力性强制性规定。"《民法典》生效以后，虽《合同法》及上述两个司法解释均已失效，但法院审理合同无效的司法精神不会发生变化。因此，《商品房销售管理办法》为原建设部颁布的部门规章，且属于管理性规定，其不能作为确认合同无效的依据，不能依据该管理办法的条款认定"售后包租"的协议无效。

6. 借名买车被法院扣押，执行异议能胜诉吗？

□ 张建武

【案情简介】

2019 年 6 月 30 日，王某和陈某口头协商，王某借用陈某的北京市小客车购车指标购买车辆，以陈某的名义在北京某汽车销售服务有限公司购买了奥迪 A6 小客车一辆。王某通过银行转账支付了购车款、车辆购置税等费用共计 449100 元。同日，在中国人民财产保险股份有限公司北京分公司为该车购买了保险，保险费为 11680 元，被保险人为王某本人，保险期限为 2019 年 7 月 1 日至 2020 年 6 月 30 日。车辆登记在陈某名下，车牌号为京×××，车辆一直由王某实际占有使用。保险到期后，王某又交了2020 年 7 月 1 日至 2021 年 6 月 30 日的保险费 4600 元。王某持有车辆购买发票、保险单、行驶证等原件。

2021 年 5 月 5 日，因陈某欠款 50 万元未还，债权人依据生效判决申请北京市海淀区人民法院对车牌号为京×××的车辆进行查封扣押。

王某向海淀区人民法院提起了执行异议之诉，请求：一、停止执行登记车牌号为京×××的小客车，并向王某返还该车；二、确认该车为王某所有。

【判决结果】

驳回原告王某的全部诉讼请求。

【律师解读】

首先，本案的第一个焦点问题是，执行法院对该车采取查封、扣押措施是否合法。根据《最高人民法院关于人民法院办理执行异议和复议案件若干问题的规定》第二十五条第一款第（二）项规定，对案外人的异议，已登记的机动车、船舶、航空器等特定动产，人民法院应当按照相关管理部门的登记，判断其是否系权利人。涉案车辆在车辆管理部门登记的所有权人是被执行人陈某，执行法院据此对该车辆采取查封、扣押措施符合法律规定。

其次，本案涉及的另一个焦点问题是，王某不具有在北京购买机动车的资格，而借用陈某名义购买机动车行为的法律效力。根据北京市在2010年12月23日实施的《北京市小客车数量调控暂行规定》第四条规定，住所地在北京市的个人，名下没有在本市登记的小客车，持有效的机动车驾驶证，可以办理指标申请登记。有资格申请的人员包括：北京市户籍人员、持北京市工作居住证的人员、持北京市居住证且近五年连续在北京市缴纳社会保险费和个人所得税的人员等。该规定是北京市为了落实城市总体规划，实现小客车数量合理、有序增长，有效缓解交通拥堵状况、改善生态环境而制定的，维护的是小客车的公共管理秩序。根据《中华人民共和国道路交通安全法》第八条规定："国家对机动车实行登记制度。机动车经公安机关交通管理部门登记后，方可上道路行驶。尚未登记的机动车，需要临时上道路行驶的，应当取得临时通行牌证。"在北京市没有购车指标的人借用指标购买车辆，登记在指标人名下，车辆登记人与实际控制和使用人不一致，导致"车户分离"，违反了机动车登记的规定。这不仅造成车辆管理秩序混乱，带来了交通事故责任赔偿等社会问题，而且损害了公共利益。因此，借名买车的行为应被认定为无效。

综上，王某主张停止执行登记车牌号为京×××的小客车，确认该车为自己所有，并向其返还该车的诉讼请求，不符合法律规定。王某对涉案车辆不享有足以排除强制执行的民事权益。王某对车辆的出资问题，由王某和陈某另行解决。

7. 医疗美容纠纷，是否可以主张三倍赔偿？

□ 高 庆

【案情简介】

2021年3月3日，原告在网上看到被告的宣传，被告声称自己是一家做医疗美容的专业机构，吸脂术项目采用先进设备，效果自然又美观。基于对被告的信任，原告共支付了33300元做了上述手术。近四个月后，原告发现被告给其做的吸脂术出现"腰腹部脂肪堆积，以下腹为主，可见吸脂瘢痕，发暗、发硬，双侧大腿稍有不平整"的损害后果。原告认为被告在为其提供服务前存在虚假承诺、虚假宣传、欺诈消费者行为，被告的行为没有带来约定的美容效果，反而使其身体健康受到损害，且使精神遭受极大的打击。为维护自身的合法权益，原告特诉至法院，要求被告支付三倍赔偿金。

【判决结果】

驳回原告全部诉讼请求。

【律师解读】

本案争议焦点涉及本案是否应受《消费者权益保护法》调整。若受《消费者权益保护法》调整，原告是否有权主张三倍赔偿。

《消费者权益保护法》第二条规定："消费者为生活消费需要购买、使用商品或者接受服务，其权益受本法保护；本法未作规定的，受其他有关法律、法规保护。"第三条规定："经营者为消费者提供其生产、销售的商品或者提供服务，应当遵守本法；本法未作规定的，应当遵守其他有关法律、法规。"据此，消费者为生活消费接受经营者提供服务的，受《消费者权益保护法》调整。

实践中，医疗美容主要指运用手术、药物、医疗器械以及其他具有创伤性或者侵入性的医学技术方法对人的容貌和人体各部位形态进行的修复与再塑。具体可划分为治疗型医疗美容及消费型医疗美容。对于消费型医疗美容服务合同而言，就医者是健康人士，为了满足个人对"美"的追求的生活需要而接受美容服务，具有消费者的特征；而医疗美容机构的经营目的是通过医疗美容服务获取利润，其接受就医者支付的服务对价，具有经营者的特征。因此，从消费型医疗美容服务的本质属性和《消费者权益保护法》的保护范围看，此类法律关系系属《消费者权益保护法》调整的范畴。

原告接受被告医疗美容服务是出于对身体线条"美"的心理追求，具有消费者的特征；被告是集体所有制（股份合作）企业，其经营范围包括医疗美容科、美容外科，被告是具有营利性质的医疗美容机构，具有经营者的特征；从双方地位而言，被告在医学专业知识、技能及实力等方面均处于优势地位，双方亦符合消费者与经营者的法律对比特征。由此可知，被告为原告提供了消费型医疗美容服务，系《消费者权益保护法》调整的范畴。

《消费者权益保护法》第四十五条规定："消费者因经营者利用虚假广告或者其他虚假宣传方式提供商品或者服务，其合法权益受到损害的，可以向经营者要求赔偿。"在本案中，虽然原告在与被告工作人员的微信聊天沟通中，被告工作人员有"术后基本不会看出吸口""吸完很均匀"等表述，原告基于此前往被告处进一步了解吸脂及手术事宜，但鉴于原告术前在《患者就诊告知》《手术知情同意书》中签名并捺印，结合原告所签署的前述材料所载内容和原告接受服务的过程，原告作为完全行为能力人理应知晓涉案手术的术中及术后相应风险，原告在了解手术风险及术后并发症情形下仍自愿接受被告提供的医疗服务，法院认为不宜认定为原告受虚假宣传误导而接受被告提供的医疗美容服务，并据此驳回原告基于该欺诈行为主张的三倍赔偿的诉讼请求。

8. 女儿侵占父亲财产，是否构成侵权？

□ 宋庆珍

【案情简介】

聂先生与某房地产开发有限公司签订《北京市住宅房屋拆迁货币补偿协议》，约定将聂先生坐落于北京市朝阳区的某房屋拆迁，支付拆迁补偿款258万元。聂先生收取拆迁款后，将该款项存入银行，并将存单放在长女聂女士处保管。某日聂先生病重需用此款项入院就医，发现拆迁款被长女聂女士全部取走。后聂先生向长女聂女士索要，聂女士拒不返还，这造成聂先生无钱就医，他遂委托北京市盈科律师事务所律师向北京市海淀区人民法院提起诉讼，请求聂女士返还拆迁款 258 万元及利息 76 万元。

【判决结果】

被告聂女士于本判决生效后三十日内返还原告聂先生拆迁款 258 万元，给付利息 48 万元。

【律师解读】

一、被告聂女士的行为是否已经构成侵权？

《中华人民共和国民法典》第二百三十五条规定："无权占有不动产或者动产的，权利人可以请求返还原物。"因此除非有相反证据证明，否则聂先生名下的存款，应当认定为属于聂先生所有，该房屋拆迁补偿款 258 万元系聂先生取得的合法财产。被告聂女士与聂先生虽为父女关系，但聂先生名下存款如何处理应由聂先生本人决定。

被告聂女士否认私自取出聂先生的钱款。律师通过向开发商了解情况得知拆迁款是通过中国建设银行和华夏银行支付给聂先生的，在向法院申请调查令后，几经周折在华夏银行查出原始凭证，并发现被告聂女士在取出聂先生的拆迁款后将其账户注销、把钱款存入自己账户的事实。在证据面前，被告仍否认侵占钱款，并声称该钱款全部用于给聂先生治病及生活花销。另外，被告聂女士未能提供证据证明其取款行为是在聂先生明确授权或同意的情况下进行的，也未能证明其将取出的钱款交付给聂先生。法院根据现有证据认定被告聂女士的行为已构成侵权。

二、原告诉讼主张是否超过诉讼时效？

《中华人民共和国民法典》第一百八十八条规定："向人民法院请求保护民事权利的诉讼时效期间为三年。法律另有规定的，依照其规定。诉讼时效期间自权利人知道或者应当知道权利受到损害以及义务人之日起计算。但是，自权利受到损害之日起超过二十年的，人民法院不予保护，有特殊情况的，人民法院可以根据权利人的申请决定延长。"具体到本案，聂先生在因病就医时才得知钱款被取走。由于被告聂女士长期管控聂先生的存折，聂先生无法查询，对被告聂女士取款的事实并不知情，由此可认定聂先生的得知权利被侵害的时间为因病就医之时，聂先生得知后立即起诉，故本案并未超过诉讼时效。

综上所述，聂先生请求法院判令聂女士返还其名下存款及利息于法有据，应得到支持。

9. 证书挂靠使用费，法律是否支持？

□ 郭灿炎

【案情简介】

2021 年 6 月 25 日，姚某与某公司签订《委托寻求职务服务协议》约定：姚某委托某公司代为寻求职位并协助办理"一级建造师 + 考 B 证 + 项目入职"服务。某公司有义务协助姚某收取报酬。协议签订后，姚某将资格证、毕业证、身份证等所需资料的原件交给某公司后，由某公司代替姚某安排办理注册手续。入职后待遇由聘用单位直接支付给姚某。姚某证书仅用于资质使用，不出场、不上项目，人才费用为 21000 元/年。

2021 年 9 月，某公司向姚某支付人才费用 11000 元。其间姚某应某公司要求，于 2021 年 11 月到广州参加某企业安全生产管理人员考试，参加考试发生费用 1797.5 元。某公司事先承诺姚某因参加考试所产生的费用由其予以实报实销，但该公司一直拖欠上述费用不予支付。姚某诉至法院，要求：一、某公司支付拖欠姚某人才证书使用费 10000 元和因拖欠产生的相应利息；二、某公司支付姚某差旅费用 1797.5 元。

【判决结果】

一、被告某公司于本判决生效后十日内支付原告姚某差旅费1797.5 元。

二、驳回原告姚某的其他诉讼请求。

【律师解读】

一、建设工程领域"挂证"现象屡禁不止

证书挂靠俗称"挂证"，是指个人将自己的资质证书挂靠到非供职企业名下，以获取报酬的行为。"挂证"行为被《行政许可法》《建筑法》《招投标法》明令禁止。本案中，姚某与某公司的约定就属于典型的"挂证"行为。

近年来，由于国家推进城镇化战略，建设工程遍地开花，建设工程领域相关公司普遍长期存在"挂证"现象，包括挂靠注册建造师、注册监理工程师等在内的多种执业资格。甚至已经发展形成明码标价、品类齐全、规模庞大的非法"挂证"中介服务市场，提供"培训—考证—注册—挂靠"一条龙服务，这对工程质量安全带来严重隐患，亟待从根本上解决。

二、"挂证"为无效法律行为

《中华人民共和国建筑法》第十三条规定："从事建筑活动的建筑施工企业、勘察单位、设计单位和工程监理单位，按照其拥有的注册资本、专业技术人员、技术装备和已完成的建筑工程业绩等资质条件，划分为不同的资质等级，经资质审查合格，取得相应等级的资质证书后，方可在其资质等级许可范围内从事建筑活动。"

《注册建造师管理规定》第二十六条规定："注册建造师不得有下列行为：（一）不履行注册建造师义务；（二）在执业过程中，索贿、受贿或者谋取合同约定费用外的其他利益；（三）在执业过程中实施商业贿赂；（四）签署有虚假记载等不合格的文件；（五）允许他人以自己的名义从事执业活动；（六）同时在两个或者两个以上单位受聘或者执业；（七）涂改、倒卖、出租、出借或以其他形式非法转让资格证书、注册证书和执业印章；（八）超出执业范围和聘用单位业务范围内从事职业活动；（九）法律、法规、规章禁止的其他行为。

《民法典》第一百五十七条规定："民事法律行为无效、被撤销或者确定不发生效力后，行为人因该行为取得的财产，应当予以返还；不能返还或者没有必要返还的，应当折价补偿。"

本案中，姚某考取了建造师资格证书，与某公司签订《委托寻求职务

服务协议》，将证书托给某公司进行挂靠，以此获得报酬，并非由本人实际履行劳动义务。该行为损害社会公共利益，应属于无效。故姚某诉请某公司支付证书使用费及利息，于法无据。关于姚某诉请的差旅费用，姚某提交的支付凭证及票据显示姚某实际支出，该费用已实际发生且某公司同意报销，故对姚某诉请差旅费用予以支持。

律师提醒，双手勤劳最可靠，不劳而获不支持。无论干什么，不劳而获都不受法律保护，只有脚踏实地的劳动付出才受到法律的保护，合法权益他人不可侵犯。

10. 对公婆尽赡养义务，是否有继承权？

□ 王　珏

【案情简介】

彭某和柳某生育四子女，长子彭某1，次子彭某2，长女彭某3（已故），次女彭某4。1969年，彭某和柳某对农村住宅进行拆除重建，在长女、次女等多方帮助下建成三间平房，此时彭某1、彭某2均未成家。彭某1与柳某1经登记结婚后，生育二子，长子彭某5，次子彭某6。1981年，当地县政府补办了该三间平房的宅基地使用手续，并颁发了村镇宅基地使用证，登记户主为柳某1。

2001年10月、11月，彭某和柳某相继去世。对争议的三间房屋均未留有遗嘱。不久彭某3也去世，彭某3与高某1生育两个子女，儿子高某2，女儿高某3。

2006年11月，某区政府将涉案三间房屋的宅基地使用权人变更登记为彭某1和彭某2，并向二人分别颁发了集体土地使用证。柳某1不服颁证行为，提起行政诉讼，法院作出了撤销某区政府为彭某1、彭某2办理的集体土地使用证的判决。

2013年5月，彭某6向市国土资源局区分局申请将争议的三间房屋宅基地使用权人变更为自己。市国土资源局区分局以该房屋宅基地存在权属纠纷为由，作出不能对该三间房屋宅基地进行变更登记的回复。此后，柳某 1、彭某 5、彭某 6 与彭某 2 因宅基地使用权发生纠纷，多次协商、沟通均无果。彭某 2 提起诉讼，请求：依法对三间房屋遗产进行析产继承分割。

【判决结果】

彭某 1 依法继承其父母彭某、柳某三间房屋遗产价值的 1/2 份额；彭某 2 依法继承 1/8 份额；彭某 4 依法继承 1/8 份额；高某 1、高某 2、高某 3 依法继承 1/8 份额；柳某 1 依法分得 1/8 份额。

【律师解读】

一、涉案房屋为何被认为并非彭、柳两家合建，且涉案房屋系彭某 1 的父母所有

彭某 1、柳某 1 主张涉案三间房屋是彭柳两家合建的主要证据是证人柳某 2 的证言、他们自身陈述与房屋现状。房屋建成后，彭某和柳某直至去世前均未对房屋合建问题做出任何表示，家庭中的其他成员也未证实房屋系两家合建。彭某 1、柳某 1 所提及的现场勘查房屋用料不一样及证人柳某 2 的证言，均因柳某 2 与柳某 1 有亲属关系，柳某 2 是法律上与当事人有利害关系的证人，在无其他证据相佐证的情况下，其证言的可信度不高，且房屋用料不一样也不能证明柳家提供了建房材料。故彭某 1、柳某 1 认为涉案三间房屋是彭、柳两家合建没有法律依据。

房屋所有权的取得事由有自建、买卖、赠与、继承等。涉案房屋系彭某 1 父母所建，后续变更没有相关证据印证。在 1981—1982 年间村镇宅基地使用证登记的是宅基地使用权人的基本情况，该证系根据当时本集体经济组织成员的身份颁发的。彭某 1 与柳某 1 认为宅基地使用证上登记的五人就是房屋所有权人的理由缺乏事实与法律依据。

本案为继承纠纷，依照法定继承的法律规定，第一顺序的继承人分别为被继承人的父母、配偶及子女，案外人彭某 5、彭某 6 不在第一顺序继承人之列。

二、彭某 2 的起诉期限是否已经超过诉讼时效？

根据《民法典》相关规定，继承纠纷提起诉讼的期限为三年，自继承人知道或者应当知道其权利被侵犯之日起计算。但继承开始后，继承人未明确表示放弃继承的，视为接受继承，遗产未分割的，视为共有。

本案中，彭某和柳某死亡之后，继承即开始。因各继承人均未明确放弃继承权，遗产尚未分割，故不能从被继承人死亡时开始计算三年的诉讼时效。彭某 1、柳某 1 以其父母分家、涉案房屋宅基地使用权登记时间节点计算继承诉讼时效的起算点没有法律依据。

三、涉案房产应如何析产继承？

根据我国《民法典》规定，在法定继承中，同一顺序继承人继承遗产的份额，一般应当均等，但同时根据不同情形规定了例外分配及酌情分配原则，即：对被继承人尽了主要抚养义务或者与被继承人共同生活的继承人，分配遗产时，可以多分；对继承人以外的对被继承人赡养较多的人，可以分给他们适当的遗产。

本案中，涉案房屋建成后，柳某 1 及其两个子女长期与被继承人共同生活，柳某 1 作为家庭主要劳动力承担了该户家庭农业口粮、棉、油供给义务及农业承包责任土地各项上交农业税费义务，对公婆亦尽了主要赡养义务。按照我国《民法典》的相关规定，柳某 1 在本案中虽然不是第一顺序继承人，但其长期与被继承人共同生活，且对被继承人尽了较多的赡养义务，依法可以酌情分给适当的遗产。1993 年，柳某 1 从农村搬至城区居住后，彭某 1 的母亲亦跟随彭某 1 夫妇生活多年直至去世。涉案房屋建成之时，彭某 1 的大姐（已去世）、二姐已经出嫁。按照中国人的传统，出嫁的女儿一般不与父母共同生活，客观上导致她对父母生活上照顾较少。彭某 2 自 1972 年起直至 2010 年将户口迁回原籍时止，一直未与父母共同生活，相比彭某 1 夫妇，其客观上对父母的赡养照顾也较少。

本案中，对宅基地上的房产继承应综合考虑各继承人对被继承人所尽义务及涉案房屋的历史使用、维护状况等情况。

11. 承包人向执行法院主张优先受偿权，是否合法？

□ 强 震

【案情简介】

2012年9月17日，甲公司和乙公司签订《洛阳市洛龙区××国际商务会展中心工程施工合同》，双方约定由甲公司对案涉工程进行施工。2013年6月26日，中标后甲公司和乙公司再次签订《建设工程施工合同》，合同中双方对工期、工程价款、违约责任等有关工程事项进行了约定。合同签订后，甲公司进场施工。施工期间，因乙公司拖欠工程款，甲公司于2013年11月12日、2013年11月26日、2014年12月23日多次向乙公司送达联系函，请求乙公司立即支付拖欠的工程款，按合同约定支付违约金并承担相应损失。2014年4月、5月，乙公司与丙公司签订《建设工程造价咨询合同》，委托丙公司对案涉工程进行结算审核。2014年11月3日，丙公司对案涉工程价款出具《审核报告》。

2014年11月24日，甲公司收到通知，焦作中院依据乙公司其他债权人的申请将对案涉工程进行拍卖。2014年12月1日，甲公司向焦作中院提交《关于在建工程拍卖联系函》，请求依法确认对案涉建设工程的优先受偿权。2015年2月5日，甲公司停止施工。8月4日，甲公司向乙公司发送《关于主张工程价款优先受偿权的工作联系单》，要求对案涉工程价款享有优先受偿权。2016年5月5日，甲公司因乙公司在洛阳中院被其他债权人申请执行，又向洛阳中院提交《优先受偿权参与分配申请书》，请求参与分配，依法确认并保障其对案涉建设工程价款享有的优先受偿权。

2018年1月31日，河南高院就甲公司与乙公司建设工程施工合同纠纷一案立案审理。甲公司请求：一、解除《建设工程施工合同》；二、确认乙公司欠付甲公司工程款及逾期违约金、停工损失约4亿元；三、甲公司在上述债权范围内对案涉工程享有优先受偿权。

【判决结果】

一审判决：

一、乙公司与甲公司于2012年9月17日、2013年6月26日签订的两份合同无效；

二、确认乙公司欠付甲公司工程款288428047.89元及相应利息（以288428047.89元为基数，自2015年3月1日起至2018年4月10日止，按照中国人民银行公布的同期贷款利率计付）；

三、甲公司在工程价款288428047.89元范围内，对其施工的洛阳市洛龙区××国际商务会展中心工程折价或者拍卖的价款享有行使优先受偿权的权利；

四、驳回甲公司的其他诉讼请求。

二审判决：驳回上诉人乙公司上诉，维持原判。

【律师解读】

根据《民法典》及相关司法解释，承包人对发包人的在建工程享有优先受偿权。在承包人未取得对发包人胜诉判决的情况下，经其他债权人申请；执行法院对在建工程强制执行时，承包人向执行法院主张优先受偿权，这是否合法？本所律师针对承包人在执行程序中主张对在建工程价款享有优先受偿权的相关问题提出以下观点。

一、即便承包人未取得法院生效文书确认其享有优先受偿权，承包人也可直接在执行程序中主张对在建工程价款享有优先受偿权

法律并未规定建设工程价款优先受偿权必须以何种方式行使，建设工程价款优先受偿权并非必须通过诉讼程序确认才能成立。承包人可自行行使，可在诉讼程序中主张，也可直接向法院执行部门主张，人民法院均应予以保护。因此，只要承包人在法定期限内向发包人主张过优先受偿的权利，即可认定其已经行使了优先受偿权。

根据《最高人民法院关于适用〈中华人民共和国民事诉讼法〉的解释》第五百零六条第二款的规定："对人民法院查封、扣押、冻结的财产有优先权、担保物权的债权人，可以直接申请参与分配，主张优先受偿权。"建设工程价款优先受偿权并非必须通过诉讼程序确认才能成立，优先受偿权人可以直接向法院执行部门提出主张。

二、承包人应在法定期限内主张优先受偿权

《最高人民法院关于审理建设工程施工合同纠纷案件适用法律问题的解释（一）》第四十一条规定："承包人应当在合理期限内行使建设工程价款优先受偿权，但最长不得超过十八个月，自发包人应当给付建设工程价款之日起算。"建设工程价款优先受偿权虽系法定优先权，承包人仍应在法律规定的期限内行使。根据上述规定，承包人应在合理期限内行使建设工程价款优先受偿权，最长不得超过发包人应当给付建设工程价款之日起十八个月。

同时，承包人应注意，工程款债权与建设工程价款优先受偿权在概念、性质及效力上均有区别，主张工程款债权并不等同于主张建设工程价款优先受偿权，申请执行工程款也并不等于主张优先受偿权。因此，承包人主张工程价款时，也应明确主张优先受偿权，否则当优先受偿权行使期限到期，承包人虽能赢得发包人应支付工程价款的判决，但却无法在执行程序中获得优先清偿。

三、执行法院对于承包人提出的享有建设工程优先受偿权的主张，应先行审查，在拍卖、抵债或者分配程序中依法保护其合法权益

当承包人在执行程序中提出享有建设工程优先受偿权的主张时，执行法院应予充分关注并先行审查，在拍卖、抵债或者分配程序中依法保护其合法权益。若承包人确实是拍卖的建设工程施工方且被执行人尚未支付工程款，执行法院应当依法优先保护其债权实现。若承包人未向法院提起诉讼，尚未取得执行依据，执行法院通过审查建设工程施工合同等证据仍无法确定优先受偿权范围的，执行法院在处置执行标的前，应对承包人的建设工程价款予以预留。

12. 猎头公司的高额服务费请求，法律是否支持？

□ 张学琴

【案情简介】

2018 年 10 月 29 日，原告 A 人力公司与被告 B 股份公司签订了《中高级人才寻访服务合同》（以下简称《服务合同》），约定被告委托原告寻猎、推荐高管人员；被告享受原告提供的六个月保证期服务；如录用人员在保证期内被辞退或主动辞职，原告将免费向被告提供相同职位新的候选人；约定服务期限及服务费支付等内容。

原告为被告推荐了几名人员，被告予以录用，但是绝大多数人员不符合岗位条件，不是 1~3 月内自动离职就是被公司辞退。这导致被告白白支付猎头服务费却没有获得合格的高管人员。后期原告要求被告支付服务费，双方因此产生矛盾。

原告起诉被告，要求被告支付 8 名推荐人员服务费 118.98 万元及利息。

一审诉讼中，原告 5 次提交证据并增加诉讼请求。事实上，在原告推荐的 8 人中：有两人是原告为被告推荐的人员，有 6 人是原告为案外人 C 集团公司推荐的人员。但原告试图证明被告与案外人 C 集团公司存在关联关系（均由同一人实际控制），为 C 集团公司推荐 6 人的服务费也应当由被告支付，故起诉要求被告支付 8 人的服务费。

张学琴律师代理被告，经一审、二审、再审，双方展开博弈，均以被告胜诉结案。

【判决结果】

一审判决：

一、被告 B 股份公司支付原告 A 人力公司服务费 72000 元并支付自二〇二〇年一月一日起至实际支付之日止的利息（以 72000 元为基数，按照全国银行间同业拆借中心公布的一年期贷款市场报价利率计算）。

二、驳回原告 A 人力公司的其他诉讼请求。

原告 A 人力公司不服一审判决提出上诉。

二审判决：

被上诉人 B 股份公司支付上诉人 A 人力公司服务费 120000 元并支付自二〇二〇年一月一日起至实际支付之日止的利息（以 120000 元为基数，按照全国银行间同业拆借中心公布的一年期贷款市场报价利率计算）。

上诉人 A 人力公司对二审判决不服，提出再审申请。

再审裁决：

裁定驳回再审申请人 A 人力公司的再审申请。

【律师解读】

一、张学琴律师的主要代理意见

（1）被告与案外人 C 集团公司分别为独立法人，两公司分别与原告签订的服务合同系两个独立的合同关系。依据合同相对性，均应各自履行合同、各自承担合同权利义务，原告应分别向被告 B 股份公司、C 集团公司主张服务费权利。

（2）根据合同相对性，原告只能依据合同关系主张被告录用的两名人员的服务费。原告承诺一人无须支付服务费；一人在保证服务期内、试用期内解除劳动关系，原告应当继续免费向被告提供相同职位新的候选人，服务费用冲抵，应依法驳回原告对该两人的服务费诉讼请求。

（3）关于服务费的支付，原、被告以事实支付行为变更了合同约定。实际上原告以薪酬定级单金额主张服务费，但起诉中原告擅自以薪酬定级单金额的 1.4 倍索要服务费没有依据。本案不满足所谓的行业惯例、交易习惯，依法应驳回原告变更后的诉讼请求。

（4）原告严重违反诚实信用原则，诉求金额从最开始立案的 54.40 万元多次变更翻倍到 118.98 万元。

二、一审法院裁判要点

1. 关于原告为被告推荐的两人的服务费

一审法院认定，原、被告双方签订的《服务合同》系双方真实意思表示，合法有效，均应依约履行。

原告承诺一人不收取服务费而庭审否认承诺，有违诚实信用原则，支付服务费的诉求不予支持。

另一人（认定年薪 36 万元）虽涉及劳动争议纠纷、一审中和解，但是根据服务合同约定应支付剩余 50% 的服务费 72000 元。

原告没有按照年薪 1.4 倍支付服务费的合同依据，原告主张的 1.4 倍年薪服务费不予支持。

2. 关于原告为案外人 C 集团公司推荐的 6 人服务费

一审法院结合案外人 C 集团公司招聘、录用、签订劳动合同、支付服务费等证据情况认定，原告应当依据案外人合同关系另行主张服务费，该 6 人服务费向被告主张，缺乏依据。

故一审法院判决被告只需支付一人剩余的 50% 服务费 72000 元及利息，驳回对其他 7 人的服务费诉求。

三、本案的警示效果及社会反响

2021 年 11 月 8 日，人力资源社会保障部、国家发展改革委、财政部、商务部、市场监管总局联合发布了《关于推进新时代人力资源服务业高质量发展的意见》（人社部发〔2021〕89 号），指出："抓紧建设高标准人力资源市场体系，进一步推动规范发展。"

近些年猎头人力资源服务比较盛行，但行业监管并不完善，存在乱象，有待进一步规范。

本案历经一审、二审、再审，历时 1 年 5 个月，成功驳回猎头公司近 120 万元的诉讼请求，维护了被告的合法权益！

13. 信托公司未尽到适当性义务，是否应向投资者赔偿损失？

□ 张晓英

【案情简介】

2015 年 7 月，刘某经推销知悉广东某信托公司的信托计划。信托公司工作人员通过邮寄方式向刘某寄送了《投资者风险评估问卷》《认购风险申明书》《信托合同》，刘某按照要求填写好并签名后寄回至广东某信托公司工作人员处。

刘某评估问卷载明评估结果为"投资者风险等级为平衡性，有投资经验"。在《投资者风险评估问卷》客户签名栏的上侧，有加黑的【特别提示】，载明："信托计划不承诺保本或最低收益，具有一定的投资风险，在最不利的情况下，本信托计划收益可能为零，同时委托人亦可能亏损部分甚至全部本金。投资有风险，选择需谨慎！"客户确认栏处载明："本人保证以上所填全部信息为本人的真实意思表示，并接受贵司评估意见。"客户签名处载有刘某的签名。

《认购风险申明书》中，在委托人签章上方，载明："委托人并代表受益人在此声明：推介人员已向本人详细介绍了信托计划要点和投资本信托计划所面临的风险，本人对广东某公司已有充分了解，并同意受托人聘其为本信托计划的投资顾问，并已充分理解和接受受托人根据委托人的同意聘请投资顾问提供投资服务所可能产生的相应风险，本人已认真阅读并理解了所有的信托文件，已充分了解本信托计划可能发生的各种风险，愿意依法承担相应的信托投资风险。"委托人处有刘某的签名。

刘某陈述称其未对《投资者风险评估问卷》的具体内容进行勾选，仅按照工作人员要求，在客户签名处签名后将《投资者风险评估问卷》寄回给广东某信托公司工作人员，该问卷"评估结果"处的文字内容均非其本人填写。

2019 年 4 月 25 日，刘某收到信托清算后的委托款 405580.85 元。刘某认为其亏损 594419. 15 元。

刘某陈述，其于 2015 年左右开始炒股，学历为电大的大专文凭，家庭年收入为 5 万元 ~ 20 万元。其本人目前退休工资有 5000 余元，但在投资案涉信托产品时只有 4000 余元，投资案涉信托产品的 100 万元中的 40 万元系向他人借款。

另查明，刘某提交的银行卡流水显示其有多笔理财交易。

【判决结果】

一、在本判决发生法律效力之日起十日内，被告广东某信托公司应向原告刘某赔付 178325. 74 元；

二、在本判决发生法律效力之日起十日内，被告广东某信托公司向原告刘某披露不涉及其他委托人隐私的有关原告刘某的信托财产的管理运用、处分及收支情况，并做出亏损原因说明；

三、驳回原告刘某的其他诉讼请求。

【律师解读】

本案中，广东某信托公司在推介信托产品时未履行适当性义务。特别是刘某投资案涉信托计划时已年逾 60 岁，其经济能力、理解能力均处于弱势。容易对合同中的专业条款及信托计划存在的风险产生理解偏差。因此，广东某信托公司应更加注重履行适当性义务，充分阐释信托产品的风险并解释相关的信托政策及专业术语。同时，刘某作为一名完全民事行为能力人，其在签订合同时具有独立自主的意思表示。刘某提供的银行记录显示，其亦具有一定的理财投资经验。因此，对于投资损失，刘某应承担主要责任。

根据信托相关法律规定，识别信托产品合格投资人的条件主要有两点：一为"识别、判断、承担风险能力"，二为"具备一定经济能力"。"识别、判断、承担风险能力"主要从其是否填写《投资者风险评估问卷》、问卷结果与实际投资是否匹配进行审核；"具备一定经济能力"即对其投资款来源进行审查。

对于信托公司的风险提示义务，法院更倾向于进行实质审查。综合理性人能够理解的客观标准和金融消费者能够理解的主观标准来确定信托公司是否已经履行了告知说明义务。主要从以下两个方面审查。第一，签署《认购风险申明书》，如仅在尾部进行签字不能认定为履行了提示义务，信托公司还要对风险进行说明，并以形式上能够确认的方式进行提醒。第二，风险提示，应针对本信托计划的风险进行明确说明。仅列明投资有风险、不保本等内容，或者只列举常见风险类型，如市场风险、信用风险、诉讼风险等，无法被确认已尽到了风险提示义务。

实践中，投资人具有的多年投资经验，在信托机构未履行适当性义务的情况下，也可能成为影响法官适当性义务认定的条件之一。法院可能认定信托公司违反适当性义务的行为并未影响投资者做出自主决定。

综上，《全国法院民商事审判工作会议纪要》实施后，司法机关在信托纠纷中，通常对金融消费者予以倾斜保护。这对于金融消费者来说，无疑是多了一层保护。但对于信托公司来说，相关规定标准的提高，导致诉讼案件增多。因此信托公司需要更加谨慎、更加注重自身的行为规范，审慎销售，降低合规风险。

14. 买车试驾过程中发生交通事故，由谁赔付？

□ 马凯乐

【案情简介】

2021年7月28日，李某计划购买一台二手小型轿车。李某到张某经营的某二手车行，张某安排车行工作人员陪同试驾。当日17时许，李某在试驾车辆湘DM×××小型轿车的过程中，超速行驶且拐弯过急。同向行驶的由宋某正常驾驶的湘FS×××小型轿车为避免发生两车碰撞，被挤入路边花坛，造成宋某军驾驶的轿车和护栏受损的交通事故。

经交警部门道路交通事故认定书认定，李某负事故的全部责任，宋某等其他人员无责任。经计算，宋某轿车的损失价格为45000元。宋某向二手车行经营者张某、试驾者李某索要赔偿。因协商不成，将两人起诉至人民法院。

【判决结果】

一、被告李某赔偿原告宋某各项事故损失人民币 31500 元，于本判决生效之日起十日内一次性赔偿；

二、被告张某赔偿原告宋某各项事故损失人民币 13500 元，于本判决生效之日起十日内一次性赔偿。

【律师解读】

《民法典》第一千二百零九条规定："因租赁、借用等情形机动车所有人、管理人与使用人不是同一人时，发生交通事故造成损害，属于该机动车一方责任的，由机动车使用人承担赔偿责任；机动车所有人、管理人对损害的发生有过错的，承担相应的赔偿责任。"

在本案中，李某系车辆驾驶人，其驾驶车辆发生交通事故，并经道路交通事故认定书认定其负事故的全部责任。故李某对本案交通事故的发生存在过错，应当承担相应的民事责任。李某与张某属于试驾者与汽车销售商的关系。试驾是商家为了提高车辆销售额向潜在购买者推出的一种驾驶体验活动。虽然试驾一般不收取费用，但属于销售行为的一部分，因此具有营利的性质。李某在试驾中体验相关车辆的操控性能并获得直观感受，亦在此过程中获得了利益。张某、李某作为商业活动的利益享有者，均应承担合理的风险。

试驾活动旨在最终达成汽车销售合同，汽车销售商将车辆交予试驾者驾驶，非系基于汽车销售合同之交付行为，车辆所有权尚未转移。试驾者系试驾车辆的实际操控人，汽车销售商系试驾车辆的所有权人。交通事故虽然具有偶发性，汽车销售商无法预测交通事故是否发生，也无法控制其他道路参与者的不当行为，但汽车销售商必须尽到经营者的合理注意义务，如审查驾照、合理提示车辆特性及试驾路线、提供符合安全标准的车辆等。因此，法院判决张某承担次要的民事赔偿责任。

15. 合同约定原告法院受理，二审法院为何裁定移送管辖？

□ 娄　静

【案情简介】

2020 年 11 月 15 日，浙江绍兴 A 公司与浙江嘉兴 B 公司签订《冷库工程施工合同》（以下简称《施工合同》）。约定由 A 公司对 B 公司的物流仓储冷库氨制冷系统进行施工改造，设备安装完工日期为 2021 年 1 月 10 日。2021 年 3 月 23 日，A 公司安装完成后，B 公司出具调试验收报告。但设备运行一段时间后，B 公司发现 A 公司安装改造的制冷系统未能达到合同约定要求，B 公司未支付工程余款。因《施工合同》约定，合同履行期间发生纠纷，通过在原告所在地法院起诉解决。A 公司作为原告向住所地绍兴市某区人民法院以承揽合同纠纷为案由提起了民事诉讼，向 B 公司索要安装改造工程的剩余款项。一审法院判决 B 公司向 A 公司支付剩余工程安装款项，并支付利息。B 公司认为 A 公司并未取得该工程资质，其先前提供的《特种设备安装改造维修许可证》系伪造且新的制冷系统并未实现 A 公司先前承诺的"节能 35%"以上，A 公司存在明显欺诈行为。B 公司不服一审判决，遂委托北京市盈科律师事务所律师为其上诉提供法律帮助。

【判决结果】

一、撤销绍兴市某区人民法院民事判决；
二、本案移送嘉兴市某区人民法院审理。

【律师解读】

民事案由应准确体现纠纷所涉民事法律关系的性质，决定着法律的适用。A 公司以承揽合同纠纷案由在其所在地人民法院提起诉讼，是其"趋利避害"的诉讼策略。在 A 公司一审胜诉、B 公司处于被动的情况下，B

公司如何在二审当中实现"逆转"，无疑应当从 A 公司的诉讼策略当中"反向"寻找突破口。

一、建设工程施工合同与承揽合同有哪些区别？

《民法典》第七百八十八条第一款规定："建设工程合同是承包人进行工程建设，发包人支付价款的合同。"第七百七十条第一款规定："承揽合同是承揽人按照定作人的要求完成工作，交付工作成果，定作人支付报酬的合同。"

建设工程合同与承揽合同存在的区别有以下三点。

（1）资质要求不同。《最高人民法院关于审理建设工程施工合同纠纷案件适用法律问题的解释（一）》第一条规定："建设工程施工合同具有下列情形之一的，应当根据民法典第一百五十三条第一款的规定，认定无效：（一）承包人未取得建筑业企业资质或者超越资质等级的；（二）没有资质的实际施工人借用有资质的建筑施工企业名义的；（三）建设工程必须进行招标而未招标或者中标无效的。"建设工程施工合同对于资质有严格要求，而承揽合同对于资质并没有严格规定。

（2）受行政制约不同。建设工程是涉及公共利益和安全的特殊产品，国家实行严格的管理和控制，当事人意思自治受公权力的制约。《最高人民法院关于审理建设工程施工合同纠纷案件适用法律问题的解释（一）》第三条第一款规定："当事人以发包人未取得建设工程规划许可证等规划审批手续为由，请求确认建设工程施工合同无效的，人民法院应予支持，但发包人在起诉前取得建设工程规划许可证等规划审批手续的除外。"而承揽合同以当事人合意为主，公权力一般不予行政干预。

（3）管辖法院不同。《中华人民共和国民事诉讼法》第三十四条规定："下列案件，由本条规定的人民法院专属管辖：（一）因不动产纠纷提起的诉讼，由不动产所在地人民法院管辖。"《最高人民法院关于适用〈中华人民共和国民事诉讼法〉的解释》第二十八条规定："民事诉讼法第三十四条第一项规定的不动产纠纷是指因不动产的权利确认、分割、相邻关系等引起的物权纠纷。农村土地承包经营合同纠纷、房屋租赁合同纠纷、建设工程施工合同纠纷、政策性房屋买卖合同纠纷，按照不动产纠纷确定管辖。"因此，建设工程施工合同纠纷应适用专属管辖，不适用约定管辖。

二、本案应属于建设工程施工合同纠纷，适用专属管辖。

根据双方签订《施工合同》中的工程内容可知，A 公司与 B 公司签订的是设备安装工程及装修工程的合同。《建设工程质量管理条例》第二条第二款规定："本条例所称建设工程，是指土木工程、建筑工程、线路管道和设备安装工程及装修工程。"由此足以确定，A 公司与 B 公司签订的系建设工程施工合同。本案应当适用专属管辖，即一审法院对本案无管辖权。

三、双方签署的《施工合同》属于法定无效合同。

A 公司并未取得安装改造制冷设备所需的资质，并且 A 公司伪造资质的行为被所在地行政管理机关作出处罚。双方签署的《施工合同》属于法定无效合同。

本案在二审实现了"逆转"，得益于二审代理律师从 A 公司的诉讼策略当中"反向"寻找到突破口，即民事案由的错误。更重要的是，正确的民事案由导致一审法院对本案没有管辖权，这也是一审判决的"硬伤"。由此可见，在民事案件中对于案由的确定是非常重要的。

16. 多年居住权纠纷，原告为何胜诉？

□ 韩　华

【案情简介】

吴某与杨某生前系夫妻关系。吴某莲系吴某之女，祁某为吴某莲之子。吴某于 2003 年去世，杨某于 2020 年去世。

北京市某区某胡同 12 号房屋是吴某向某区房屋土地管理局承租的公租房，吴某、杨某、吴某莲及其子祁某一直共同居住于该房屋。20 世纪 90 年代，因某医院扩大建设用地，该房屋被拆迁。讼争房屋安置给吴某、杨某、吴某莲和祁某四人，所安置房屋的性质仍为公租房。由吴某与北京市某房地产综合开发公司签订了《北京市城市住宅房屋拆迁安置补助协议书》，该协议中记载："正式户口：肆人，应安置人：肆人。"

1998 年，吴某在未告知吴某莲、祁某的情况下，与某区房屋土地管理局签订《某区房地局优惠出售直管公有住宅楼房协议书》，以 32328 元的成本价将讼争房屋买断，讼争房屋产权登记在吴某名下。另查明，吴某莲、祁某户口一直在讼争房屋处。

后吴某莲、祁某与吴某其他子女就讼争房屋产生纠纷，吴某莲、祁某委托韩华律师作为代理人提起诉讼。

【判决结果】

确认原告吴某莲、祁某对北京市某区某胡同 12 号房屋享有居住权。

【律师解读】

根据《民法典》的规定，居住权有两种设立方式：合同设立和遗嘱设立。《民法典》第三百六十七条第一款规定："当事人应当采用书面形式订立居住权合同。"设立居住权合同属于要式合同，未采用书面形式订立的居住权合同，原则上不发生效力。《民法典》第三百七十一条规定："以遗嘱方式设立居住权的，参照适用本章的有关规定。"

在该案审理过程中，被告以吴某莲、祁某诉请的居住权不符合《民法典》规定的设立条件提出抗辩，那么吴某莲、祁某在一无合同设立、二无遗嘱设立的情况下，是否对讼争房屋享有居住权呢？

公租房是中国在特殊历史条件下，为了解决家庭成员居住问题而产生的。承租的公房不仅承租人有权居住，其他家庭成员、共同居住人都有权居住使用。公有房屋承租人所得的房屋拆迁款、产权调换房屋归公有房屋承租人及其他共同居住人共有。

拆迁方与被拆迁人签订拆迁安置协议，对被拆迁人及被安置人进行安置的目的就是保障被拆迁人和被安置人的居住权益。依据《北京市城市住宅房屋拆迁安置补助协议书》及各方当事人确认，吴某莲、祁某系协议书项下的被安置人，对属于被安置房屋的讼争房屋拥有相应的安置利益，吴某莲、祁某在协议书中的安置利益体现为有权居住使用被安置房屋。

1998 年，吴某私下买断讼争房屋的行为侵犯了吴某莲、祁某的合法权益。吴某只是作为家庭成员的代表与某区房屋土地管理局签订买卖合同，其一人签约的行为，并不能否定吴某莲、祁某对涉案房屋应当享有的权益。吴某莲、祁某作为安置人口具有被安置资格，并获得相应的拆迁利益。

根据本案拆迁时的相关规定，安置房屋的确定需要综合考虑被拆迁房屋和安置人口的因素。房屋拆迁安置补偿中的被安置人口对指定的安置房屋享有居住权，该居住权不因房屋性质的变化、所有权人的变更等因素而发生变化。从吴某签订的拆迁协议的内容来看，取得讼争房屋实际也体现了对安置人口因素的考虑。因此，吴某莲、祁某作为被安置人口应对安置房屋享有相应权益。吴某莲、祁某对讼争房屋应享有的权益并不因吴某取得讼争房屋所有权而发生改变。

《民法典》的物权编引入"居住权"制度无疑是该编最大的亮点，居住权这一用益物权被正式确立在中国的《民法典》中。但是在《民法典》正式实施以前，因承租公房及拆迁安置等原因而产生的涉及共同居住人的居住权并不因未采取《民法典》规定的设立方式而丧失。否则，以往大量存在的因分配公房，由承租人买断房屋的共同居住人、拆迁安置人口岂不是任由产权人轰出家门？共同居住人的合法权益又该如何维护？选择由法院确认其对房屋享有居住权也是其实现房屋合法权益的一种有效途径。

17. 为落户北京假结婚签订的《协议书》，是否有效？

　　□ 刘思琼

【案情简介】

冯某和温某于 2018 年 7 月 23 日登记结婚。2018 年 11 月 1 日双方签订《协议书》，约定温某负责给冯某及其三个孩子办理户口迁移，将户口迁至温某的北京市通州区的户口上。为此，冯某共向温某支付 37.8 万元。2021 年 6 月 30 日，冯某与温某协议离婚。同日，双方签订《证明》一份，载明："2018年7月23日至2021年6月30日期间冯某与温某订下的所有协议、借条、收条全部终止作废。"

后冯某向法院提起诉讼，要求确认冯某与温某于2018年11月1日签订的《协议书》无效，温某返还冯某37.8万元。

【判决结果】

一、确认原告冯某与被告温某于2018年11月1日签订的《协议书》无效；

二、被告温某于判决生效后七日内返还原告冯某37.8万元。

【律师解读】

在2021年4月之前，北京实行夫妻一方为北京农户，另外一方为外省市户口的，若结婚满三年，拥有外省市户口的一方可以投靠落户至拥有北京农户的一方的夫妻投靠政策。但在2021年4月15日北京市公安局发布《北京市公安局关于统一本市农业非农业夫妻投靠落户政策的通知》，取消了外省市人员夫妻投靠入农业户口政策，夫妻投靠进京落户统一按现行非农业落户政策办理。也就是夫妻投靠必须满足申请人年满45周岁，且结婚满10年；申请人年满46周岁，不满55周岁，结婚应满5年；申请人年满55周岁以上，结婚应满2年这一先决条件。取消外省市人员夫妻投靠入农业户口政策后，原本打算通过缔结婚姻关系获得北京户口的方式无法再进行下去，由此也滋生了很多结婚落户合同纠纷。

本案中，冯某与温某的结婚落户《协议书》是试图突破政府管理政策而获得不法利益的合同，其行为会扰乱户籍管理秩序，侵害社会公共利益，并有违社会公德和良好道德风尚。因此，法院以《协议书》违背公序良俗为由认定其无效。而温某所收取的办理户口的费用应当返还。

此外，这类合同也常常会涉及刑事风险。在实践中经常出现因外地人通过夫妻投靠方式取得北京户口需满三年，一些想立即拿到户口的人便选择了通过伪造结婚证、修改结婚时间的方式欺骗户政机关。这种行为侵犯了国家机关发布的证件的权威性与公信力，涉嫌伪造国家机关证件罪。但若买卖双方单纯以落户为目的结婚，并进行真实的结婚登记，待三年期满后落户后就离婚，这种行为也可能会涉嫌买卖国家机关证件罪，对于买方和卖方均具有一定的法律风险。

18. 电竞酒店接纳未成年人，为何被提起公益诉讼？

□ 谢 雯

【案情简介】

2021年4月，江苏省宿迁市某区人民检察院检察官在某学校上法治课时，从老师处得知有学生经常去电竞酒店上网。获取线索后，检察机关启动调查程序。通过办案调查，发现A酒店管理公司经营的电竞主题酒店共有20个房间，每个房间均配备2台至5台与网吧硬件配置基本相同的电脑，根据房间不同，分别收取数十元至数百元不等的费用。短短3个月，酒店住宿系统显示未成年人入住387人次。仅案发所在地的宿城区，12家电竞酒店住宿登记系统存在接纳未成年人入住记录达800余条。在电竞酒店住宿的未成年人包括许多在校学生，因无法进入传统网吧，转而三五成群入住电竞酒店通宵"团战"，而且超人数入住、男女混住成为常态，这给未成年人身心健康、学业发展造成严重影响，甚至引发了强制猥亵等犯罪行为。

2022年5月12日，宿迁市中级人民法院公开审理宿迁市人民检察院诉被告A酒店管理公司向未成年人提供上网服务民事公益诉讼案。

【判决结果】

被告A酒店管理公司禁止向未成年人提供互联网上网服务，并于判决生效之日起十日内在国家级公开媒体向社会公众书面赔礼道歉。

【律师解读】

一、电竞酒店为何如此风靡？

由于疫情影响，许多行业都受到巨大冲击，部分酒店也在积极地转变经营模式转型自救。电竞酒店中酒店和网吧的重叠区域，存在着监管政策的真空地带。因此，电竞酒店打起了"擦边球"，开始盛行。据数据统计，2021年全国电竞酒店达1.5万家。处于野蛮生长期的电竞酒店，作为一种新型业态，由于缺乏行业统一标准，进入行业壁垒较低，且其经营方式巧妙地规避了网吧禁止未成年人入内的规则限制，因此当下备受未成年人的青睐。

二、关于网吧和酒店，法律是如何规定的？电竞酒店的现状是什么？

电竞酒店以"游戏＋酒店"为特点，是一种提供电竞游戏的新型酒店。不同于传统酒店的经营模式，电竞酒店不仅为消费者提供住宿服务，而且提供网吧同等配置的上网服务功能。法律对于网吧、酒店接纳未成年人的规定如下：

《互联网上网服务营业场所管理条例》第七条规定："国家对互联网上网服务营业场所经营单位的经营活动实行许可制度。未经许可，任何组织和个人不得从事互联网上网服务经营活动。"第十一条规定："文化行政部门经实地检查并审核合格的，发给《网络文化经营许可证》。"第二十一条规定："互联网上网服务营业场所经营单位不得接纳未成年人进入营业场所。互联网上网服务营业场所经营单位应当在营业场所入口处的显著位置悬挂未成年人禁入标志。"

《中华人民共和国未成年人保护法》（以下简称《未成年人保护法》）第五十七条规定："旅馆、宾馆、酒店等住宿经营者接待未成年人入住，或者接待未成年人和成年人共同入住时，应当询问父母或者其他监护人的联系方式、入住人员的身份关系等有关情况；发现有违法犯罪嫌疑的，应当立即向公安机关报告，并及时联系未成年人的父母或者其他监护人。"第五十八条规定："互联网上网服务营业场所不得允许未成年人进入，经营者应当在显著位置设置未成年人禁入、限入标志；对难以判明是否是未成年人的，应当要求其出示身份证件。"

现行法律中关于电竞酒店的定性尚没有明确的法律依据。如果将电竞酒店定义为互联网上网服务营业场所，经营者必须办理《网络文化经营许可证》，并严禁未成年人进入。如果将电竞酒店定义为住宿场所，根据《未成年人保护法》相关规定，经营者在履行查验、报告等义务后，可以接纳未成年人入住。

但事实上，这些电竞酒店入住非常方便，消费者只需要通过线上平台就可预订房间。部分电竞酒店在经营过程中，接待未成年人入住时未询问、记录监护人的联系方式和身份关系。有的电竞酒店虽然履行了告知监护人的义务，但为了谋取利益，采用不如实告知的方式，如只告知监护人未成年人所在的区域，并不告知未成年人将要入住。更有甚者，只让未成年人自己填写家长的联系方式即可入住，是否真实在所不问。电竞酒店还存在一人登记多人住宿、男女混居等情况，很多电竞酒店并没有《网络文化经营许可证》，有的连营业执照都没有办理，更别说按要求安装智慧网关系统。法律规定互联网上网服务营业场所每日营业时间限于 8 时至 24 时，但电竞酒店的上网时间却可以通宵达旦，这已经成为未成年人保护的盲区。

三、电竞酒店是否属于互联网上网服务营业场所？

《互联网上网服务营业场所管理条例》第二条规定："本条例所称互联网上网服务营业场所，是指通过计算机等装置向公众提供互联网上网服务的网吧、电脑休闲室等营业性场所。学校、图书馆等单位内部附设的为特定对象获取资料、信息提供上网服务的场所，应当遵守有关法律、法规，不适用本条例。"

因此，互联网上网服务营业场所应具备服务对象的不特定性、本身的营利性和提供互联网上网服务三个要素。故判断是否属于互联网上网服务营业场所，不能仅以其外在形式和场所的名称作为标准，而应以是否符合三个要素作为标准。

本案证据显示，涉案电竞酒店的 20 个房间一共有 54 台电脑，其中 14 个房间的电脑数量超过床位数。该电竞酒店在布局上与提供电竞服务的网吧更具相似性，而与传统酒店存在较大差别。通过对涉案电竞酒店的营利性和服务对象的不特定性以及其提供的配备设施、消费需求和收费模式等的综合判断，涉案电竞酒店兼具提供互联网上网服务和住宿餐饮服务的功能，但实质上更偏重于向消费者提供互联网上网服务。这些电竞酒店的营销广告宣传也主要体现电竞游戏、上网、电脑配置、网速等服务内容。2020年12月4日，文化和旅游部发布《关于进一步优化营商环境推动互联网上网服务行业规范发展的通知》规定："以提供互联网上网服务为主营业务或主要招揽手段的综合性上网服务场所，应当依照《互联网上网服务营业场所管理条例》申请取得《网络文化经营许可证》，实施经营管理技术措施和未成年人保护措施。"故涉案的电竞酒店应属于互联网上网服务营业场所。

四、电竞酒店向未成年人提供互联网上网服务是否侵害未成年人合法权益、是否损害社会公共利益？

《未成年人保护法》规定，互联网上网服务营业场所不得允许未成年人进入。电竞酒店有义务核实消费者的年龄，但为达到营利目的，涉案酒店没有履行相应义务，违反上述法律规定，其行为侵害了未成年人的身心健康权、发展权和受教育权等权益。电竞酒店作为经营场所，面向的是包括大量的未成年人在内的不特定的消费者，侵害了未成年人的合法权益，损害未成年人健康成长，即损害了国家和社会公共利益。

五、检察院为何要对电竞酒店提起公益诉讼？

为了加强对国家和社会公共利益的保护，法律规定人民检察院有履行公益诉讼的检查职责。人民检察院经过对民事公益诉讼线索进行评估，认为同时存在以下情形的，应当立案：（一）社会公共利益受到损害；（二）可能存在破坏生态环境和资源保护，在食品药品安全领域侵害众多消费者合法权益，侵犯未成年人合法权益，侵害英雄烈士等的姓名、肖像、名誉、荣誉等损害社会公共利益的违法行为。人民检察院可以向人民法院提出要求被告停止侵害、排除妨碍、消除危险、恢复原状、赔偿损失等诉讼请求。

本案中电竞酒店侵害的对象是未成年人，未成年人是国家与民族的未来，也是父母与家庭的寄托。对不特定未成年人权益的侵害，不但违法，而且有违公序良俗。涉案电竞酒店以放任甚至引诱未成年人上网玩游戏的方式侵害未成年人的健康权、发展权等权利，其危害程度具有严重性、广泛性、不可控性和不可预测性。如对该类行为不加以规制，危害将愈加扩大。如上所述，电竞酒店向未成年人提供互联网上网服务违反了法律规定，侵害了未成年人合法权益，也损害了社会公共利益。因此，检察机关在履行公益监督职责中发现有损害社会公共利益的行为，在没有法律规定的机关和组织或者法律规定的机关和组织不提起诉讼的情况下，可以向人民法院提起公益诉讼。

保护未成年人的合法权益，是人类文明和社会进步的应有之义。因为未成年人身心发育尚不成熟，自我保护能力较弱，辨别是非能力和自我控制能力不强，容易受到不良因素的影响和不法侵害，这就要求家庭、学校、社会、网络、政府、司法"六大保护"体系积极发挥各自的职能，共同保护好祖国的未来。本案对于电竞酒店性质的认定具有开创意义，展现了人民法院在未成年人司法保护领域的新作为、新担当。法官大胆突破成文法的局限性，将电竞酒店认定为互联网上网服务营业场所，这也为文化行政部门在该领域的监管提供了一个司法判例和参照样本。执法者在鼓励这些多元经营模式和消费场景拓展的同时，也要及时预见和防范新业态带来的多重风险，有效消除电竞酒店对未成年人权益的危害，这考验着相关部门的监管智慧。对学校和家庭来说，也应从这起公益诉讼案中反思教育管理的责任，不仅要关注孩子的成绩和学业，更要关注孩子的身心健康，加强对孩子上网行为的引导，及时发现问题，及早介入干预。2022 年 1 月 1 日起施行的《中华人民共和国家庭教育促进法》规定："未成年人的父母或者其他监护人负责实施家庭教育。"作为监护人，如果教育不好自己的孩子，是要被"追责"的！在这起案件中，宿迁市检察院与市中级人民法院就一同向涉案未成年人父母制发了《责令接受家庭教育指导令》，并对他们进行训诫。因此，我们全社会都应拧成一股绳，形成合力，齐抓共管，共同担负起帮助教育未成年人的社会责任。

同时，我们也要明白电子竞技不同于网络游戏。2020 年 12 月 16 日，亚洲奥林匹克理事会宣布电子竞技项目成为亚洲运动会正式比赛项目，并参与杭州 2022 年第 19 届亚运会。在这里笔者也期待电竞酒店这一新兴业态在经历探索期后，能够进一步净化和规范网络文化经营活动，希望电竞酒店行业能如日之升、蓬勃发展。

19. 合同终止后，如何追回剩余款项？

□ 孟晓东

【案情简介】

2021年6月24日，甲方A公司与乙方B公司签订《产品推广服务合同》。乙方受甲方委托，在多个直播平台为甲方提供产品直播推广服务，直播甲方品牌商品期限自2021年6月24日至2021年8月23日，服务费用5万元。

2021年6月30日，A公司向B公司转账服务费5万元。但是B公司一直未提供直播推广服务。经A公司多次催促，B公司仍不履行合同，但答应给A公司退款。后B公司仅退还1万元，尚欠4万元服务费没有退还，故A公司诉至法院。

A公司向法院提出以下诉讼请求：一、判令解除A公司与B公司签订的《产品推广服务合同》；二、判令B公司退还A公司服务费4万元。

【判决结果】

一、被告B公司于本判决生效之日起七日内退还原告A公司服务费4万元。

二、驳回原告A公司的其他诉讼请求。

【律师解读】

《民法典》第一百四十三条规定："具备下列条件的民事法律行为有效：

（一）行为人具有相应的民事行为能力；

（二）意思表示真实；

（三）不违反法律、行政法规的强制性规定，不违背公序良俗。"

A公司与B公司签订的《产品推广服务合同》是双方真实的意思表示，不违反法律法规的强制性规定，合法有效。各方均应按照合同约定严格履行。现 A 公司以《产品推广服务合同》第八条第一项约定的"本合同自双方签字并盖章于首页载明的生效日生效，至双方履行合同全部权利义务完毕后终止"为依据主张解除合同。该诉讼请求未被法院支持，其原因是该服务合同明确约定服务期限自 2021 年 6 月 24 日至 2021 年 8 月 23日，在原告 A 公司无证据证明双方就服务期限协商延长或变更的情况下，《产品推广服务合同》已经自然到期，期限届满后自然解除，不需要再主张解除合同去终止权利义务。故 A 公司的第一项诉讼请求，在法律上没有合理依据得到支持。

《民法典》第一百一十九条规定："依法成立的合同，对当事人具有法律约束力。"第五百七十七条规定："当事人一方不履行合同义务或者履行合同义务不符合约定的，应当承担继续履行、采取补救措施或者赔偿损失等违约责任。"

A 公司主张 B 公司未履行合同约定义务提供直播推广服务并向 B 公司要求退还相应服务费用。依据 A 公司提交的微信聊天记录，A 公司向 B 公司已支付服务费 5 万元，B 公司已退还 1 万元，故 A 公司主张 B 公司退还剩余服务费 4 万元的诉讼请求，具有事实依据和法律依据，同时证据充分，应得到法院的支持。

20. 预售证过期没办产权证，能否排除执行？

□ 张相江

【案情简介】

2006 年，周某与威海某房地产开发有限公司（以下简称某房产公司）签订《商品房（预售）合同》《委托管理合同》，委托某房产公司将涉案房产出租，周某收取部分租金。2008 年 2 月 16 日，周某与某房产公司签订正式《商品房买卖合同》，同日付清全款。某房产公司于 2010 年 4 月 30日取得商品房预售许可证，该许可证于 2016 年 3 月 24 日过期。某房产公司将涉案房产交付周某。但至今没有办理不动产产权证书。

2015年1月12日，因申请执行人某典当公司、某贷款有限公司与被执行人某房产公司有借款合同纠纷，法院作出（2015）威商初字第×号裁定书。2015年1月13日法院作出协助执行通知书，申请执行人某典当公司申请查封了某房产公司位于某市房产。查封到期后法院予以续封。2019年12月4日法院作出（2019）鲁10执恢×号之五执行裁定书，某典当公司继续查封了涉案房产。

2021年3月31日，威海仲裁委员会就周某与某房产公司委托合同纠纷一案作出（2020）威仲字第×号仲裁裁决书，裁决：某房产公司于裁决生效之日起十日内向周某支付2015年10月1日至2020年10月1日期间的商铺租金24490元及违约金4315.88元，共计28805.88元。该裁决已生效。2021年4月6日，周某向法院提出异议申请，异议人请求法院解除查封，排除执行。

【处理结果】

中止对法院（2019）鲁10执恢×号之五执行裁定书所查封的位于某市不动产的执行，并解除对该处不动产的查封。

【律师解读】

《最高人民法院关于人民法院办理执行异议和复议案件若干问题的规定》第二十八条规定："金钱债权执行中，买受人对登记在被执行人名下的不动产提出异议，符合下列情形且其权利能够排除执行的，人民法院应予支持：（一）在人民法院查封之前已签订合法有效的书面买卖合同；（二）在人民法院查封之前已合法占有该不动产；（三）已支付全部价款，或者已按照合同约定支付部分价款且将剩余价款按照人民法院的要求交付执行；（四）非因买受人自身原因未办理过户登记。"

周某解除查封需要具备以下法定条件：

（1）被查封之前签订房屋买卖合同且房屋买卖合同有效。周某提供的证据及已生效的仲裁裁决书显示，周某早在法院查封涉案房产之前，即2008年2月16日与某房产公司签订买卖合同。虽然当时某房产公司未取得商品房预售许可证，但是某房产公司于 2010 年 4 月 30 日取得商品房预售许可证。《最高人民法院关于审理商品房买卖合同纠纷案件适用法律若干问题的解释》第二条规定："出卖人未取得商品房预售许可证明，与买受人订立的商品房预售合同，应当认定无效，但在起诉前取得商品房预售许可证明的，可以认定有效。"故双方签订的房屋买卖合同有效，即使该预售许可证于 2016 年过期，但不影响房屋买卖合同的效力。

（2）周某支付了全部购房款项。

（3）周某委托某房产公司管理并收取租金，应当认为周某在法院查封之前已经合法占有并使用涉案房产。

（4）涉案房产非因周某本人原因未办理过户登记。

综上，法院解除了对涉案房屋的查封。

21. 婚前一方贷款的房屋，离婚时如何分割？

□ 陈　微

【案情简介】

2013 年，李先生贷款购买了一套房屋，房屋所有权登记在李先生名下。2014 年李先生与张女士相识，2015 年李先生与张女士登记结婚。结婚后李先生用自己的工资收入偿还房屋的银行贷款。2019 年李先生与张女士夫妻感情出现问题，于是李先生便通过父母银行账户转账到李先生还贷银行账户的方式偿还银行贷款。

2021 年，张女士起诉到法院，要求与李先生离婚，同时主张李先生给付此套房屋的折价补偿款。李先生认为，此套房屋系其婚前个人财产，婚后用其个人工资收入偿还银行贷款，此套房屋与张女士无关，不应给付张女士房屋折价补偿款。并且一部分银行贷款是由李先生父母帮助偿还的，李先生父母帮助偿还的贷款部分属于其父母对李先生的个人赠与，也与张女士无关。

【判决结果】

一、准许原告张某与被告李某离婚。

二、位于某市某区某号房屋（产权证号：房地权证第××号）归被告李某所有，该房屋未清偿完毕贷款由被告李某负责清偿，被告李某于本判决生效之日起十日内支付原告张某房屋折价补偿款50万元。

【律师解读】

律师根据《民法典》及其《最高人民法院关于适用〈中华人民共和国民法典〉婚姻家庭编的解释（一）》的规定，做如下解读。

一、此套房屋是李先生的个人财产，还是李先生与张女士的夫妻共同财产？

《民法典》第一千零六十三条规定："下列财产为夫妻一方的个人财产：（一）一方的婚前财产；（二）一方因受到人身损害获得的赔偿或者补偿；（三）遗嘱或赠与合同中确定只归一方的财产；（四）一方专用的生活用品；（五）其他应当归一方的财产。"《最高人民法院关于适用〈中华人民共和国民法典〉婚姻家庭编的解释（一）》第三十一条规定："民法典第一千零六十三条规定为夫妻一方的个人财产，不因婚姻关系的延续而转化为夫妻共同财产。但当事人另有约定的除外。"李先生婚前购买的房屋，不因婚姻关系的延续而转化为夫妻共同财产，所以一审法院认定李先生婚前贷款购买的房屋属于其个人财产，不属于李先生与张女士的夫妻共同财产。

二、此套房屋李先生是否应给付张女士折价补偿款？如果需要给付，按照什么原则给付？

《最高人民法院关于适用〈中华人民共和国民法典〉婚姻家庭编的解释（一）》第七十八条规定："夫妻一方婚前签订不动产买卖合同，以个人财产支付首付款并在银行贷款，婚后用夫妻共同财产还贷，不动产登记于首付款支付方名下的，离婚时该不动产由双方协议处理。依前款规定不能达成协议的，人民法院可以判决该不动产归登记一方，尚未归还的贷款为不动产登记一方的个人债务。双方婚后共同还贷支付的款项及其相对应财产增值部分，离婚时应根据民法典第一千零八十七条规定的原则，由不动产登记一方对另一方进行补偿。"李先生婚前签订了此套房屋的不动产买卖合同，以个人财产支付首付款并在银行贷款。

虽然婚后李先生用工资收入支付的银行贷款，但《民法典》第一千零六十二条规定："夫妻在婚姻关系存续期间所得的下列财产，为夫妻的共同财产，归夫妻共同所有：（一）工资、奖金、劳务报酬；（二）生产、经营、投资的收益；（三）知识产权的收益；（四）继承或者受赠的财产，但是本法第一千零六十三条第三项规定的除外；（五）其他应当归共同所有的财产。"工资收入属于夫妻共同财产，李先生用夫妻共同财产还贷，不动产登记于首付款支付方李先生名下的，离婚时该不动产由李先生和张女士协议处理。李先生和张女士依照前款规定不能达成协议的，人民法院可以判决该不动产归登记一方李先生所有，尚未归还的贷款为不动产登记一方李先生的个人债务。李先生和张女士婚后共同还贷支付的款项及其相对应财产增值部分，离婚时应按照照顾子女、女方和无过错方权益的原则，由不动产登记一方李先生对另一方张女士进行补偿。因此，法院判决李先生给付张女士房屋折价补偿款人民币 50 万元。

三、婚姻关系存续期间，李先生父母偿还的银行贷款是对李先生的个人赠与，还是对李先生与张女士夫妻的赠与？

《最高人民法院关于适用〈中华人民共和国民法典〉婚姻家庭编的解释（一）》第二十九条规定："当事人结婚后，父母为双方购置房屋出资的，依照约定处理；没有约定或者约定不明确的，按照民法典第一千零六十二条第一款第四项规定的原则处理。"李先生与张女士结婚后，李先生的父母通过银行转账方式为李先生和张女士购置的房屋出资，按照民法典第一千零六十二条第一款第四项规定，婚姻关系存续期间受赠的财产属于夫妻共同财产，如果有约定的依照约定处理，但李先生与张女士之间没有约定。虽然李先生主张偿还的银行贷款为其父母对其个人的赠与，但没有提供民法典第一千零六十三条第三项规定的赠与合同中确定只归一方的财产的证据，仅以其父母有单独赠与的意思表示予以抗辩，这不具有盖然性的证明效力。所以法院判决李先生父母偿还的银行贷款属于对夫妻双方的赠与，属于夫妻共同财产，由李先生和张女士依法分割。

综上，对于婚前一方贷款购买、婚后用自己的工资收入偿还银行贷款的房屋，离婚时认定为婚前购房一方的个人财产。婚后即使一方父母帮助偿还银行贷款，但未约定或未明确约定归婚前购房人所有，或者未签订赠与合同约定归婚前购房人所有的，属于对夫妻双方的赠与。离婚时双方协议不成的，房屋归不动产登记一方所有，尚未归还的贷款为不动产登记一方的个人债务，对于婚后共同还贷支付的款项及其相对应财产增值部分，按照照顾子女、女方和无过错方权益的原则，由不动产登记一方对另一方进行补偿。

22. 借名购买保障性住房，法院如何判决？

□ 徐　杨

【案情简介】

王某与宋某系舅甥关系。2013 年 2 月 18 日，北京某置业公司与王某签订《北京市商品房预售合同》，约定王某购买某住宅楼（限价商品房）1104 号房屋，预测面积 60.83 平方米，单价为 9345 元，总款为 568456 元。2013 年 2 月 20 日，宋某支付购房款 568456 元。2014 年 8 月 20 日，宋某支付北京市住宅专项维修基金 12166 元及契税费 5684.56 元。2015 年 1 月 18 日，宋某支付房屋所有权登记费 80 元。2015 年 1 月 14 日，案涉房屋登记在王某名下，产权证原件由宋某保管。

2013 年 2 月 20 日，北京某置业公司与王某签订《北京市前期物业服务合同》及《临时管理规约》。涉案房屋的物业管理费、垃圾清运费及供暖费为宋某支付。并且现案涉房屋由宋某使用，但未进行装修且未实际居住。双方均认可案涉房屋现价值为 300 万元。

现双方就案涉房屋发生纠纷，宋某向法院起诉，请求：一、确认宋某、王某之间关于北京市××路某号院某号楼 1104 号房屋口头借名买房协议无效；二、判令王某返还宋某购房款 568456 元、住房专项维修基金

12166 元、房屋所有权登记费 80 元、契税费 5684.56 元；三、判令王某赔偿宋某房屋升值损失 246 万元；四、诉讼费和保全费由王某承担。

【判决结果】

一审判决：

一、原告宋某与被告王某之间关于北京市××路某号院某号楼 1104 号房屋口头借名买房协议无效；

二、被告王某于判决生效后七日内返还原告宋某购房款 568456 元、住房专项维修基金 12166 元、房屋所有权登记费 80 元、契税费 5684.56 元；

三、被告王某于判决生效后七日内赔偿原告宋某信赖利益损失 1458926.4 元；

四、驳回原告宋某的其他诉讼请求。

王某不服一审判决，提出上诉。

二审判决：

驳回上诉人王某的上诉，维持原判。

【律师解读】

一、王某与宋某间是否构成借名买房关系？

一方面，判断当事人之间是否存在借名买房关系，应从双方是否存在借名买房协议、借名人是否为实际出资人并履行了相应出资、房屋是否由借名人实际控制使用、房屋买卖履行过程是否符合借名买卖习惯等要件予以考虑。但具有亲属关系的借名买房，往往基于人际信任未签订正式借名买卖协议，应结合案情对上述要件予以充分考虑和综合分析。本案中，王某与宋某系舅甥关系，双方虽未签订书面的借名买房协议，但案涉房屋购房款、房屋其他费用、使用费等均由宋某支付，产权证原件由宋某持有，案涉房屋亦由宋某实际控制使用。综上，本案符合借名买房的构成要件，双方形成了借名购房的法律关系。

另一方面，根据《北京市高级人民法院关于审理房屋买卖合同纠纷案件适用法律若干问题的指导意见（试行）》第六条规定："相关政策、法规规定的限制上市交易期限内买卖已购经济适用住房，当事人主张买卖合同无效的，可予支持。政策、法规有新规定的，适用其规定。出卖人转让的经济适用住房的原购房合同系 2008 年 4 月 11 日（含）之前签订，当事人又在转让该已购房屋的合同中约定在限制上市交易期限届满后再办理房屋所有权转移登记或在一审法庭辩论终结前该房屋已具备上市交易条件的，可以认定合同有效。"本案中，涉案房屋性质为限价商品房，属于政策性保障住房，购买于 2013 年，双方之间的借名购房合同违反了相关政策、法规的规定，应属无效。

二、王某是否应赔偿宋某信赖利益损失

《民法典》第一百五十七条规定："民事法律行为无效、被撤销或者确定不发生效力后，行为人因该行为取得的财产，应当予以返还；不能返还或者没有必要返还的，应当折价补偿。有过错的一方应当赔偿对方由此所受到的损失；各方都有过错的，应当各自承担相应的责任。"

因案涉房屋系政策性保障住房，王某与宋某作为具备完全民事行为能力的民事主体，应知道政策房购房指标不能转让。因此，双方对合同的无效均有过错，应当按照各自过错程度承担相应责任。我国《民法典》体现的是信赖利益补偿性原则，现案涉房屋已增值，宋某因购买该房屋产生了信赖利益损失。考虑到双方均有过错以及双方存在亲属关系的事实，双方形成借名买房交易关系并非单纯以获利为目的，因此法院根据房屋的自估价值，在扣除已付购房款的前提下，结合本案实际情况和双方过错程度，对宋某的损失予以酌定。

23. 离婚要求家务劳动补偿，法律是否支持？

□ 师　萌

【案情简介】

蒋女士和赖先生于 2010 年相识，2012 年 4 月确立恋爱关系，2013 年 4 月登记结婚，2014 年 6 月生育婚生儿子赖某甲。

双方婚后长期分居，聚少离多，儿子出生后一直跟随蒋女士在老家生活。双方婚前接触了解不深，婚后蒋女士全职照顾儿子。在儿子7个月大左右，蒋女士前往某市与赖先生共同生活，赖先生母亲与蒋女士发生婆媳矛盾，赖先生也疏于照顾儿子，蒋女士只好将儿子带回老家和父母生活。此后，双方缺乏沟通，夫妻感情每况愈下。从2021年5月开始，双方争吵越来越激烈，赖先生曾三次对蒋女士实施家庭暴力。2021年7月，赖先生又对蒋女士实施家庭暴力，双方关系正式破裂。此后双方协商离婚事宜，赖先生同意离婚，但对儿子抚养问题产生分歧。

为此，蒋女士向法院提起诉讼。请求法院：一、判令原告与被告离婚；二、判令原被告的婚生儿子赖某甲由原告抚养，判令被告自判决生效之日起每月十五日前支付婚生儿子赖某甲抚养费3500元直至儿子年满18周岁时止；三、请求法院根据财产具体情况，以妇女、儿童权益最大化为原则，依法分割位于某市某区房产；四、请求法院判令被告向原告支付家务劳动补偿金5万元。

【判决结果】

一、准予原告蒋某与被告赖某离婚。

二、离婚后，婚生儿子赖某甲由原告蒋某抚养至年满18周岁，被告赖某需自本判决确定生效之日起每月10日前向原告蒋某支付抚养费1500元直至婚生儿子赖某甲年满18周岁止，婚生儿子赖某甲年满18周岁后，随父随母生活由其自行选择。

三、在不影响婚生儿子赖某甲正常学习、生活的情况下，被告赖某可每周六及周日与婚生儿子赖某甲共同生活，周一早上根据婚生儿子赖某甲实际需求送回学校或原告蒋某住所；暑假期间被告赖某可以带婚生儿子赖某甲共同生活一个月，寒假期间被告赖某可以带婚生儿子赖某甲共同生活十天，具体探望时间、地点、接送问题由双方在履行中自行协商。

四、拍卖预告登记在被告赖某名下位于某市某区的房产，拍卖所得价款扣除尚欠抵押贷款债务及必要拍卖费用后，剩余价款由原告蒋某及被告赖某各取得50%。

五、驳回原告蒋某其他诉讼请求。

【律师解读】

《民法典》第一千零八十八条规定："夫妻一方因抚育子女、照料老年人、协助另一方工作等付出较多义务的，离婚时有权向另一方请求补偿，另一方应当予以补偿。"请求家务劳动补偿必须符合几个要件。

第一，请求家务劳动补偿必须以离婚为前提条件。

第二，负担了较多的家庭义务。需要考量多种因素，比如，投入家务劳动的时间、精力、效益等。

本案中，双方婚后虽主要由蒋女士照顾婚生儿子赖某甲，但期间赖先生也向蒋女士支付了相关生活费用，同时也一同负担了夫妻共同债务等共同开支。上述分工应属于双方对婚后家庭责任协商一致的分配原则，承担较多家庭义务并不能单纯以照顾子女的主次确定。因此，法院对蒋女士提起的家务劳动补偿金请求不予支持。

在现实生活中，由于一方对家庭的付出较多，另外一方可以从家庭以外获得比较多的利益，例如，学业进步和高薪收入。负担更多家务的一方的职业发展可能会受到影响，参与社会劳动的能力和机会可能会不足。因此，有必要通过家务劳动补偿制度和离婚经济困难补偿更好地保护从事家务劳动的一方，合理评价家务劳动的价值。

参与社会劳动的一方有工资收入，其工资收入作为家庭的日常消费是对近亲的抚养。家务劳动也是分担家庭生活费用的一种方法。这两种方法在价值上没有差别。

24. 男方出轨，离婚时女方如何争取更多的权益？

□ 刘　敏

【案情简介】

2020 年初，李某（女）在发现林某（男）出轨后，双方开始分居。

第一次离婚诉讼中,法官采信了林某不想离婚并改邪归正的言论,判决不予离婚。六个月后,林某先发制人向法院提起离婚诉讼并一改以往认错的态度,对自己出轨的事实不予承认并企图污蔑李某。李某应诉后要求林某支付精神损害赔偿金5万元,孩子由她抚养并获得大部分夫妻共同财产。

李某在发现林某出轨后就下定决心要离婚,但并没有打草惊蛇让林某知晓,双方进行了离婚谈判。本案是双方谈判未果后,李某经各方比较筛选,选择了专注于法律、心理和谈判专业服务,诉讼与非诉处置方式融为一体,实战经验丰富的专业婚姻律师团队,最后指定由刘敏律师作为代理律师。

【判决结果】

一审判决:

一、准予原告林某与被告李某离婚。

二、原告林某、被告李某婚后共同子女林某,由被告李某抚养,原告林某给付被告李某子女抚养费。

三、原告林某、被告李某婚后家庭共有财产——房产一套,归原告林某所有,原告林某给付被告李某财产补偿款40万元。

四、原告林某向被告李某支付精神损失费1万元,于判决生效之日起十日内履行。

原告林某、被告李某不服一审判决,提起上诉。

二审判决:

驳回上诉人林某、李某的上诉,维持原判。

【律师解读】

本案第一次诉讼法院很难判决离婚,我方策略是通过诉讼先把对方出轨事实认定;第二次离婚诉讼时,我方再要求孩子抚养权及抚养费、对方因出轨过错应赔偿的精神损害赔偿款和按照顾无过错方原则分割夫妻共同财产。

专业的婚姻律师都清楚,在离婚诉讼中掌握合法的出轨证据是特别难且重要的。在目的与手段均合法的前提下，如何拿到对方的出轨证据十分关键。李某在成功拿到林某出轨的确凿证据后，再拿此"尚方宝剑"刺破林某在庭审中不承认出轨的虚伪面具。

一、精神损害赔偿

《民法典》第一千零九十一条规定："有下列情形之一，导致离婚的，无过错方有权请求损害赔偿：（一）重婚的；（二）与他人同居；（三）实施家庭暴力；（四）虐待、遗弃家庭成员；（五）其他重大过错。"由于林某出轨行为属于第五项"其他重大过错"的情形，并且鉴于李某对出轨零容忍的程度，我方向法院提出林某出轨违背夫妻忠诚义务，属重大过错，是双方离婚的根本原因。李某作为无过错方可要求林某给付精神损害赔偿。由于《民法典》颁布时间较短，法官在离婚诉讼中作出精神损害赔偿的判决较少。我方在陈述事实并提供出轨证据的同时，不断向法官陈述要求对方给付精神损害赔偿款以弥补李某遭受精神损害的必要性。最终一审法官采纳了意见并认定对方出轨的事实与证据，最终判决林某赔偿李某精神损失费1万元。林某不服一审判决，随即向二审法院上诉，但二审法院在认真审理双方事实及证据后，依旧做出维持原判支持林某支付精神损失费1万元给李某的终审判决。

二、分割夫妻共同财产

由于房屋为林某婚前购买，并登记在其名下，但婚后仍在还贷。林某为了少分夫妻共同财产，伙同其母亲伪造"借名买房"的假象。根据《最高人民法院关于适用〈中华人民共和国民法典〉婚姻家庭编的解释（一）》第七十八条第二款规定："夫妻一方婚前签订不动产买卖合同，以个人财产支付首付款并在银行贷款，婚后用夫妻共同财产还贷，不动产登记于首付款支付方名下的，离婚时该不动产由双方协议处理。依前款规定不能达成协议的，人民法院可以判决该不动产归登记一方，尚未归还的贷款为不动产登记一方的个人债务。双方婚后共同还贷支付的款项及其相对应财产增值部分，离婚时应根据民法典第一千零八十七条第一款规定的原则，由不动产登记一方对另一方进行补偿。"我方通过调取林某的银行流水，抽丝剥茧，从中找到其联合母亲伪造"借名买房"虚假事实的证据，成功说服法官为李某争得40万元的财产补偿款。同时还要求法官结合照顾无过错方、女方及子女的原则，在分割财产的时候对李某予以多分。最终一审法院支持了我方的请求并判决林某给付李女 40 万元的财产补偿款。判决作出后我方做了防守性上诉，林某也上诉了，但二审法院在认真审理双方提交的事实与证据后同样维持原判。

每一个案件都有独特的处理方法，如何紧密结合当事人个体情况并且将心理辅导、法律谈判、专业服务融为一体是考验婚姻律师的关键，否则可能事与愿违，结果也会大相径庭。本案我方又一次有效综合法律点及证据，考虑客户个体情况，陪同当事人成长，使其从根本上拥有了面对婚姻失败并解决未来人生难题的能力。此案成功在分析事实证据、动态案情评估可达的预期诉求上，当事人从心理角度得到了颇多成长。

25. 买房后卖方户口未迁出，法院如何判决？

□ 白桂香

【案情简介】

贾先生通过知名地产中介购买吴先生的房屋，房屋正常过户并且贾先生家人的户口也正常迁入。

5 年后，贾先生通过中介与买家王先生签订了房屋买卖合同，双方约定："在付清房屋全款后，第一，卖方需协助买方正常办理房屋的过户手续；第二，卖方需协助买方办理户口迁入手续；第三，房屋过户和户口迁入手续只要有一项不能满足，卖方需承担 20 万违约金。"合同签订后，贾先生与王先生正常办理完过户手续，王先生户口正常迁入。

此后不久，贾先生却被王先生告上法庭，要求贾先生承担吴先生户口未迁出的违约责任。

【判决结果】

一审判决：

一、被告贾某于本判决生效之日起十日内支付原告王某户口迁出违约金 80000 元。

二、驳回原告王某的其他诉讼请求。

被告贾某不服一审判决，提出上诉。

二审判决：

驳回上诉人贾某的上诉，维持原判。

【律师解读】

《民法典》第五百八十五条规定："当事人可以约定一方违约时应当根据违约情况向对方支付一定数额的违约金，也可以约定因违约产生的损失赔偿额的计算方法。约定的违约金低于造成的损失的，人民法院或者仲裁机构可以根据当事人的请求予以增加；约定的违约金过分高于造成的损失的，人民法院或者仲裁机构可以根据当事人的请求予以适当减少。当事人就迟延履行约定违约金的，违约方支付违约金后，还应当履行债务。"

合同是平等主体的自然人、法人、其他组织之间设立、变更、终止民事权利义务关系的协议。在二手房买卖过程中，务必要注重违约条款的设定，在发生纠纷时才能保护到合同当事人。

本案中，贾先生没有与吴先生就户口迁出事宜进行相关约定，导致在承担违约责任之后再向吴先生追偿的败诉风险很高。正相反，王先生恰恰在合同中约定了户口迁出违约金而有效地保护了自己的合法权益。

虽然贾先生声称自己对此事确实不知情，自己按照房屋买卖合同的规定，已经履行了户口迁出手续，且王先生的户口已经正常迁入，自己不应该承担违约责任。但事实上吴先生的户口一直落在该房屋上，贾先生显然在客观上对此事还是存在一定过错的，应当承担40%的责任。买方的户口已经正常迁入，但是对于交易房屋的具体情况亦有查明义务，应当承担60%的责任。贾先生认为已经按照房屋买卖合同的约定履行了户口迁出手续，并不存在违约情形，未迁出户口的是吴先生，此违约责任应由吴先生承担。但根据合同相对性原理，若贾先生要求吴先生承担赔偿责任，应当另案起诉。

由于贾先生没有与吴先生签订关于户口迁出事宜的违约条款，如果起诉，贾先生的败诉风险很大，贾先生再三考虑之后决定不再起诉吴先生。

吴先生一家的户口，已经在法院审理过程中，经过与迁出地和迁入地的相关机构协调，办理了迁出手续。

至此，该房屋买卖合同纠纷终于尘埃落定。

26. 与重度残疾人共有的房产，共有人能否要求分割？

□ 姚志明

【案情简介】

王某甲通过继承的方式与父亲王某共同取得了北京市朝阳区某小区某号房产（下称"涉案房产"）按份共有权，王某甲与王某各自占有涉案房产50%的份额。虽然涉案房产由王某甲及王某按份共有，但王某仗着自己是王某甲的父亲，以及利用王某患有青光眼、几乎处于失明状态，王某长期占有并使用涉案房产，不允许王某甲居住使用。王某试图通过长期实际占有的方式达到控制房屋、将整套房产给自己的另一个儿子王某乙的目的。

经多次沟通，王某甲委托北京市盈科律师事务所姚志明律师作为代理人。

【判决结果】

一、北京市朝阳区某小区某号房屋归原告王某甲所有；

二、原告王某甲于本判决生效之日起三十日内，给付被告王某房屋折价补偿款240万元；

三、被告王某在收到判决生效后十日内，配合原告王某甲将北京市朝阳区某小区某号房屋腾空。

【律师解读】

实践中，因为遗产继承、离婚等原因经常会出现房产按份共有的情形。由于房产不是普通物品，虽然可以分成若干份，但分割后在一般情况下很难共同使用。此时共有人可以请求法院对共有物进行分割。具体分割方式可以是部分共有人购买其他共有人份额，也可以将共有物拍卖、变卖后分割所得价款。《中华人民共和国民法典》第三百零三条规定："共有人约定不得分割共有的不动产或者动产，以维持共有关系的，应当按照约定，但是共有人有重大理由需要分割的，可以请求分割；没有约定或者约定不明确的，按份共有人可以随时请求分割，共同共有人在共有的基础丧失或者有重大理由需要分割时可以请求分割。因分割造成其他共有人损害的，应当给予赔偿。"

本案中，王某甲通过继承方式获得涉案房产一半的份额，依法享有分割涉案房产的权利，但王某甲真正决定起诉时还是十分犹豫，因为被告是自己的亲生父亲，且其身体严重残疾，王某甲担心自己的起诉会有道德风险。不过，由于王某的做法确实很过分，王某甲将自己的物品放在涉案房屋都有困难，甚至王某怂恿王某乙将王某甲打伤，反而报警说王某甲打伤王某乙，试图以诬陷王某甲涉嫌故意伤害犯罪的方式让王某甲无法实际使用、拥有涉案房产，好在最终警察相信了王某甲的话，没有对王某甲采取任何强制处罚。

律师认为：（一）涉案房产一直处于共有状态，不仅不会缓和双方的矛盾，反而会加剧双方的矛盾，有分割的必要；（二）分割共有房产会让王某甲和王某各自获得200多万元款项，虽然王某身体残疾，但该笔款项能明显改善其生活状况，且王某还有其他住处，处置涉案房产不至于让王某无处居住，有分割的可能；（三）王某甲本人拥有涉案房产二分之一的份额，且王某甲经济实力可以，完全有能力通过购买份额的方式得到整套房产后自行处置。王某获得相应对价的房款，得到房款后王某无权也没有必要居住在涉案房产中。

起诉后，案件如代理人分析的一样，涉案房产经评估后，法院判决王某甲取得房产所有权，同时支付王某相应对价的房屋折价款。法院判决时还细致地考虑到王某存在不配合腾房的可能，因此判决王某需要先腾房，王某甲之后才有支付房屋折价补偿款的义务。法院判决后，双方均未上诉，现已执行完毕。

据律师了解，由于没有涉案房产的牵绊，双方关系甚至比诉讼前更融洽一些，王某甲每月还会固定给王某一定数额的赡养费。本案起到了缓和家庭矛盾、使社会和谐的作用。

27. 婚内签订了忠诚协议，法院为何不认可？

□ 庞立旺

【案情简介】

2012年，李某（男）与马某（女）登记结婚，育有一女。婚后李某与异性罗某存在不正当交往，导致罗某两次怀孕。

2017年1月，李某与马某签订婚内协议（下称"协议"）一份，约定："今后双方互相忠诚，如一方过错行为（婚外情等）造成离婚，女儿由无过错方抚养，过错方放弃夫妻名下所有财产，并补偿无过错方人民币20万元。"

协议签订后，李某仍与罗某保持交往，罗某于2017年7月产下一子。李某诉至法院要求离婚，马某同意离婚并主张按照协议约定，处理子女抚养和夫妻共同财产分割。

【判决结果】

一审判决：

一、准予原告李某和被告马某离婚。

二、原告李某、被告马某婚后共同子女李某甲，由被告马某抚养，原告李某给付被告马某子女抚养费。

三、原告李某、被告马某婚后家庭共有财产，由马某分得夫妻共同财产的70%。

原告李某、被告马某不服一审判决，提起上诉。

二审判决：

驳回上诉人李某、马某的上诉，维持原判。

【律师解读】

《民法典》第一千零六十五条规定："夫妻可以约定婚姻关系存续期间所得的财产以及婚前财产归各自所有、共同共有或部分各自所有、部分共同共有"。夫妻财产特别约定制度给予了夫妻双方处分财产的自由和空间。但此类约定一旦与"保证忠诚"挂钩，即成为忠诚协议。

《民法典》第一千零四十三条规定："夫妻双方互负忠诚义务"。违反忠诚义务的法律后果体现在《民法典》第一千零九十一条，即离婚时无过错方享有主张损害赔偿的权利。夫妻间的忠诚义务更多的是一种情感道德义务，夫妻虽自愿以民事协议的形式将夫妻忠诚的道德义务转化为法律义务，但也是变相以金钱衡量忠诚，存在道德风险。因此，夫妻间订立的忠诚协议应由当事人自觉履行，法律并不赋予其强制执行力，不能以此作为分割夫妻共同财产或确定子女抚养权归属的依据，但离婚时在分割夫妻共同财产中，应综合考虑婚姻存续期间各自的付出，过错方的过错程度和对婚姻破裂的消极影响，对无过错方酌情予以照顾，平衡双方利益，以寻求树立正确的价值导向。

本案协议中关于子女的抚养约定因涉及身份关系，应属无效；关于财产分割及经济补偿的约定，系忠诚协议，不属于夫妻财产约定情形，马某主张按照婚内协议处理子女抚养及财产分割无法律依据，但考虑到李某在婚姻中的明显过错等因素，应对无过错的马某酌情予以照顾。

"忠诚协议"无法划分子女抚养权归属问题，在约定划分夫妻共同财产时也尽量不要与"保证忠诚"相挂钩。可以就夫妻共同财产进行划分，如果出轨一方日后能够改正，再销毁该约定；如果出轨一方"死性不改"，离婚时就依据夫妻财产分割协议主张权利。

28. 网上骂人，法院为何判决赔礼道歉又赔钱？

□ 姚志明

【案情简介】

邹某与郝某系合作伙伴，双方共同合作经营一家公司。后因合作出现分歧，双方决定终止合作，各自经营。但在分家过程中双方发生争执，邹某对郝某的行为十分不满，认为郝某违背当初的承诺，欺骗自己与郝某合作，公司有起色后竟然不再继续合作，是一个言而无信的"小人"。本来这只是双方之间的矛盾，双方可以通过诉讼或其他方式解决，但邹某却将前述言语一字不落地发送至邹某与郝某共同的微信朋友群，同时通过电子邮件的方式将两人之间的矛盾发送给双方合作公司的重要客户，导致郝某在朋友及客户面前声誉严重受损，甚至有客户因此终止了与郝某之间的合作，无奈之下，郝某向法院提起名誉权纠纷诉讼。

【判决结果】

一、被告邹某于本判决生效之日起十日内在某微信群内向原告郝某赔礼道歉（道歉内容须由本院审定，如拒绝履行，本院将择一新闻媒体刊发本判决的主要内容，费用由被告邹某负担）；

二、被告邹某于本判决生效之日起十日内赔偿原告郝某精神损害抚慰金5000元；

三、被告邹某于本判决生效之日起十日内赔偿原告郝某合理支出损失60000元。

【律师解读】

互联网并不是法外之地。由于在微信群、朋友圈、抖音等自媒体平台发布不利于他人的信息后，因可以自由转发，所以浏览人数不能确定，将给被侵权人造成难以估量的后果，甚至可能让被侵权人直接"社死"。严重者可能造成被侵权人自杀、自残或出现精神类疾病，是一种严重的违法甚至犯罪行为。信息发布后，会在微信群、朋友圈、抖音等交友平台上留下相关信息痕迹，被侵权人很容易固定证据，不像在大街上随意骂人，证据稍纵即逝，很难固定。

从被侵权人角度来说，一旦发生被他人在互联网上侵权的行为，可以根据情节严重程度采取向公安机关报警或提起民事诉讼的两种方式维权。

笔者就曾代理过将他人不雅照片及视频发送到被害人的家庭微信群，造成严重后果，最终被害人报警，侵权人被法院判决构成强制猥亵妇女罪的案例。

如果情节达不到犯罪的程度，被侵权人也可以通过民事诉讼的方式起诉侵权人侵犯他人姓名权、名称权、名誉权、荣誉权、肖像权、隐私权等人身权益，要求侵权人停止侵权、恢复名誉、赔礼道歉、赔偿损失。而且这类案件法律规定可以由侵权行为地或者被告住所地人民法院管辖。侵权行为地包括实施被诉侵权行为的计算机等终端设备所在地、侵权结果发生地、被侵权人住所地。简而言之就是可以在原告住所地法院起诉侵权人。

不仅如此，被侵权人在被侵权后为了维权取证产生的费用如公证费、聘请律师的费用等，人民法院在合理的范围内也会支持被侵权人向侵权人索赔。如果因为侵权造成精神损害，还可以请求精神损失赔偿。前述法律规定大大方便了被侵权人维权。

这也警示侵权人不能任性而为，否则一次任性的冲动行为带来的不仅仅是侵害他人的合法权益，也将让侵权人自己付出惨痛的代价。如本案中邹某仅仅在微信群、朋友圈中发了两条信息，就被法院判决赔偿经济损失65000元，还要公开赔礼道歉，自己打官司还聘请了律师，总计损失超过10万元。更让人想不到的是，邹某发送信息后，邹某自己的朋友看到邹某发的信息也认为邹某遇事不冷静，不能妥善处理内部矛盾，不是理想的合作伙伴，纷纷离他而去。当初想通过互联网侮辱他人，没想到最终却侮辱了自己。

29. 一审败诉判赔 600 余万元，为何达成和解？

□ 王俊林

【案情简介】

2015 年，某设计院与 A 公司签订《建设工程设计合同》（以下简称"2015 年合同"），约定设计院为 A 公司设计产能为 15 万吨/年的某项目，合同金额为 500 万元。

2017 年 1 月，设计院与 A 公司、B 公司共同签订《"2015 年合同"补充合同》（以下简称"补充合同"），约定项目建设单位变更为 B 公司，设计产能更改为 20 万吨/年，设计费在 2015 年合同的基础上增加 300 万元，设计完成时间为 2017 年 5 月。补充合同明确约定，设计院的合同义务包括对设计文件和施工图纸的质量负责，按时提交设计文件和施工图纸，对图纸中的遗漏和错误及时修改，提交图纸应为正式蓝图；同时，补充合同约定设计费最后一笔款项的支付时间为"项目达标生产后 5 个工作日内"。

2017 年 12 月，设计院向 B 公司交付最后一批图纸。因相关人员离职，图纸上缺少建筑师专用章、结构师专用章。

2020 年 8 月，因 B 公司一直未支付剩余设计费，设计院向法院提起诉讼，要求：一、A、B 两公司支付拖欠的设计费 200 多万元；二、支付违约金 200 多万元。

庭审中，B 公司以图纸缺少必要签章、涉案工程未通过验收为由提起反诉，要求：一、解除补充合同；二、设计院返还已支付的设计费 600 多万元；三、支付违约金 100 万元。

【处理结果】

一审判决：

一、解除补充合同；

二、原告（反诉被告）设计院返还设计费 600 多万元，被告（反诉原告）B 公司返还图纸；

三、驳回原告（反诉被告）设计院的全部诉求。

原告（反诉被告）设计院不服一审判决，提起上诉。

二审调解：

一、上诉人设计院自愿放弃案涉剩余欠付设计款及违约金；

二、被上诉人 B 公司自愿放弃要求上诉人设计院退还设计费及违约金。

【律师解读】

承办律师接受设计院的委托，担任设计院的二审代理人，全面分析了本案中双方的合同义务以及设计院和 B 公司各自的履约情况等关键案情，从设计院享有先履行抗辩权，一审判决违反公平原则等多个角度提出代理意见。经与二审法官多次沟通，二审法官仍倾向于支持一审法院的观点。

在本案中，设计院已按照 20 万吨/年的目标完成项目设计，B 公司也使用设计院的图纸完成施工，涉案项目达到生产条件，可以说设计院已基本履行全部合同义务。即使存在图纸缺少个别签章的情况，也应视为履行中存在瑕疵，相应地承担违约责任即可。那为何一审法院判决返还全部设计费？

《最高人民法院关于适用〈民法典〉时间效力的若干规定》第一条的规定："民法典施行前的法律事实引起的民事纠纷案件，适用当时的法律、司法解释的规定"，因此本案适用《合同法》及相关司法解释的规定。

《合同法》第六十条的规定："当事人应当按照约定全面履行自己的义务。当事人应当遵循诚实信用原则，根据合同的性质、目的和交易习惯履行通知、协助、保密等义务。"

《最高人民法院关于适用〈合同法〉若干问题的解释（二）》第七条的规定："下列情形，不违反法律、行政法规强制性规定的，人民法院可以认定为合同法所称'交易习惯'：（一）在交易行为当地或者某一领域、某一行业通常采用并为交易双方订立合同时所知道或者应当知道的做法；（二）当事人双方经常使用的习惯做法。"

从上述法律规定可以看出，当事人应"全面"履行自己的合同义务。这里的合同义务，不仅包括合同中明确约定的义务，也包括根据合同的性质、目的和交易习惯等确定的随附义务，除非当事人对此另有约定。

本案中，尽管设计院与 A 公司、B 公司签订的补充合同明确约定，设计院的合同义务包括对设计文件和施工图纸的质量负责，按时提交设计文件和施工图纸，对图纸中的遗漏和错误及时修改，提交的图纸应为正式蓝图；同时约定设计费、服务费的最后一笔款项的支付时间均为"项目达标生产后 5 个工作日内"。即补充合同并未将涉案项目通过验收约定为设计院的合同义务，只要涉案项目达到生产条件，设计院即完成了设计任务。

但从建设工程项目的实际交易习惯出发，B 公司委托设计院进行工程设计的最终目的是涉案工程项目能上马投产。因为设计院未能在图纸上加盖必要的签章，涉案项目未通过验收，导致 B 公司项目上马投产的最终目的无法实现。一审法院因此认定设计院的设计工作不能实现合同的根本目的，对 B 公司构成根本违约，从而支持了 B 公司的大部分反诉请求。

在这种情况下，承办律师在二审中及时调整办案思路，与设计院充分沟通后向法官提出与对方和解的方案，并最终促成设计院与 B 公司和解，避免设计院返还已收取的全部设计费的不利结果。本案最终以调解方式结案。

需要说明的是，本案中设计院与 B 公司在洽谈合同过程中，曾向 B 公司说明设计院因相关人员离职、无法在图纸上加盖相应的签章，并在设计费上予以让步。但这一情况设计院与 B 公司仅有口头约定，并未留有任何有效的书面材料予以证实，这也导致本案诉讼中出现了对设计院不利的局面。

承办律师在此也提醒大家，不论金额大小、是否事项繁杂，在合同洽谈、履行过程中，尤其对双方权利义务的约定、合同具体履行过程等关键内容，当事人应留存相应证据。即使不便在合同中列明，也应通过补充协议、备忘录、会议纪要等各种形式保留。一旦发生纠纷，当事人即可从容举证，明晰己方的责任。

30. 注册商标不规范使用，是否有侵权风险？

□ 刘云佳

【案情简介】

山东某山啤酒公司（以下简称"权利公司"）在"啤酒"商品上享有与企业字号同名的"某山啤酒"注册商标专用权。经过长达几十年的经营，2017 年至 2019 年其产品营业收入已达 4 亿元左右，连续多年纳税超 6000 万元，是当地乃至业内具有较高知名度及市场影响力的品牌。

2020 年 10 月，权利公司于第 103 届全国糖酒商品交易会发现山东某迪啤酒公司（以下简称"某迪公司"）展出一款啤酒，包装正面极为突出呈现"某山干啤"字样。权利公司认为此种使用构成对其"某山啤酒"商标权的损害，遂委托律师取证并对产品包装中显示的产品生产受托方与委托方，即某迪公司、某力公司与某新公司提起商标侵权之诉。

某新公司作为被诉产品的委托方，在答辩时提出包装中使用的"某山干啤"是对其已注册商标的使用，而其主张的已注册商标实际为"某屽（hàn）啤"。经比对："某"字与权利公司的"某山啤酒"商标中的"某"字相同；"屽"字是"山＋干（"干啤"的干）"加之"屽"具有"山"之意；"啤"字在"啤酒"产品上并无显著性。某新公司是通过将以上元素拼凑而成注册了"某屽（hàn）啤"商标，但在实际使用中再通过拆分、元素间距调整的方式，使之呈现为"某山干啤"的商标性识别效果。

【判决结果】

一审判决：

判令三被告共同赔偿原告权利公司经济损失及合理支出 40 万元。

被告某迪公司不服一审判决，提起上诉。

二审判决：

驳回上诉人某迪公司的上诉，维持原判。

【律师解读】

《商标法》规定，注册商标应在所核定的商品或服务项目上使用所核准的商标标识。第二十三条规定："注册商标需要在核定使用范围之外的商品上取得商标专用权的，应当另行提出注册申请"。第四十九条规定："商标注册人在使用注册商标的过程中，自行改变注册商标、注册人名义、地址或者其他注册事项的，由地方工商行政管理部门责令限期改正；期满不改正的，由商标局撤销其注册商标"。

上述规定明确说明了商标权利人在对已核准商标进行使用时应当严守"核准"的范围，如超出注册商标标识使用、超出商品项目使用等情形，均属于超出权利范围的使用。按照前述规定应另行注册。根据 2021 年 12 月 13 日国家知识产权局发布的《商标一般违法判断标准》第三条第（五）项规定："有下列行为之一的，均属商标一般违法：违反《商标法》第四十九条第一款规定，商标注册人在使用注册商标的过程中，自行改变注册商标、注册人名义、地址或者其他注册事项的"。该行为更是属于一般违法行为，存在涉嫌侵犯他人权利的高度可能性。

具体到本案，虽侵权方以被控标识是对其注册商标的使用为由提出不侵权抗辩，但我方律师在案件办理过程中明确指出被控标识明显具有并非其所主张商标的规范使用，故而其应承担因不规范使用而带来的影响。同时，通过被控标识与注册商标在标识间细微但难谓巧合的相似之处，证明了被控侵权方恰恰是以此种恶意利用获得的注册商标并结合不规范使用的方式造成相关公众的混淆误认，减少真正商标权利人的市场份额。另外，我方还结合其模仿"某威""某苏"知名啤酒的行为进一步强调了侵权方的一贯恶意，使得两审法院最终维护了商标权利人的合法权利也对其他涉嫌侵权方起到了震慑作用。

31. 一方久居海外，如何启动离婚诉讼？

□ 刘　敏

【案情简介】

李男与林女已结婚14年，双方均为中国公民。李男自1999年便常年在国外工作生活，并取得了国外的永久居留权，林女户籍地及经常居住地均在海南省。李男自出国以来一直给林女寄钱，用于支付孩子花销和购房还贷等。因林女自称欠下大量外债（不排除有赌债），不停找李男要钱，李男劝说未果，导致夫妻感情破裂，李男坚决要求离婚。

【调解结果】

一、双方离婚；

二、共同购买的房屋归林女所有，且剩余贷款由林女归还；

三、李男给付林女部分补偿款。

【律师解读】

李男想要离婚却不知走何途径，后经朋友介绍，多方比较后选择了我们（北京盈科律师事务所），希望尽快离婚。

我们通过了解案情后便着手准备材料，本案为第一次离婚诉讼，双方并无法定的夫妻感情破裂的条件。若林女不同意将很难判决离婚，李男的时间、金钱成本将会增加。因为李男在国外，为了达成尽快离婚的诉求，需要考虑法院管辖及立案、授权，如何更快立案及与林女谈判两不耽误。

一、关于管辖立案及授权

李男在国外，林女住所地为海南省。根据《最高人民法院关于适用〈中华人民共和国民事诉讼法〉的解释》第十五条："中国公民一方居住在国外，一方居住在国内，不论哪一方向人民法院提起离婚诉讼，国内一方住所地人民法院都有权管辖"。故我们可在海南第一涉外民商事法庭立案。如果律师接受域外客户委托必须经中华人民共和国驻该国的使领馆证明。而我们又想帮助当事人节省时间，故在等待李男公证委托材料邮寄给我们的同时，根据《最高人民法院关于为跨境诉讼当事人提供网上立案服务的若干规定》第三条规定："人民法院通过中国移动微法院为跨境诉讼当事人提供网上立案服务"。指导李男在域外通过微信小程序"海南移动微法院"进行线上立案。域外立案、授权的同步进行，极大节省了李男的宝贵时间。

二、关于谈判调解

立案后，便进入了诉前调解阶段。在全面了解双方的具体情况后，将所有可能的调解方案进行预案。在与林女沟通过程中，我们发现林女内心需求是想多一些补偿，而李男也想尽自己所能给些补偿，只是担心林女索要过高。我们先代李男进行协商，后调解员要求与李男直接沟通，我们帮助李男设置好底线并反复练习后，终于达成调解。

我们接受委托后，两个半月就出具了法院调解书，此案结果超出李男对离婚程序时长的预期，并在李男认可及能承受的范围内给付了林女补偿款，也真正帮助双方解除了这桩名存实亡的婚姻。

每一起离婚案件都关乎着当事人的人生，都需要符合案情及双方当事人的情况。本案又一次综合考虑了当事人的个体情况，将心理辅导和法律、谈判专业服务融为一体，成功运用法律、心理、谈判三元一体化的方式，分析事实、证据等，动态评估案件可达的预期。抓住案情本质，帮涉事各方理清应该解决什么问题，如何创造有利因素，有效把握好办案过程中有利时机，高效聚焦案件本身，最终通过调解解决。

32. 交通事故受害人自身疾病要求赔偿，法院如何判决？

□ 庞立旺

【案情简介】

2021 年 7 月 2 日晚，王某驾驶小型轿车沿某国道由北向南行驶至某中学门口附近时，在道路东侧与横过道路的行人姚某相撞，致姚某受伤。事故经公安交警大队认定，王某负全部责任，姚某无责任。

姚某受伤后在医院治疗，医院诊断：多发伤、锁骨骨折、肋骨骨折、腰椎骨折、骨盆骨折、呼吸衰竭、肺部感染、急性脑梗死、左侧肢体偏瘫等，行"胸腔穿刺术""骨盆骨折切开复位内固定术（骨盆）+锁骨骨折切开复位钢板内固定术（锁骨）"治疗，共住院 45 天，产生医疗费243965.18 元。姚某受伤转院治疗产生特种护送车费 6200 元。姚某的伤残等级、伤病关系、三期及后期医疗费，经某司法鉴定所鉴定，意见为，姚某的急性脑梗死后遗左肢体偏瘫（左上肢肌力 1 级、左下肢肌力 2 级）为二级伤残、左侧多发性肋骨骨折后遗多处畸形愈合为九级伤残、骨盆多发性骨折后遗畸形愈合为十级伤残，本次外伤在左侧肢体偏瘫的残疾后果中作用力大小为次要作用、损伤参与度为 30%，误工期 240 天，护理期 90天、营养期 90 天，后期医疗费 15000 元。产生鉴定费 4662.5 元。姚某购买残疾辅助器具花费 1851.2 元。姚某为个体工商户，经营场所：某中学北侧。事发时，车辆在阳光财产保险股份有限公司某分公司投保了交强险和三者险，三者险的责任限额 50 万元，绝对免赔。王某垫付 20000 元。诉讼中，阳光财产保险股份有限公司某分公司关于赔偿款的问题与姚某达成调解并解决。

姚某向一审法院起诉请求：2021 年 7 月 2 日，王某驾驶小型轿车经过某中学门口附近时，在道路东侧与其相撞，致其受伤，肇事车辆有保险，请求法院判令被告赔偿 952768.37 元。

【判决结果】

一审判决：

一、限被告王某于本判决生效之日起十日内给付原告姚某赔偿款228257.37 元；

二、驳回原告的其他诉讼请求。

被告王某不服一审判决，提起上诉。

二审判决：

驳回上诉人王某的上诉，维持原判。

【律师解读】

一审判决后，王某不服一审判决，提起上诉，称：根据鉴定意见，说明姚某本身就有疾病，在事发前就有脑梗迹象，本次事故只是诱因。而一审判决却直接把二级伤残的全部责任归于王某，丝毫没有考虑交通事故在二级伤残中所起的次要作用，没有考虑30%的参与度，这显然是错误的。要求重新计算残疾赔偿金、精神损害抚慰金，改判仅由保险公司承担赔偿责任，王某不承担赔偿责任。

本案的争议焦点在于：姚某的残疾赔偿金计算是否应考虑损伤参与度。

《中华人民共和国民法典》第一千一百七十三条规定："被侵权人对同一损害的发生或者扩大有过错的，可以减轻侵权人的责任"，《中华人民共和国道路交通安全法》第七十六条第一款第（二）项规定："机动车与非机动车驾驶人、行人之间发生交通事故，非机动车、行人没有过错的由机动车一方承担赔偿责任；有证据证明非机动车、行人有过错的，根据过错程度适当减轻机动车一方的赔偿责任"。因此，在交通事故中计算残疾赔偿金是否应当扣减，应当根据受害人对损失的发生或者扩大是否存在过错进行分析。

本案中，虽然受害人姚某的个体体质状况对损害后果的发生具有一定的影响，但这不是法律规定的过错，受害人不能因个人体质状况就对交通事故导致的伤残存在一定影响而自负相应责任，同时我国立法并没有规定在进行损害赔偿时要根据受害人体质状况对损害后果的影响作相应扣减。

故一审法院根据鉴定意见，认定姚某构成二级伤残、九级伤残、十级伤残并据此支持残疾赔偿金适当。二审法院维持一审判决合理合法。

33. 欠旅游团费用，W公司为何承担利息？

□ 刘旭旭

【案情简介】

2019年3月，土耳其F旅行社（以下简称"F旅行社"）与境内的北京W国际旅游有限公司（以下简称"W公司"）签署《出境旅游组团社与境外接待社合同》，合同约定由F旅行社负责接待W公司安排的旅游团等相关事宜；合同中未约定违约责任。

2022年6月，F旅行社起诉W公司，要求W公司支付欠付的旅游团费用64万美元，并赔偿利息损失，利息损失以64万美元为基数，按同期全国银行间同业拆借中心公布的贷款市场报价利率的1.5倍，自2021年10月20日起计算至实际支付之日。

W公司辩称，合同中未约定违约金或利息，F旅行社主张利息没有依据。

【判决结果】

被告W公司于判决生效之日起十日内给付原告F旅行社64万美元及利息（以64万美元为基数，自2022年8月20日起至实际付清之日止，按照全国银行间同业拆借中心公布的一年期贷款市场报价利率上浮50%计算）。

【律师解读】

《民法典》第四百六十七条规定："本法或者其他法律没有明文规定的合同，适用本编通则的规定，并可以参照适用本编或者其他法律最相类似合同的规定"。第六百四十条规定："法律对其他有偿合同有规定的，依照其规定；没有规定的，参照适用买卖合同的有关规定"。《最高院关于审理买卖合同纠纷案件适用法律问题的解释（2020年修正）》（以下简称《买卖合同司法解释》）第三十二条规定："法律或者行政法规对债权转让、股权转让等权利转让合同有规定的，依照其规定；没有规定的，人民法院可以根据民法典第四百六十七条和第六百四十六条的规定，参照适用买卖合同的有关规定"。

《买卖合同司法解释》第十八条第四款规定："买卖合同没有约定逾期付款违约金或者该违约金的计算方法，出卖人以买受人违约为由主张赔偿逾期付款损失，违约行为发生在 2019 年 8 月 20 日之后的，人民法院可以违约行为发生时中国人民银行授权全国银行间同业拆借中心公布的一年期贷款市场报价利率（LPR）标准为基础，加计 30%～50% 计算逾期付款损失"。

综上，F 旅行社接待合同虽未约定违约金和逾期付款利息，但收款方依然有权参照适用《买卖合同司法解释》第十八条第四款的规定，主张违约行为发生时中国人民银行授权全国银行间同业拆借中心公布的一年期贷款市场报价利率（LPR）标准 1.3～1.5 倍的利息损失。

34. 疫情期间房贷逾期，为何法院未判决拍卖房屋？

□ 郭灿炎

【案情简介】

2015 年 11 月 18 日，原告某银行与被告签订《个人住房（商业用房）借款合同》主要约定：借款人借款本金为 46.9 万元，用于购买位于某市某路 199 号某小区 20 号楼 2 单元 2801 的房屋一套；期限 240 个月，即从 2015 年 11 月 18 日起至 2035 年 11 月 18 日止。2020 年 9 月 23 日，被告就上述抵押财产办理了正式抵押登记，权利人为原告某银行。2015 年 12 月 10 日，原告某银行按照合同约定向被告指定账户发放借款 46.9 万元，被告 2020 年 12 月，2021 年 1 月、2、3、5、6 月，2022 年 2、3 月、4 月陆续偿还逾期欠款。截至 2022 年 5 月 11 日，被告尚欠原告某银行贷款本金余额 325505.01 元，拖欠本金 6975.94 元，拖欠利息 13033.43

元，拖欠罚息 805.96 元。

原告诉请：一、被告偿还借款本金余额 338334.01 元、利息 6613.19 元、罚息 206.88 元（利息、罚息暂计算至 2021 年 12 月 8 日，自 2021 年 12 月 9 日至借款本息全部清偿完毕之日止的利息、罚息按照《个人住房（商业用房）借款合同》约定计算），以上暂计 345154.08 元；二、判令原告对被告名下位于某市某路 199 号某小区 20 号楼 2 单元 2801 号的房产拍卖、变卖所得价款优先受偿。诉讼中，被告愿意偿还逾期贷款，并继续履行《个人住房（商业用房）借款合同》。

【判决结果】

一、被告于判决生效后十日内向原告某银行偿还逾期贷款 20815.33 元（截至 2022 年 5 月 11 日，具体数额以实际偿还之日原告银行系统为准），之后继续履行《个人住房（商业用房）借款合同》；

二、驳回原告某银行的其他诉讼请求。

【律师解读】

一、逾期还贷判决要综合衡量各方利益

《民法典》第五百六十三条第四项规定："有下列情形之一的，当事人可以解除合同：当事人一方迟延履行债务或者有其他违约行为致使不能实现合同目的"。本案中，原告某银行主张被告未按时足额偿还贷款本息，构成违约，原告某银行要求宣布借款合同提前到期，被告确实存在逾期偿还贷款的事实，但其亦在积极偿还逾期贷款，并愿意继续履行借款合同。原告某银行作为商业银行，之所以开展个人按揭贷款业务，不仅基于银行分散风险的目的，而且也是其承担满足居民消费需求、落实保基本民生"六保"任务、促进社会整体繁荣和经济持续向好发展等社会责任的应有之义，同时考虑近两年全国经济下行形势及新冠肺炎疫情影响，被告的逾期行为也有客观因素，原告作为金融机构，应持宽容、理解态度。从被告拖欠按揭款的金额来看，尚不足以对原告某银行享有的债权造成实质性的危害。

综上，基于保持合同的稳定性，维护交易安全、顺利地进行，被告偿还逾期贷款并继续履行合同，不影响合同目的实现，对原告某银行要求解除《个人住房（商业用房）借款合同》，被告提前清偿全部贷款本息及原告某银行对被告抵押财产拍卖变卖所得价款优先受偿的诉讼请求，不予支持。

二、法院判决也要体现民生关怀

促进社会公平正义、保障人民安居乐业，是人民法院肩负的一项重要职责任务。人民法院判决也要体现"司法有温度、居者有其屋"的民生关怀。

《民法典》第五百三十八条规定："债务人以放弃其债权、放弃债权担保、无偿转让财产等方式无偿处分财产权益，或者恶意延长其到期债权的履行期限，影响债权人的债权实现的，债权人可以请求人民法院撤销债务人的行为"。本案中，案涉房产系被告所购的唯一一套住房，若仅因其轻度违约，即拍卖处置其房产，将使被告居无定所，被告不仅将损失首付资金，还要承担评估、拍卖、受理费等额外费用。考虑到被告愿意继续履行借款合同，并非恶意欠款，故法院认定不宜对该房产进行拍卖变卖处置。

35. 离婚协议中"夫妻约定财产制"，是否有效？

□ 张印富

【案情简介】

2007 年，原告甲某与被告乙某登记结婚，双方均系再婚，婚后没有生育子女。2012 年，双方因感情不和协议离婚，并在婚姻登记部门自行签订《离婚协议》，办理了离婚手续。《离婚协议》载明："一、夫妻双方实行的是财产分别所有制；二、夫妻之间没有生育子女。三、夫妻之间无共同债权和债务……"原告因考虑到双方既然离婚，对被告起草的《离婚协议》中"夫妻双方实行的是财产分别所有制"未认真理解，随即签字，双方办理了离婚手续。

离婚后，原告发现被告在二人婚姻关系存续期间，购买了一套房屋并登记在被告自己名下，被告现取得了房产证，遂以"被告隐瞒婚姻关系存续期间夫妻共同财产，离婚时未依法分割"为由，提起诉讼，要求依法分割。

被告辩称：原告所争议的房屋是在婚姻存续期间购买并登记在自己名下，但原告与被告结婚后"夫妻双方实行的是财产分别所有制"，在《离婚协议》中有明确约定，不存在房屋是夫妻共同财产的事实。

双方争议焦点：双方婚姻关系存续期间实行的是"法定财产制"还是"约定财产制"。《离婚协议》第一条"夫妻双方实行的是财产分别所有制"的约定，是否符合"夫妻约定财产制"的规定？是否有效？

【判决结果】

一审判决：

驳回原告甲某的诉讼请求。

原告甲某不服一审判决，提起上诉。

二审判决：

一、撤销一审民事判决；

二、上诉人甲某、被上诉人乙某对案涉房产各享有50%的产权。

【律师解读】

根据《中华人民共和国民法典》第一千零六十五条（原《婚姻法》第十九条）规定："男女双方可以约定婚姻关系存续期间所得的财产以及婚前财产归各自所有、共同所有或者部分各自所有、部分共同所有。约定应当采用书面形式。没有约定或者约定不明确的，适用本法第一千零六十二条、第一千零六十三条的规定。夫妻对婚姻关系存续期间所得的财产以及婚前财产的约定，对双方具有法律约束力"。我国夫妻财产制度，有"法定财产制"和"夫妻约定财产"。"法定财产制"是指依照法律规定直接适用的财产制度。"约定财产制"，是指夫妻或者即将成为夫妻的人，以契约的形式，约定相互间的财产关系，从而排除法定财产制适用的制度。

一、"夫妻约定财产制"约定时间，应当在结婚前、结婚时或结婚后，而不应在离婚时或离婚后

男女双方对"婚姻关系存续期间所得的财产以及婚前财产归各自所有、共同所有或者部分各自所有、部分共同所有"的约定，在法律条文上并没有明确约定的时间，但约定的内容是"夫妻关系存续期间所得财产"，双方离婚时已经无"约定必要"，在《离婚协议》中约定相关内容，不符合法律规定的本意。在夫妻婚姻关系存续期间没有约定的情况下，适用"法定财产制"已经成为事实，而不能在离婚时，而改变之前实行的法定财产制事实。本案中，虽然《离婚协议》中载明"夫妻双方实行的是财产分别所有制"，但严格说这不是约定，更像是说明，不符合法律规定的情形。

二、"夫妻约定财产制"约定的内容应当具体明确，如果约定不明，适用"法定财产制"

法律明确规定，"约定应当采用书面形式"，意在要求双方采用"夫妻约定财产制"，应当谨慎、严谨、明确，以书面形式进行特别约定，具体内容应当包括夫妻分别的收入、支出、固定资产分配等详细内容。如果没有采取书面形式，即不符合法律规定的形式要件。如果内容不具体明确，则通常视为没有约定或者约定不明，即依法适用"法定财产制"。本案中，原被告虽然在《离婚协议》中有"夫妻双方实行的是财产分别所有制"的内容，但不符合法律规定的"夫妻约定财产制"情形，二审法院支持了原告代理律师的观点，将其视为"约定不明"，适用"法定财产制"，判决夫妻共同共有，对诉争房产依法平均分割。

三、相对于"法定财产制"而言，"夫妻约定财产制"优先适用

"法定财产制"与"约定财产制"是不同的两种财产制度。随着社会生活多样性和灵活性的需求，与法定财产制相比，约定财产制灵活性更强，更能适应多样性的社会生活，也更能体现当事人的个性化需要。根据《民法典》第一千零六十五条规定，"约定财产制"优先于"法定财产制"适用，排除"法定财产制"的适用。只有在"没有约定或者约定不明"的情况下，才适用法定财产制。本案中，原被告仅在《离婚协议》中约定"夫妻双方实行的是财产分别所有制"，时间上不合时宜，内容上不具体明

确，不符合法律规定的"约定财产制"的要求，因此再审法院依法判决，视为"没有约定或者约定不明确"，依法适用"法定财产制"的相关规定，支持原告诉求，符合法律规定。

36. 交通事故中的车辆贬值损失，是否应该赔偿？

□ 谢　雯

【案情简介】

2021 年 10 月 16 日 13 时，被告驾驶小型轿车与原告驾驶的涉案车辆发生交通事故，造成车辆接触部位损坏，被告所驾车辆前部受损，原告所驾涉案车辆尾部受损。经交警部门认定，被告负事故全部责任，原告无责任。后涉案车辆维修费用支出 17500 元，已由保险公司支付。

诉讼中，原告申请对涉案车辆贬值损失进行评估鉴定，产生鉴定费用 8000 元。鉴定公司出具鉴定报告书，评估涉案车辆贬值损失为 13400 元。原告的诉讼请求为：被告赔偿原告车辆贬值损失 13400 元及鉴定费 8000 元。

【判决结果】

被告于本判决生效后十日内赔偿原告车辆贬值损失 13400 元，鉴定费 8000 元。

【律师解读】

一、关于交通事故的财产损失，法律是如何规定的？

《最高人民法院关于审理道路交通事故损害赔偿案件适用法律若干问题的解释》第十一条第二款规定："道路交通安全法第七十六条规定的'财产损失'，是指因机动车发生交通事故侵害被侵权人的财产权益所造成的损失"。第十二条规定："因道路交通事故造成下列财产损失，当事人请求侵权人赔偿的，人民法院应予支持：（一）维修被损坏车辆所支出的费用、车辆所载物品的损失、车辆施救费用；（二）因车辆灭失或者无法修复，为购买交通事故发生时与被损坏车辆价值相当的车辆重置费用；（三）依法从事货物运输、旅客运输等经营性活动的车辆，因无法从事相应经营活动所产生的合理停运损失；（四）非经营性车辆因无法继续使用，所产生的通常替代性交通工具的合理费用"。

根据以上规定，车辆贬值损失并非机动车交通事故责任中的法定赔偿项目，该损失为车辆发生事故并经维修后产生的经济价值降低损失，是否予以支持，应根据具体案件的情形及车辆状况等予以综合考量。在司法实务中，对该项赔偿项目持谨慎态度，原则上不予支持。实践中，也分为三种情形，即支持、不支持以及酌情予以支持。

二、不支持车辆贬值损失的理由一般都考虑哪些情形？

从理论上讲，损害赔偿的基本原则是填平损失，因此，只要有损失就应获得赔偿，但司法解释最终没有对机动车"贬值损失"的赔偿作出规定。主要原因在于目前尚不具备完全支持贬值损失的客观条件：（一）虽然理论上不少观点认为贬值损失具有可赔偿性，但仍存有较多争议，比如因维修导致零部件以旧换新是否存在溢价，从而产生损益相抵的问题等；（二）贬值损失的可赔偿性要兼顾一国的道路交通实际状况。在事故率比较高、人们道路交通安全意识尚需提高的我国，赔偿贬值损失会加重道路交通参与人的负担，不利于社会经济发展；（三）我国目前鉴定市场尚不规范，鉴定机构在逐利目的驱动下，对贬值损失的确定具有较大的任意性。由于贬值损失数额确定的不科学，导致可能出现案件实质上的不公正，加重侵权人的负担；（四）客观上讲，贬值损失几乎在每辆发生事故的机动车上都会存在，规定贬值损失可能导致本不会成诉的交通事故案件大量涌入法院，不利于减少纠纷。

以上这些考虑因素也不无道理，如果不加区分只要鉴定机构作出了车辆存在贬值损失的鉴定结论，法院都一律支持，那么就不是以审判为中心了，很可能因为利益的驱使，或者因为鉴定人员技术水平的不同而形成大相径庭的鉴定结论。甚至会出现双方各自申请鉴定，而鉴定结论不同导致法院无所适从的尴尬局面。对于车辆贬值损失在一般情况下不予支持是有其合理性的。

三、对于支持车辆贬值损失的裁判存在哪些共性？

一般情况下，对于车辆贬值损失持谨慎态度，但是并非绝对不予支持。我们也看到了很多裁判对于车辆贬值损失是认可的。在少数特殊、极端情形下，法院也会考虑予以适当赔偿。这些因素主要包括以下几个方面：（一）涉案车辆较新、行驶里程较短；（二）涉案车辆购买价格较贵、维修价格较大；（三）涉案车辆受损部位及受损严重程度；（四）涉案车辆修复后，很难完全恢复到事故前所具有的质量和驾驶性能，无法达到出厂时的安全标准，车辆的正常使用寿命或经济使用年限明显缩短；（五）合法鉴定机构经过法定程序作出的鉴定结论。

贬值损失是由汽车作为一种机械构造物本身的物理属性所决定的，车辆遭受侵害后，一种客观存在的财产损失，并非车辆已经修复或者更换部件，车子就是完好的，即使修补更换得再好，但是经过拆解安装、钣金切割、喷涂抛光等修复工艺后，本身原始性能已经改变，车辆的故障率升高，使用寿命会缩短。

另外，贬值损失也表现为汽车使用人的心理状态的失落。比如，消费者花巨资购买了一辆高档进口车，才开了两天就被撞得面目全非，即使修得再好，从表面看上去完全如新，但从消费者的心理来讲，原来追求享受"高级全新"的心理需求一下子落空，现在去开这辆车，他会感觉这辆车是事故车，会存在安全隐患。从事故车的市场接受程度以及转让率等方面来讲，消费者对此车的价值期望也会大大降低。

本案中，法院认为，民事主体的人身权利、财产权利以及其他合法权益受法律保护，任何组织或者个人不得侵犯。行为人因过错侵害他人民事权益造成损害的，应当承担侵权责任。被告负事故全部责任，作为直接侵权人，应对事故所造成的损失承担合理赔偿责任。原告受损车辆虽已修理完毕，但受损车辆购买时间较短、涉案事故造成维修费较高，故认为原告所述的贬值损失客观存在，应依据鉴定报告予以赔偿。现原告主张被告赔偿车辆贬值损失 13400 元及鉴定费 8000 元，于法有据。

综上所述，虽然《最高人民法院关于审理道路交通事故损害赔偿案件适用法律若干问题的解释》未将机动车"贬值损失"作为赔偿项目，但这并不意味着机动车"贬值损失"就一定不能得到赔偿，人民法院可以根据具体的案件情况对机动车"贬值损失"问题进行处理。在司法实践中，何为特殊、何为极端并没有统一的裁判标准。比如车辆购买多长时间算新车或超过多长时间不算新车？车辆的里程数多少算短？维修的价值在多少钱以上算贵或者维修价值跟车价相比达到多少比例算高？司法鉴定结论在什么情况下能够被全部采纳？酌情采纳的依据如何确定？这些情形目前还只能依靠法官的自由裁量权来进行判断，所以呼吁立法部门能尽快出台相应的法律法规、司法解释或者实施细则，将裁判标准进一步细化。

37. 停工复工期间的损失，法律是否支持？

□ 纪宝义

【案情简介】

2016 年 5 月 5 日，A 公司与 B 公司签订《采购合同》，合同约定："一、B 公司向 A 公司购买铁水，合同有效期为 2016 年 5 月 5 日至 2019 年 5 月 4 日；二、B 公司向 A 公司提供扶持资金 4500 万元，B 公司有权调阅 A 公司文件、账目、经营状况等核查资金使用情况；三、A 公司保证生产的铁水全部供应 B 公司；四、约定铁水单价为 × 元，因铁水单价随着市场浮动，故约定每 7 天定价一次，以补充协议为准；五、约定货款支付方式：每两天支付一次货款，货到支付货款的 83%，双方每月 15 日前结清上月款项"。

在合同履行过程中，双方签订了七份补充协议，对铁水价格进行约定。2017 年 8 月 1 日至 17 日期间，A 公司提供铁水 41810.81 吨，按合同约定的结算价格计算货款为 141208549.86 元，2017 年 8 月 19 日前应付货款（按 83% 计）为 117203096.38 元，但 B 公司在 8 月 19 日前仅支付 6000 万元预付款，欠付 57203096.38 元，给 A 公司造成巨大的资金缺口，导致 A 公司于 2017 年 8 月 19 日至 29 日停产，停产期为 10 天。2017 年 8 月 30

日复产，2019 年 9 月 6 日达到正常生产水平，复产期为 8 天。该停产复产期间给 A 公司造成巨大损失，为此 A 公司委托会计师事务所进行审计，《审计报告》显示该停产复产期给 A 公司造成的损失为 37625943.61 元。

A 公司要求 B 公司赔偿损失，并赔偿追索损失所花费的鉴定费、保全费，由此产生纠纷。

【判决结果】

一审判决：

一、被告 B 公司于判决生效之日起 15 日内给付原告 A 公司 37625943.61 元，自 2017 年 9 月 1 日起至付清之日止按日万分之二给付滞纳金；

二、被告 B 公司于判决生效之日起 15 日内给付原告 A 公司为追索损失支付费用 163000 元。

被告 B 公司不服一审判决，提起上诉。

二审判决：

一、维持某中级人民法院（2019）民初 × 号民事判决第二项；

二、撤销某中级人民法院（2019）民初 × 号民事判决第一项；

三、上诉人 B 公司于判决生效之日起十五日内给付被上诉人 A 公司损失赔偿款 7612608.65 元；

四、驳回被上诉人 A 公司其他诉讼请求。

被上诉人 A 公司不服，申请再审。

再审判决：

一、维持某高级人民法院（2019）民终 × 号民事判决第一项；

二、撤销某高级人民法院（2019）民终 × 号民事判决第二项、第三项、第四项；

三、B 公司于判决生效之日起 15 日内给付 A 公司 37625943.61 元，自 2017 年 9 月 1 日起至付清之日止按日万分之二给付滞纳金。

【律师解读】

本案在某省高院二审判决中对一审判决进行改判，未支持 A 公司停产期间的损失。A 公司委托盈科律师事务所向最高人民法院申请再审，最终最高人民法院再审改判二审判决，支持 A 公司的全部诉讼请求。我们主要对以下两个问题进行分析：

一、本案的争议焦点为，B 公司是否应当赔偿 A 公司停产复产期间的损失

对该争议焦点，可以分三步进行分析：

首先，B 公司是否有违约行为。根据合同约定，B 公司应当每两天支付一次货款，2017 年 8 月 1 日至 17 日期间，A 公司供铁水 41810.81 吨，按合同约定 B 公司在 8 月 19 日前应付货款（按 83% 计）为 117203096.38 元，但 B 公司在 8 月 19 日前仅支付 6000 万元预付款，欠付 57203096.38 万元。显然，B 公司未按照合同约定履行给付货款的义务，构成违约。

其次，B 公司的违约行为与 A 公司停产复产期间的损失是否存在因果关系。合同约定，A 公司保证生产的铁水全部供应给 B 公司，A 公司的资金来源全部为 B 公司给付的货款。根据《审计报告》A 公司需要投入资本为 81252619.51 万元，但 B 公司仅支付 6000 万元，给 A 公司的后续生产造成了巨大的资金缺口。直接导致 A 公司无法进行后续生产。B 公司以向 A 公司提供 4500 万元扶持资金作为抗辩理由，认为 A 公司并不是缺乏资金而不能生产，但是该 4500 万元扶持资金支付于合同履行初期，距 2017 年 8 月已过去一年之久，依照合同约定该笔资金早已投入使用，B 公司并未能举证证明该笔资金 A 公司还未使用。因此，可以认定因 B 公司的违约行为造成 A 公司停产复产，进而产生损失。

最后，根据《民法典》第五百八十四条规定："当事人一方不履行合同义务或者履行合同义务不符合约定，造成对方损失的，损失赔偿额应相当于因违约所造成的损失，包括合同履行后可以获得的利益；但是，不得超过违约一方订立合同时预见到或者应当预见到的因违约可能造成的损失"。需要分析 A 公司停产复产期间的损失是否是订立合同时可预见到的损失。

A 公司停产期间的损失，是 B 公司在订立合同时应当预见到的损失。第一，根据合同约定，A 公司应保证加工的铁水必须供给 B 公司，结算方式为每两天支付一次货款。再结合铁水生产需要大量资金购买原材料的行业特点以及双方此前存在的所谓"扶持"关系可知，B 公司对 A 公司以 B 公司的回款维持生产是知悉的。如果 B 公司不支付货款超过一定的时间，势必引起 A 公司的停产。第二，A 公司每天都在向 B 公司供应铁水。从合同约定的"铁水专供""2 天支付一次货款""7 天定价一次"可知，双方贸易往来十分频繁密切；而 A 公司提供的《检斤单》亦能够证实 A 公司每天都在供应 B 公司铁水。因此，在双方签订合同时，B 公司能够预见到如其违约不按期支付货款，就会引起 A 公司的停产，进而造成停产复产期间的损失。

因此，原二审认定"A 公司与 B 公司签订的合同约定了供货数量与供货周期，但并未约定具体的供货时间与数量，即合同并未约定 A 公司每天必须供应 B 公司铁水，A 公司每天必须得到利润"是错误的。且停产与复产属于一个整体，复产期系恢复到停产前正常生产铁水量水平的期间。如果 A 公司不停产，就不会产生复产期的损失。二审既然认定复产期损失"与 B 公司的违约行为存在因果关系"，那么停产期的损失与 B 公司必然也存在因果关系。B 公司如果能够预见到 A 公司复产期的损失，也必然能够预见到停产期间的损失，按照此逻辑推演，停产期的损失也应予支持。故二审判决的相关认定自相矛盾、在认定事实和适用法律方面均存在错误。

二、对于 A 公司单方委托的《审计报告》能否作为认定损失的依据问题

根据《最高人民法院关于民事诉讼证据的若干规定》第四十一条规定："一方当事人自行委托有关部门作出的鉴定结论，另一方当事人有证据足以反驳并申请重新鉴定的，人民法院应予准许。"本案中，《审计报告》系 A 公司于诉讼前单方委托作出，但 B 公司并未举示足以反驳其内容和结论的证据，且在原一审中明确提出不对损失提出鉴定申请，故该《审计报告》能够作为认定损失的依据。

本案诉讼充满挑战，在接到委托之后，面对当事人受到的高额损失，及二审的不利判决，顶着巨大的压力多次探讨修正诉讼方案。最终决定从案件焦点出发，通过多方确认沟通案件事实，通过严紧合理的说理及补充有力证据。充分证明 A 公司主张于法有据、于情有理，最终反败为胜，得到最高法院的支持，为当事人争取到满意的诉讼结果。

38. 股东损害公司债权人利益责任纠纷，为何撤诉？

□ 张印富

【案情简介】

原告甲公司，被告乙公司、丙公司、丁公司。

A 银行诉 B 公司借款合同纠纷一案，经法院审理于 2004 年 4 月 19 日作出（2003）某中民初字第 10620 号民事判决，判令 B 公司偿还贷款本金 1200 万元及相应利息。A 银行申请强制执行，法院依法予以立案执行，后裁定中止执行。

2019 年 8 月 13 日，法院作出（2019）某 01 执异字第 259 号执行裁定书，裁定变更甲公司为第 10620 号民事判决书的申请执行人。

2021 年 11 月 4 日，甲公司以得知某法院第 7037 号民事判决书认定三被告"怠于履行清算义务，导致 B 公司主要财产、账册，重要文件等灭失，无法进行清算，应当对 B 公司的债务承担连带清偿责任"为由，提起诉讼。要求：三被告对第 10620 号民事判决确认的 B 公司债务承担连带清偿责任。

突如其来的诉讼，被告茫然。遂向盈科律师事务所律师寻求帮助并委托代理。律师接受委托后积极应诉并提交答辩材料。在审理过程中，甲公司主动申请撤回起诉。

【裁定结果】

准许原告甲公司撤诉。

【律师解读】

一、攻防博弈，趋利避害，是理性人的理智选择

民事诉讼中的原、被告方当事人，从某种意义上讲是一种攻防博弈关系。甲公司针对自己的诉讼请求提供自认为充分、足够的证据，处于一种"攻"的状态；被告对甲公司的主张提出抗辩，也需要提供相应的证据支持，相对处于一种"守"的状态，但并非绝对的"消极防守"，也应善于针对甲公司的主张或证据进行"攻"。

《民事诉讼法》第一百二十八条规定："人民法院应当在立案之日起五日内将起诉状副本发送被告，被告应当在收到之日起十五日内提出答辩状"。法律之所以这样规定，就是源于当事人诉讼地位平等原则和辩论原则要求双方当事人平等地享有诉讼权利、承担诉讼义务，都有权利充分了解对方的主张和证据，以便进行辩论和诉讼对抗。答辩就是被告针对甲公司在起诉状中提出的诉讼请求和事实理由进行回答和辩驳。未开庭，双方即已进入攻防博弈的战斗之中。

本案中，甲公司收到被告答辩状和相关材料信息后，未经判决，申请撤诉。实际是对起诉的自我否定。正应了"行家一出手，就知有没有"的俗语，特别是在双方都委托专业律师提供法律帮助的情况下，都会针对双方的主张、证据及各自掌握的信息，进行分析预判并考虑到相应的法律后果。从而变更自己的诉讼请求或抗辩方案，趋利避害，理性人应当做出理智选择。

二、适用"怠于履行清算义务"对公司债务承担连带清偿责任是有条件的，不能一概而论

《最高人民法院关于适用〈中华人民共和国公司法〉若干问题的规定（二）》第十八条第二款规定："有限责任公司的股东、股份有限公司的董事和控股股东因怠于履行义务，导致公司主要财产、账册、重要文件等灭失，无法进行清算，债权人主张其对公司债务承担连带清偿责任的，人民法院应依法予以支持"。对于"怠于履行义务"的认定，实务中存在不同的裁判观点。《全国法院民商事审判工作会议纪要以下简称（九民会议纪要)》（2019 年）认为："关于有限责任公司股东清算责任的规定，其性质

是因股东怠于履行清算义务致使公司无法清算所应当承担的侵权责任。应当区分不同股东的具体情形，对于没有怠于清算义务的股东，不控制公司主要财产的，也不掌控公司的账册、重要文件的股东，或虽"怠于履行清算义务"，但与"公司主要财产、账册、重要文件等灭失，无法进行清算"的结果之间没有因果关系的股东，主张其不应对公司债务承担连带清偿责任的，人民法院依法予以支持"。也就是说适用股东"怠于履行义务"对公司债务承担连带清偿责任，不能以结果一概而论，要区分不同股东的具体情况。本案中，甲公司以认定股东"怠于履行义务"为由，要求被告承担连带清偿责任，并不具有充分的法律依据和理由。

三、法律不保护"躺在权利上睡觉的人"。

《九民会议纪要》第十六条规定："公司债权人请求股东对公司债务承担连带清偿责任，股东以公司债权人对公司的债权已经超过诉讼时效期间为由抗辩，经查证属实的，人民法院依法予以支持"。诉讼时效，是指权利人在一定期间不行使权利，在该期间届满后，发生义务人可以拒绝履行其给付义务效果的法律制度。《民法典》第一百八十八条规定："向人民法院请求保护民事权利的诉讼时效期间为三年。自权利人知道或者应当知道权利受到损害以及义务人之日起计算"。《民法典》第五百四十七条规定："债权人转让债权的，受让人取得与债权有关的从权利"。第五百四十八条规定，"债务人接到债权人转让通知后，债务人对让与人的抗辩，可以向受让人主张"。本案中的债权，源于人民法院 2004 年 4 月 19 日作出（2003）某中民初字第 10620 号民事判决，甲公司于 2019 年 8 月 13 日变更为申请执行人，其依法受让取得债权，债务人对原债权人的抗辩亦可向新债权人主张。包括诉讼时效的抗辩权。甲公司在 2019 年受让债权时，即应当知道该债权源于 2004 年，已经远超过法律规定的诉讼时效三年期间。即不论被告是否应当履行连带清偿责任，都可以依据诉讼时效规定予以拒绝履行。超过诉讼时效的权利将得不到法律的保护。

39. 解析"香兰素"案，被告方为何赔偿过亿元？

□ 李 娟

【案情简介】

嘉兴某化工公司与上海某公司共同研发出生产香兰素的新工艺，并作为技术秘密加以保护。该工艺实施安全、易于操作、效果良好，相比传统工艺优越性显著，嘉兴某化工公司基于这一工艺一跃成为全球最大的香兰素制造商，占据了香兰素全球市场约60%的份额。某龙集团公司、某龙科技公司通过其董事长王某某从嘉兴某化工公司傅某某（前车间副主任）处非法获取技术秘密后，从2011年6月开始生产香兰素，2015年某龙（宁波）香料有限公司成立，并持续使用某龙科技有限公司以股权出资购买的香兰素设备生产香兰素。以上因素导致嘉兴某化工公司全球市场份额从60%滑落到50%。嘉兴某化工公司与上海某公司诉至浙江高院，请求判令某龙集团有限公司、某龙科技公司、某龙（宁波）香料公司、傅某某、王某某立即停止侵权，赔偿经济损失及合理开支5.02亿元。

【判决结果】

一审法院判决：认定侵权成立，判令停止侵权；某龙集团公司、某龙科技公司、傅某某连带赔偿嘉兴某化工公司、上海某公司经济损失300万元及维权合理开支50万元；某龙（宁波）香料公司对其中7%即24.5万元承担连带赔偿责任；同时作出行为保全裁定，责令某龙科技公司、某龙（宁波）香料公司立即停止使用涉案技术秘密。二审法院判决：判决某龙集团有限公司、某龙科技公司、某龙（宁波）香料公司、傅某某、王某某立即停止侵害嘉兴某化工有限责任公司、上海某公司技术秘密的行为，即停止以不正当手段获取、披露、使用、允许他人使用涉案设备图和工艺管道及仪表流程图记载的技术秘密，该停止侵害的时间持续到涉案技术秘密为公众所知悉时止；某龙集团有限公司、某龙科技公司、傅某某、王某某连带赔偿嘉兴某化工公司、上海某公司经济损失及合理维权费用共计1.59亿元，某龙（宁波）香料公司承担7%即1110万元连带赔偿责任。

【律师解读】

根据《反不正当竞争法》第九条第一款规定："经营者不得实施下列侵犯商业秘密的行为：（一）以盗窃、贿赂、欺诈、胁迫或者其他不正当手段获取权利人的商业秘密；（二）披露、使用或者允许他人使用以前项手段获取的权利人的商业秘密；（三）违反约定或者违反权利人有关保守商业秘密的要求，披露、使用或者允许他人使用其所掌握的商业秘密。"该条第二款规定："第三人明知或者应知商业秘密权利人的员工、前员工或者其他单位、个人实施前款所列违法行为，仍获取、披露、使用或者允许他人使用该商业秘密的，视为侵犯商业秘密。"被诉侵权人在生产经营活动中直接使用商业秘密，对商业秘密进行修改或改进后使用，或者根据商业秘密调整、优化、改进有关生产经营活动的，一般应当认定为使用商业秘密。某龙集团公司等被诉侵权人从嘉兴某化工公司处非法获取的涉案技术秘密，即185张设备图和15张工艺流程图均已被实际使用。某龙科技公司的法定代表人王某某自身积极参与本案被诉侵权行为，其实施的被诉侵权行为既体现了某龙科技公司的意志，也体现了王某某的个人意志，即王某某个人直接实施了被诉侵权行为。同时，鉴于王某某专门为实施被诉侵害涉案技术秘密行为成立某龙科技公司，该公司已成为王某某实施被诉侵害涉案技术秘密行为的工具，且王某某与某龙集团公司、某龙科技公司、某龙（宁波）香料公司、傅某某存在密切的分工、协作等关系，可以认定王某某个人实施了侵权行为，具体包括以不正当手段获取、披露、使用及允许他人使用该商业秘密，并与某龙集团公司、某龙科技公司、某龙（宁波）香料公司、傅某某构成共同侵权。在本案审理中，由于某龙集团公司、某龙科技公司及某王香料公司在本案中拒不提交与侵权行为有关的账簿和资料，二审法院无法直接依据其实际销售数据计算销售利润。考虑到嘉兴某化工公司香兰素产品的销售价格及销售利润率可以作为确定某龙集团公司、某龙科技公司及某龙（宁波）香料公司相关销售价格和销售利润率的参考，为严厉惩处恶意侵害技术秘密的行为，充分保护技术秘密权利人的合法利益，二审法院决定以嘉兴某化工公司香兰素产品 2011—2017 年期间的销售利润率来计算本案损害赔偿数额，即以 2011—2017 年期间某龙集团公司、某龙科技公司及某龙公司生产和销售的香兰素产量乘以嘉兴某化工公司香兰素产品的销售价格及销售利润率计算赔偿数额。该案是 2021 年推动法治进程十大判例之一。最高人民法院知识产权法庭通过该案判决，依法保护了重要产业核心技术，切实加大了对恶意侵权的打击力度，明确了以侵权为业的公司法定代表人的连带责任，依法将涉嫌犯罪线索移送公安机关，由此推进了民事侵权救济与刑事犯罪惩处的衔接，彰显了人民法院严格依法保护知识产权、严厉打击恶意侵权行为的鲜明的司法态度。

40. 银行代销信托产品发生兑付风险，是否承担责任？

□ 张晓英

【案情简介】

彭某系工行某西湖支行的储蓄客户。2014 年 6 月 3 日，彭某在工行某西湖支行办理存款手续，该行工作人员推荐其购买理财产品，并向其提供了合同甲方为某公司的《某信托 – 5 号结构化证券投资集合资金信托计划委托认购合同》，彭某作为乙方签订了该合同。合同约定：乙方委托甲方认购并代为持有某信托 – 5 号结构化证券投资集合资金信托计划金额为 40 万元，存续期 12 个月，即自 2014 年 6 月 4 日至 2015 年 6 月 3 日止，类型为 A 类优先信托受益权。

工行某西湖支行没有建立涉案理财产品的风险评估及相应管理制度，未对彭某的风险认知、风险偏好和风险承受能力进行测试、未向彭某告知产品的收益和主要风险因素。

另查明，《某信托 – 5 号结构化证券投资集合资金信托计划委托认购合同》中，所涉某信托 – 5 号结构化证券投资集合资金信托计划未办理相关信托业务手续。

2016年7月，某公司因涉嫌非法吸收公众存款被刑事立案侦查。投资到期后，某公司未能支付投资款本息。2018年7月，某公司相关人员因非法吸收公众存款罪被追究刑事责任，案发时彭某投资款本息未收回，为此彭某起诉工行某西湖支行赔偿本息损失。

【判决结果】

一审判决：

一、工行某西湖支行赔偿原告彭某存款本金损失40万元；

二、驳回原告彭某的其他诉讼请求。

工行某西湖支行不服一审判决提出上诉。

二审判决：

驳回上诉人工行某西湖支行上诉，维持原判。

【律师解读】

本案中，工行某西湖支行不但未履行适当性义务，且自身缺乏风险意识，未对其合作伙伴某公司进行尽职调查，未对所售的非法理财产品的性质进行合法合规性审查。反而在向彭某进行宣传推介时提示不当，客观上造成彭某对涉案信托计划产生无风险或低风险的错误认识，导致彭某基于对银行的信任，进而签订委托认购合同，具有重大过错，对彭某所造成的实际损失应当承担赔偿责任。

《九民纪要》将金融产品发行人、销售者以及金融服务提供者统称为卖方机构，对其在金融销售服务过程中未履行了解客户、了解产品、将适当的产品（或者服务）销售（或者提供）给适合的金融消费者等义务，可能对金融消费者承担连带或者全额赔偿责任。

商业银行代销信托理财产品，即使未与投资者存在合同关系，但其向投资者推介"信托理财产品"，也可以从适当性义务角度对其销售行为追究责任。

了解客户是适当性义务履行的基础，要求商业银行在向金融消费者推介、销售金融产品之前，应对客户情况进行充分了解，了解投资者的个人基本信息、投资目的、投资经验、财务状况、风险偏好等信息，对客户进行风险测评。商业银行通过风险评估问卷调查、适当性评估问卷调查等问卷对客户的风险承受能力进行评级，并在此基础上对客户分类，合理确信其所作的推荐是适合该投资者。

根据《九民纪要》第七十三条的规定，对适当性义务的确定，应当以《证券法》《证券投资基金法》《信托法》等法律规定的基本原则和国务院发布的规范性文件作为主要依据。相关部门在部门规章、规范性文件中对高风险等级金融产品的推介、销售，以及为金融消费者参与高风险等级投资活动提供服务做出的监管规定，与法律和国务院发布的规范性文件的规定不相抵触的，可以参照适用。

了解产品是指商业银行应对其代销的理财产品制定风险评估及相应管理制度，独立对代销理财产品开展尽职调查，在充分了解产品的性质、特征、运作机制和风险等内容后，客观审慎地对产品风险等级进行合理划分。

适当销售是指商业银行在了解产品和了解客户的基础上，将适当的产品推介给适当的投资者。

《银行理财业务监督管理办法》第二十九条规定："商业银行只能向投资者销售风险等级等于或低于其风险承受能力等级的理财产品，并在销售文件中明确提示产品适合销售的投资者范围，在销售系统中设置销售限制措施"。

商业银行不得通过对理财产品进行拆分等方式，向风险承受能力等级低于理财产品风险等级的投资者销售理财产品。

综上，目前涉商业银行代销理财产品纠纷的大部分案件中，商业银行违反适当性义务常见于其向金融消费者推介、销售的产品风险等级与金融消费者自身风险承受能力不匹配，且商业银行无法提供证据证明其销售行为不存在误导消费者购买与其风险承担能力不匹配的理财产品。

第二部分

刑事法篇

41. 公司涉嫌传销二十三亿，二审为何改判无罪？

□ 韩英伟

【案情简介】

辽宁 A 科技集团股份有限公司（以下简称 A 公司）系张某等人于 2018 年 3 月发起并注册登记，后姚某以其自有的金矿及萤石矿加入，2018 年 8 月 6 日法定代表人变更为姚某。

A 公司自成立后，以投资矿山为名义，依托 A 公司搭建的"B××员管理平台"与"Z××员管理平台"，吸引参加者缴纳人民币 1800 元、7200 元、18000 元、36000 元、72000 元、120000 元、200000 元获取加入资格，并对应成为一星至七星会员。以高额的静态收益和动态收益为诱饵，采用发放宣传册、召开宣讲会、参观矿山等方式，引诱参加者继续发展他人加入，并按照一定顺序组成层级。静态收益是每周按照会员所投资星级额度相应的倍数 1% 返利，返 100 周停止。动态收益是投资会员需再继续发展新会员，每个会员下面只能挂两个下线会员（以星级额度分为大市场和小市场），以此类推，收益方式以小市场会员投资额的 1% 作为返利依据，可连续收取 44 周收益。静态收益和动态收益提现时需扣除收益额相应的提现费、运营费和股权积分。A 公司使用姚某、朱某、王某晶、王某曦、郑某彬、唐某玲、叶某田、张某玲、张某淼等 38 张个人银行卡收取资金。

2019 年 9 月 16 日，河北省某县市场监督管理局因辽宁 A 科技集团股份有限公司组织、策划传销行为，给予没收违法所得 8016496.75 元，罚款 100 万元的行政处罚。A 公司为了继续吸纳会员投资，于 2019 年 9 月 19 日收购辽宁 B 融资租赁有限公司（以下简称 B 公司）继续发展会员吸收资金。

【判决结果】

一审判决:

一、被告单位辽宁 A 科技集团股份有限公司犯组织、领导传销活动罪,判处罚金人民币二千万元;

二、被告人姚某、张某、王某、侯某、朱某、崔某、任某、王某晶、杨某、王某曦、郑某、宿某贞、陆某云犯组织、领导传销活动罪,判处有期徒刑一年九个月缓刑三年至有期徒刑八年不等,并处罚金人民币五万元至二百万元不等;

三、公安机关冻结的被告单位辽宁 A 科技集团股份有限公司违法所得人民币 80825345.65 元及其孳息,予以没收,上缴国库;

四、公安机关扣押车辆、查封房产,予以没收,上缴国库;

五、被告单位辽宁 A 科技集团股份有限公司剩余违法所得,被告人姚某、张某、王某、侯某、朱某、崔某、任某、王某晶、杨某、王某曦、郑某、宿某贞、陆某云的违法所得予以追缴,上缴国库。

被告单位辽宁 A 科技集团股份有限公司,被告人王某、侯某、朱某、崔某、任某、王某晶、杨某、王某曦、郑某不服一审判决,提出上诉。

二审判决:

一、驳回上诉人王某、侯某、朱某、崔某、任某的上诉,维持一审判决的定罪量刑部分;

二、撤销一审判决关于被告单位辽宁 A 科技集团股份有限公司、王某晶、杨某、王某曦、郑某犯组织、领导传销活动罪的判决;

三、上诉人王某晶、杨某、王某曦、郑某犯组织、领导传销活动罪,判处有期徒刑二年三个月,缓刑四年至有期徒刑三年不等,并处罚金人民币八万元至十万元不等。

四、公安机关冻结的违法所得人民币 80825345.65 元及其孳息,予以没收,上缴国库;

五、依法追缴上诉人王某、侯某、朱某、崔某、任某、王某晶、杨某、王某曦、郑某的违法所得,予以没收,上缴国库。剩余违法所得人民币 323395126.68 元,继续向一审被告人姚某、张某追缴,上缴国库。

【律师解读】

北京盈科律师团队在二审接受委托，律师们肩负重托，夜以继日地认真审核四十八本卷宗材料，共整理质证意见、管辖权异议申请、非法证据排除申请、调取证据申请、证人出庭作证申请、侦查人员出庭作证申请、重新鉴定申请、鉴定人员出庭作证申请、庭前会议申请、质证意见、发问提纲、辩护意见等六百多页。经过律师团队的艰苦努力、辛勤付出，经过庭前会议再次开庭审理，终于二审法院认定 A 公司无罪，4 个涉案被告人改判缓刑。主要辩护意见如下：

一、程序违法之辩

本案中，侦查和一审程序违法。

第一，公安机关在未查明案件线索"孔雀"真实身份信息的情况下，即展开对 A 公司管理人员的抓捕，是有预谋的、建立在有罪推定基础上进行的违法侦查行为。

第二，某市公安局某分局不具有侦查管辖权，不符合指定管辖的规定。侦查人员在同一时间段同时讯问两个犯罪嫌疑人严重违法，导致犯罪嫌疑人不清楚自身的诉讼权利义务。并且，侦查人员身份不明，犯罪嫌疑人笔录和证人笔录存在抄袭、粘贴复制等违法取证行为，存在大量诱供、前后矛盾等违法收集证据的行为。

第三，一审法院合议庭组成人数不符合法律规定，并且本案为共同犯罪，一审法院对被告人分开庭审违反法律规定。

二、事实认定之辩

一审判决认定事实不清，回避了 A 公司已经在"奥斯达克"上市的客观事实。错误认定 A 公司的宣传噱头、计酬依据、涉案时间和数额，混淆 A 公司和 B 公司的关系。

第一，矿山投资项目是真实的，营业执照等手续齐全，有工人、有固定资产、有设备、有施工方，处于合法经营和建设中。经过专业机构出具高达 35 亿评估报告，并且已在"奥斯达克"上市，有着巨大的市场投资价值，而非是一审法院错误认定的"噱头"。并且，A 公司旗下的 C 矿业有限公司、D 矿业有限公司等经营的萤石矿、金矿、钒钛矿矿山真实存在，且在持续经营建设中，有配套员工、承包公司设备等，确实需要资金以便更好开发。

第二，一审法院认定 A 公司返利依据是错误的。一方面属于割裂认定返利依据系静态和动态两部分，忽略了动态部分为非必要返利依据；另一方面，A 公司的动态收益模式根据合伙人等级不同是有不同封顶金额的，并且每个合伙人下面只能有两个合伙人。多余的合伙人只能自己往下安插，仅以小市场计算收益，注定其不可能从所有下级缴费金额获取收益，也不可能构成稳定的三层以上层级。

第三，2019 年 6 月，A 公司已被行政处罚，涉及的作案时间、犯罪数额不应被重复评价，应当予以扣除。

第四，一审法院认定 A 公司虚构其旗下的大业百年公司已经在香港上市，吸引会员投资属于事实认定片面。从被告人和证人的笔录来看，也都未说明公司已经在香港上市，都是基于公司香港上市的可能性购买的股权。A 公司和被收购上市公司已经签订股权转让协议，并且已经向对方如期支付第一笔款项，其余款项支付期限尚未届满，其收购上市公司进行上市是有事实和法律合同基础的。

第五，一审法院认定 A 公司为了继续吸纳会员投资，于 2019 年 9 月 19 日收购 B 公司继续发展会员投资是错误的。A 公司与 B 公司是相互独立的，二者之间不存在关系。

三、证据效力之辩

本案存在证据不足，鉴定意见无资质、审计报告检材为笔录而非财务资料等问题，不能证明会员的"量"和"涉案数额"，反而是无罪证据多于有罪证据。

第一，北京某司法鉴定所司法鉴定意见书存在超范围鉴定、认定时间错误等问题，不能作为定案依据。

第二，关于涉案数据的鉴定系以待证事实的笔录等非财务资料为依据作出的，并且应当扣除 2019 年 A 公司所受的行政处罚金额，此不能作为定案依据。

四、法律适用之辩

一审判决适用法律错误，A 公司不构成组织、领导传销活动罪。

第一，任何犯罪必须坚持主客观相统一。A公司不具有非法占有的主观犯罪故意，在客观方面也无非法占有的行为。具体可以从A公司创始人汤某退出、资金流向、涉案高管投资目的、香港上市、签订保本协议等得到证实。首先，汤某是A公司的创始人，因无实体项目，导致姚某、张某和汤某关系破裂。汤某退出，进而具有实体项目和缺资金的姚某加入公司，并且成为实际控制人。从此可以看出A公司对于传销活动罪的边界是有清晰认识的，不具有主观违法故意，其本质是融资行为。其次，A公司的资金流向主要是会员返利、矿山投资、公司日常运营，未被非法占有。最后，涉案高管加入A公司的原因也都是因为A公司有实体矿山而投资入股，并在为A公司的发展壮大做出努力，无任何非法占有的动机。A公司通过收购香港某上市公司，进而以旗下萤石矿公司实现上市，是为了投资者的返利和矿山的运转实现公司的持续经营，是在主动谋求企业的发展出路，并不坐以待毙等待企业"泡沫出现"而"跑路"。

第二，A公司在客观方面采用带领投资者考察实体矿山、奥斯达克上市、收购香港公司进行上市等宣传与公司实际发展状况是一致的，未导致投资者陷入错误认识。并且A公司也通过和投资者签订《客户销售》等保本协议以及各报单中心都有实际办公场所等形式对投资者投资的本金予以民事保护。因此，在客观方面对投资者的财产所有权是有保障的，并不能使得投资者丧失财产权，不属于骗取财物。

第三，A公司不符合组织、领导传销活动罪的犯罪特征。首先，A公司没有销售商品和提供服务，投资者缴纳的并非"入门费"。其次，A公司不具备传销组织"直接或者间接以发展人员的数量作为计酬或者返利依据"的核心特征。并且，项目层级组织并不严密，上线也未要求下线再发展下线。最后，返利模式仅仅是募集资金的激励机制，并不等于犯罪，与传销无关。

第四，未经A公司股东决策，不构成单位犯罪。

第五，A公司的运营模式是合伙人投资入股分红，其本质是股权众筹，具有一定的政策基础。

中国的无罪判决比例是万分之三，显示了公诉刑事案件判决无罪何其艰难！二审判决无罪更难。面对无罪判决，有喜悦，有心酸，回忆一幕幕奋笔疾书，回忆一幕幕推敲案例，回忆一幕幕唇枪舌剑……如释重负，随着案情明晰的曙光，我们又投入下一场维护合法权益的战斗！

42. 故意伤害致人轻伤，检察院为何不起诉？

□ 袁方臣

【案情简介】

2022 年 3 月 7 日 12 时许，张某某因行车问题与李某某发生争吵，张某某将李某某打伤，造成李某某双侧鼻骨、上颌骨额突及骨性鼻中隔骨折等，经鉴定为轻伤二级。7 月 9 日，张某某经民警传唤到案。9 月 19 日，本案移送北京市某区人民检察院审查起诉。9 月 23 日，张某某委托北京市盈科律师事务所律师为其辩护。

【处理结果】

检察机关采纳了辩护人建议不起诉的意见，对张某某作出不起诉决定。

【律师解读】

接受委托后，辩护人与张某某本人多次沟通，检索类案，研读卷宗，在检察院观看了案发现场监控录像，对案件事实有了充分的认识。结合法律规定，形成书面辩护意见。

第一步：类案检索，提高成案概率。

会见张某某之前，辩护人对案情已有初步了解：张某某系北京某医院副主任医师，案发当日骑共享单车看望住院的母亲，在便道上因行车琐事与李某某发生争吵，李某某用肘部击打其肋骨，张某某才还手将李某某打伤，后因赶时间离开现场。张某某无前科，后积极赔偿李某某，已取得李某某谅解。

辩护人提取关键词"故意伤害罪""轻伤二级""初犯""谅解""悔

罪""赔偿"进行检索，得到检察文书2641篇，其中，不起诉决定书2578篇，约占全部检察文书97.6%。其中，最高人民检察院于2021年11月29日印发的《检察机关贯彻少捕慎诉慎押刑事司法政策典型案例（第一批）》首个案例，与本案情节高度相似，最高人民检察院认为，对民间纠纷引发的轻伤害案件，在矛盾化解、达成和解基础上依法对犯罪嫌疑人从宽作出不起诉处理。

第二步：研读案卷，挖掘事实细节。

经过阅卷，辩护人发现：受害人李某某1963年出生，案发时已59岁，即将步入老年。卷内彩色照片显示，李某某头发、眉毛乌黑，面色红润、褶皱很少，较同龄人显得年轻。其在家具厂上班，常年从事体力劳动，体格相对健壮。

据统计数据显示，我国大陆地区60岁以上的老年人骨质疏松症的发病率为59.8%。鼻骨是人体面部最突出的部位，结构菲薄，极易发生骨折。双方身体素质的差异是导致伤害结果的重要原因。张某某虽有伤害行为，加上李某某年迈骨质疏松的特殊因素介入，共同作用才引发轻伤后果。

第三步：多轮谈判，阐明辩护观点。

经与承办检察官多次沟通，辩护人阐明意见主要如下：

1. 本案实际是因琐事发生摩擦，且受害人过错在先，张某某打伤李某某是失手；

2. 张某某系初犯，犯罪情节轻微，已真诚悔过并取得李某某谅解，依法可以酌定不起诉；

3. 决定不起诉，有助于统一裁判尺度，促进实现类案同判；

4. 决定不起诉符合"少捕慎诉慎押"的刑事司法政策要求。

本案中，辩护人有几点心得体会：

第一，辩护人应当谨记职责，将当事人的合法权益放在首位。本案张某某的核心诉求是不予起诉，辩护人充分尊重当事人意愿，进行了有效辩护，争取到圆满结果，维护了当事人的合法权益。

第二，辩护人应当充分挖掘事实细节，学习、运用自然科学知识处理案件。结合本案李某某伤情、年龄、外貌，对比张某某身体状态，运用医学常识，不难判断张某某的行为只是"失手"，而无致伤目的。因此善于运用科学知识、统计数据，能够为辩护观点提供强有力的支撑。

第三，辩护人应当据理力争，充分行使辩护权。辩护人检查卷宗光盘，发现没有案发监控录像，检察官提出不能拷贝，只能现场观看，后因设备问题未能播放。辩护人再到检察院，检察官称仍不能保证顺利播放。辩护人依据法律规定提出要求保障阅卷权，后成功观看录像。刑事辩护困难重重，与司法机关的交涉，既不能过于强硬，又不能过于懦弱，以保障当事人的合法权益为核心，在对抗协商中应有智慧、有理性、有大的格局。

43. 拒接公安机关的传唤电话，自首能否成立？

□ 曹形龙

【案情简介】

2014 年 3 月 11 日 9 时许，被告人曾某驾驶粤 S×××××小轿车从东莞市某停车场大门口准备出去，因停车费问题和岗亭保安魏某发生争执。因魏某没有给曾某放行，曾某从车上下来，推倒岗亭内的显示屏，又推开出入口栏杆，后上车准备离开。保安魏某见状，走到曾某的车前，不让曾某离开。曾某仍驾车前行，撞倒魏某，致魏某的脚部受伤。魏某被送往医院，曾某主动报案并留在现场等候处理。

同年 4 月 8 日，公安机关对曾某办理了网上追逃。次日，公安机关用办公座机传唤曾某，曾某以为座机号码是骚扰电话拒接。后公安机关到曾某公司，将其在工作场所抓获。

【判决结果】

一、被告人曾某犯故意伤害罪，判处有期徒刑十个月；

二、随案移送的粤 S×××××轿车，在本判决生效并在被告人曾某赔偿被害人魏某损失后，由暂扣单位东莞市公安局某分局直接返还给被告人曾某。

【律师解读】

根据《刑法》第六十七条规定："犯罪以后自动投案，如实供述自己罪行的，是自首。对于自首的犯罪分子，可以从轻或者减轻处罚。其中，犯罪较轻的，可以免除处罚"。自首的成立一般需要具备两个条件：一、时间节点，犯罪分子在被采取强制措施前能够自动投案；二、如实供述，投案后能够如实供述犯罪事实。由于实务上的复杂性，犯罪人在犯罪后的投案方式也是不尽相同的。如果仅仅按照刑法法条的"文义"来对自首进行理解和适用，那么就会导致适用范围狭窄。既不能够达到自首制度设立时"宽缓性"的初衷，又会导致一定程度上的量刑失衡。

最高人民法院《关于处理自首和立功具体应用法律若干问题的解释》第一条："自动投案，是指犯罪事实或者犯罪嫌疑人未被司法机关发觉，或者虽被发觉，但犯罪嫌疑人尚未受到讯问、未被采取强制措施时，主动、直接向公安机关、人民检察院或者人民法院投案"。由此可见，在实务中虽然存在许多投案的情形与刑法"文义"上的自首概念存在差异，但是依旧可以被视为自动投案。

本案中，曾某拒接了公安机关的传唤电话，那么需要明确的是传唤是否属于强制措施。传唤与拘传不同，传唤是使用传票通知犯罪嫌疑人在特定时间自行到特定地点接受讯问的诉讼行为。并且传唤不能使用械具，不属于刑事强制措施。因此，曾某拒接公安机关的传唤电话在时间上并未超过刑法规定的"采取强制措施前"这一节点。并且，其主观上并没有抗拒公安机关传唤的行为，其误以为座机电话是诈骗电话而拒接实属人之常情。

其次，曾某在工作场所被抓捕归案是否具备自首的主动性。曾某在犯罪发生后能够主动报案且在现场等待处理，说明其主观上并没有逃跑的想法。最高人民法院印发《关于处理自首和立功若干具体问题的意见》第一条第一款第（二）项："明知他人报案，而在现场等待抓捕时没有抗拒的行为，且供认犯罪事实的，视为自动投案"，在公安机关抓捕的过程中，曾某并没有反抗或者抗拒的行为，其行为应当被视为自动投案。

最后，曾某虽然拒接公安机关的传唤电话，但其在公安机关抓捕过程中并未抗拒抓捕，属于自动投案。但其拒不供认驾车故意碰撞被害人魏某的犯罪事实，当庭亦予以否认，依法不应认定为自首。

44. 王某涉嫌串通招投标罪、敲诈勒索罪等，为何撤回起诉？

□ 廖　明

【案情简介】

王某系 A 村村主任。2016 年 12 月，王某海从雷某处取得 A 村村道及护坡工程。签订施工合同时，王某要求王某海将该工程转让给曹某等人施工，但王某海未同意。2017 年 1 月 20 日，工程竣工。王某利用村主任的职务便利故意拖延不组织验收，直到同年 4 月份才验收。

2017 年 10 月 17 日，A 村集体油茶果采摘工程公开招标当天，陈某松、高某福、黄某财（另案处理）经共谋后，在 B 村某店铺内与张某年等陪标人相互串通报价。陈某松以给予张某年等陪标人每人 1.7 万元好处费的方式，让陪标人放弃竞争。因有人举报，该工程被废标。废标后，王某与陈某松等人找张某年预要回 1.7 万元，遭张某年拒绝。张某年的儿子张某全与王某海、黄某荣合伙进行某镇溪漫道硬化工程施工。王某以工程不予通过验收、不支付工程款相威胁，要求张某全退还 3.4 万元好处费。张某全无奈，同意支付 3 万元。但王某要求通过张某年支付，张某年不同意，最终王某未取得该笔款项。

2019 年 1 月 23 日，王某被某县公安局刑事拘留，1 个月后以敲诈勒索罪与串通投标罪报捕。2019 年 3 月 1 日，某县公安局以串通投标罪批捕王某。

2019 年 4 月 30 日，某县公安局将此案移送审查起诉。2019 年 6 月 14 日、8 月 27 日，某县检察院二次退回公安补充侦查。2019 年 7 月 12 日、9 月 25 日，公安二次将案件补查重报移交公诉。2019 年 8 月 13 日、10 月 26

日，某县检察院二次延长审查起诉期限。2019 年 11 月，某县检察院以强迫交易罪、敲诈勒索罪起诉至某县人民法院。一审法院采纳了律师意见，认为王某不构成涉嫌强迫交易罪，以敲诈勒索罪定罪处罚。

侦查阶段，王某委托北京盈科（厦门）律师事务所律师作为辩护人。

【判决结果】

一审判决：

被告人王某犯敲诈勒索罪，判处有期徒刑一年六个月，并处罚金人民币五千元。

被告人王某不服，提出上诉。

二审裁定：

撤销一审判决，发回重审。

再审裁定：

准许某县人民检察院撤回起诉。

【律师解读】

一、王某不构成串通投标罪

根据最高人民检察院、公安部《关于公安机关管辖的刑事案件立案追诉标准的规定（二）》第七十六条规定，投标人相互串通投标报价，或者投标人与招标人串通投标，涉嫌下列情形之一的，应予立案追诉：

（一）损害招标人、投标人或者国家、集体、公民的合法利益，造成直接经济损失数额在五十万元以上的；

（二）违法所得数额在十万元以上的；

（三）中标项目金额在二百万元以上的；

（四）采取威胁、欺骗或者贿赂等非法手段的；

（五）虽未达到上述数额标准，但两年内因串通投标，受过行政处罚二次以上，又串通投标的；

（六）其他情节严重的情形。

王某不具有以上六点构成犯罪的行为、情节和后果。主观上，王某不具备犯罪故意；客观上，其行为也没有达到情节严重的标准。A村集体油茶山采摘承包虽采用所谓招投标方式，但该种形式的招投标不属于串通招标罪中的招投标范围。A村直接发包项目强制招投标缺乏法律依据。

二、王某不构成敲诈勒索罪

《刑法》第二百七十四条规定："敲诈勒索公私财物，数额较大或者多次敲诈勒索的，处三年以下有期徒刑、拘役或者管制，并处或者单处罚金"。主观上，王某通过张某全、王某海向张某年讨回给予陪标人的好处费，没有非法目的；客观上，某镇溪漫道硬化工程属于扶贫工程，王某作为村主任是无权验收的，只有镇政府才有工程验收权，王某无法实施敲诈勒索的行为。因此，王某不构成敲诈勒索罪。

三、王某不构成强迫交易罪

《刑法》第二百二十六条规定："以暴力、威胁手段强买强卖商品、强迫他人提供服务或者强迫他人接受服务，情节严重的，处三年以下有期徒刑或者拘役，并处或者单处罚金"。主观上，王某没有犯罪故意；客观上，王某没有采取"威胁"手段取得A村村道及护坡工程。是否构成威胁的程度，作为交易相对人王某海最清楚。在案证据表明，在王某海的心里并没有认为王某的行为构成威胁，这种交易相对方的心理感受，是判断是否构成威胁的最直接、最有效的方式。因此，王某不构成强迫交易罪，

本案原一审法院对王某作出有罪判决、定罪量刑的多项"事实"，缺乏证据支持。原一审判决所引证据中，同一证据自相矛盾、不同证据互相矛盾，判决书所引证据与卷内其他证据互相矛盾，对一些"事实"是否存在，无法排除合理怀疑。对罪与非罪的认定，在一审庭审中，控辩双方存在重大争议。因此，应严格依照《最高院关于建立健全防范刑事冤假错案工作意见》的规定："对定罪证据不足的案件，坚持疑罪从无原则，不得降格作出留有余地的判决"，"坚持尊重和保障人权原则，尊重被告人的诉讼主体地位，维护被告人的辩护权等诉讼权利，保障无罪的人不受刑事追究"。

这桩案件最终以撤诉结束，是律师、被告人共同努力的结果，也是法官、检察官对"努力让人民群众在每一个司法案件中感受到公平正义"的回应。守得云开见月明，维护公平与正义，不忽视每一位当事人的合法权

益，正义的天平不会偏移，刑事诉讼的道路上，有我们刑辩律师的一份坚守。

45. 熊某涉嫌假冒注册商标罪，为何判处缓刑?

□ 刘永江

【案情简介】

被告人李某为牟利，自 2018 年起制作假冒飞天茅台酒并向外销售；被告人梁某、谭某明知李某购进外包装材料系用来制销假酒，仍向他人收购飞天茅台酒外包装后出售给李某，李某将制成的假冒飞天茅台酒出售给被告人邓某及被告人赵某，赵某在自己的烟酒店因销售假酒被公安机关查获，因此案发。案发后，梁某供述其销售给李某的茅台酒外包装材料是从被告人熊某处购买的。公安机关于 2020 年 12 月 17 日将熊某抓获，北京盈科律师团队受熊某家属的委托担任熊某的辩护人，在侦查阶段成功取保候审，公诉机关向法院建议熊某的量刑为三年有期徒刑。

【判决结果】

熊某犯假冒注册商标罪，判处有期徒刑一年，缓刑一年，并处罚金人民币 4 万元。

【律师解读】

2020 年 9 月 14 日，最高人民法院发布的《关于依法加大知识产权侵权行为惩治力度的意见》中就明确规定：加大对知识产权侵权行为的刑事打击力度。从 2020 年 12 月 26 日通过的《中华人民共和国刑法修正案（一）》当中，我们也充分感受到了国家不断地加大对知识产权保护的力度，比如修改了部分知识产权犯罪的入罪门槛，进一步提高刑罚，加大惩处力度。对假冒注册商标罪取消了拘役刑，最高刑期从七年改为十年。虽然目前国家对侵犯知识产权的行为加大惩处力度，但是我们也不能盲目打击。

本案经历了两次退回补充侦查、两次起诉、三次开庭。第一次公诉机关起诉时认为熊某系从犯，销售金额为 8 万余元，向法院建议熊某的量刑为一年半有期徒刑。第二次公诉机关起诉时认为熊某、李某、梁某、谭某为共同犯罪，熊某销售金额总计 41.885 万元，属于情节特别严重的情形，建议量刑为三年有期徒刑，并在开庭前几天对熊某执行逮捕。

辩护律师主要从熊某的买卖真酒瓶的外包装材料是否构成犯罪、熊某将包装卖给梁某是否明知该行为是为了生产和销售假冒注册商标的商品、熊某并不认识李某，能否认定和李某属于共同犯罪等方面去分析。一方面我们从熊某不构成犯罪去辩护，而从公诉机关的表现看也不完全有把握，如果在法院认定熊某构成犯罪的情况下，我们又要从熊某构成何种犯罪、从最终查明销售的假酒中有多少属于从熊某这里买的包装加工而成去分析；从犯罪金额如何确定以及熊某具有从轻、减轻、免除处罚，具有判处缓刑的情节等方面去综合分析。

北京市盈科律师事务所律师的主要辩护观点：

一、从熊某的行为性质辩护

（1）真酒的外包装本身不是商品，只是商标标识。《中华人民共和国刑法》（以下简称刑法）第二百一十三条规定："未经注册商标所有人许可，在同一种商品、服务上使用与其注册商标相同的商标，情节严重的……"。判断一个行为是否构成本罪，最基本前提要有商品、服务为载体，且该商品、服务与注册商标的商品、服务属于同一种商品、服务，在此基础上才有可能构成本罪。本案被告人熊某仅仅是出售该商品的外包装，酒的外包装属于商标标识，并非商品。没有商品为载体，客观上不可能构成假冒注册商标罪，除非被告人明知他人买真酒的外包装是用来制造假酒的。

（2）熊某对他人制造假酒不明知。共同犯罪的本质特性，即共同犯罪人认识到自己不是单独犯罪，而是与他人互相配合共同实施从而完成犯罪的全部过程；且各共同犯罪人认识到自己的行为与其他共同犯罪人的行为结合产生同一后果的愿望与目的。公诉机关认为熊某、李某、梁某、谭某为共同犯罪是错误的。因为在法庭上，辩护人仔细盘问其他被告人，最后证实熊某和李某、谭某根本不认识，他们的制造假酒的过程熊某也没参与。只有梁某认识熊某。辩护人再问梁某是干什么的？是否向熊某购买包装时告诉过他要去干什么？梁某回答："我是回收酒的旧包装的，当时并没告诉过熊某要去干什么。"由此可知，熊某只是将旧酒瓶售卖给回收人梁某，并不知道梁某回收旧酒瓶要去干什么。因此主观上对犯罪是不明知的。

二、从公诉机关认定熊某的犯罪金额方面辩护

（1）获利金额只有被告人供述、没有其他证据佐证。除了被告人熊某自己供述外，公诉人再没有拿出其他任何证据证明被告人熊某实际获利的具体金额，而且熊某的供述是否如实记录，还需要同步录音录像进一步核验。目前只有被告人供述而没有相应的其他证据支持，不能形成完整的证据链。《刑事诉讼法》第五十五条第一款规定：对一切案件的判处都要重证据，重调查研究，不轻信口供。只有被告人供述，没有其他证据的，不能认定被告人有罪和处以刑罚。辩护律师认为笔录记录有误，要求公诉机关提供同步录音录像，最终无法提供，证据存疑。

（2）退一步讲，即使法院最终认定熊某出卖废旧的茅台酒外包装是犯罪行为，也只有在该商品被实际用于假冒注册商标的商品上才起作用，而实际情况是熊某卖给梁某的酒瓶及包装有一部分还没有出售，仍然在梁某的仓库中，更不可能使用在商品上，公诉机关将这一部分也纳入犯罪金额是明显错误的。因为此时这部分酒瓶及包装盒只是一个用过的废旧包装盒，根据法无禁止即自由的原则，他人喝过酒的外包装并非禁卖品。因此，这部分包装不应计算为犯罪金额。

三、从量刑方面辩护

《刑法》规定对于犯罪分子决定刑罚的时候，应当根据犯罪的事实、犯罪的性质、情节和对社会的危害程度，依法判处。熊某到案后如实供述，没有前科，认罪认罚，认真悔过，收购真酒包装材料出售，社会危害性小，具有从轻、减轻处罚情节。根据《刑事诉讼法》第二百零一条规定，对于认罪认罚案件，被告人的行为不构成犯罪或者不应当追究其刑事责任的，人民检察院可以调整量刑建议，人民检察院不调整量刑建议或者调整量刑建议后仍然明显不当的，人民法院在作出判决时可以不采纳人民检察院指控的罪名和量刑建议。

法院虽然判处熊某犯假冒注册商标罪，但是从认定的非法经营所得数额仅有 7.74 万元、判处缓刑的结果以及对比同案犯的判决结果分析，最终法院对辩护人的辩护意见还是经过了认真考虑并采纳。辩护律师坚信"以事实为根据，以法律为准绳"这一基本原则，并得到了良好的辩护效果，受到当事人及家属的好评。

46. 取保候审期间再次涉嫌开设赌场罪，为何不予批捕？

□ 娄　静

【案情简介】

2022 年 7 月，陈某因涉嫌赌博罪，在签署认罪认罚具结书后，A 省某地人民检察院对陈某作出量刑建议为判处有期徒刑一年，缓期执行一年。

2022 年 9 月，陈某又因涉嫌开设赌场罪被 B 市公安机关立案侦查，对其采取刑事拘留的强制措施，并羁押于 B 市某地看守所。

陈某的家属委托北京市盈科律师事务所律师为陈某辩护，在侦查阶段提供法律帮助。

【处理结果】

B 市某区检察院对陈某作出不予批准逮捕的决定。

【律师解读】

律师接受委托后会见陈某，了解案情。在检察院审查批准逮捕期间，因陈某在 A 省某地的赌博罪仍处于未审判状态，为避免被批捕后继续羁押，律师积极与办案机关积极沟通提出不予批捕法律意见，是陈某得以释放的关键所在。

涉赌类案件的复杂性，往往存在此罪与彼罪、罪与非罪的区分。本案以开设赌场罪立案侦查，开设赌场罪是指客观上是否具有聚众赌博、开设赌场、以赌博为业的行为。本案中，陈某不构成开设赌场罪。一旦赌场开始正式营业，并有人实际使用，就成立本罪既遂，与开设者是否实际获得利润无关。开设赌场的人自己参与赌博，并以赌博为业的，司法实践中存在可能考虑以本罪和赌博罪并罚。但陈某的行为不构成赌博罪，赌博罪是以营利为目的聚众赌博或者以赌博为业的行为，而"以赌博为业"是指以赌博所得为其生活或者挥霍的主要来源的行为。依据《中华人民共和国刑法（2020修正）》第三百零三条第一款以及"两高"2005年5月11日出台的《关于办理赌博刑事案件具体应用法律若干问题的解释》第一条的规定："以营利为目的，有下列情形之一的，属于刑法第三百零三条规定的"聚众赌博"：（一）组织3人以上赌博，抽头渔利数额累计达到5000元以上的；（二）组织3人以上赌博，赌资数额累计达到5万元以上的；（三）组织3人以上赌博，参赌人数累计达到20人以上的；（四）组织中华人民共和国公民10人以上赴境外赌博，从中收取回扣、介绍费的"。而陈某不存在上述行为。

结合本案，辩护人向B市某区人民检察院提出了如下不予批捕法律意见：

一、陈某涉嫌罪名和事实不符合法定的逮捕条件，不具有逮捕必要性

《刑事诉讼法》第八十一条规定："对有证据证明有犯罪事实，可能判处徒刑以上刑罚的犯罪嫌疑人、被告人，采取取保候审尚不足以防止发生下列社会危险性的，应当予以逮捕：（一）可能实施新的犯罪的；（二）有危害国家安全、公共安全或者社会秩序的现实危险的；（三）可能毁灭、伪造证据，干扰证人作证或者串供的；（四）可能对被害人、举报人、控告人实施打击报复的；（五）企图自杀或者逃跑的"。辩护律师经过会见陈某，听取犯罪嫌疑人的陈述及辩解，认为陈某不符合本罪应予立案追诉的标准，不具有以聚众赌博、开设赌场、以赌博为业的行为。其主观恶性很小，没有其他重大犯罪嫌疑。对其采取取保候审不会发生社会危险性，根本不具有逮捕的必要性。

二、陈某本身不具有社会危险性

《最高人民检察院、公安部关于逮捕社会危险性条件若干问题的规定

（试行）》第四条规定："人民检察院审查认定犯罪嫌疑人是否具有社会危险性，应当以公安机关移送的社会危险性相关证据为依据，并结合案件具体情况综合认定。必要时可以通过讯问犯罪嫌疑人、询问证人等诉讼参与人、听取辩护律师意见等方式，核实相关证据。依据在案证据不能认定符合逮捕社会危险性条件的犯罪嫌疑人，人民检察院可以要求公安机关补充相关证据，公安机关没有补充移送的，应当作出不批准逮捕的决定"。因此，如果检察机关要求公安机关补正社会危险性相关证据而没有补充移送或者移送的证据不能认定犯罪嫌疑人符合逮捕社会危险性条件的，应当作出不批准逮捕决定。

本案中，陈某涉嫌的罪名不属于暴力犯罪，而且归案前一贯表现良好，本身不具有社会危险性。据犯罪嫌疑人家属提供的医疗导诊单表明，其年事已高，已过半百，患有多年高血压等症状，应当对其不予批准逮捕。

三、检察机关审查逮捕时，应注意区分逮捕条件、存在逮捕条件的事实及犯罪事实

根据最高人民法院、最高人民检察院、公安部、国家安全部公通字〔2022〕25号《关于取保候审若干问题的规定》第一条规定，为了规范适用取保候审，贯彻落实少捕慎诉慎押的刑事司法政策，保障刑事诉讼活动顺利进行，保护公民合法权益，以及第三条对于采取取保候审足以防止发生社会危险性的犯罪嫌疑人，应当依法适用取保候审。充分说明"少捕慎诉慎押"是为杜绝我国以往长期存在的构罪即捕现象，原因之一便是将逮捕条件与逮捕条件的事实及犯罪事实区分开。而对于犯罪嫌疑人继续羁押的理由从本质上看属于一种主观范畴，对于犯罪嫌疑人、被告人实施新的犯罪，毁灭、伪造、隐匿证据、干扰作证、对被害人、举报人、控告人实施打击报复、自杀、逃跑等都是一种"可能性"的判断。对于这种主观判断，必须建立在一定的客观事实基础上。没有这种社会危险性的客观事实性，不能认定存在羁押理由。

根据上述规定及上文详细论述，陈某可能存在涉嫌赌博罪的事实，而区别于开设赌场罪。陈某因不具有再犯的可能性、继续危害社会的危险性、影响诉讼的可能性而不存在社会危险性的客观事实。因此不能据此认定陈某符合逮捕的条件。

在辩护人提交该辩护意见不久，陈某在国庆节前夕被成功取保候审。尽管因疫情原因导致会见、提交材料都遭受一定的困难，但辩护律师还是在黄金30天内辩护成功，为陈某争取到国庆节前与家人团聚的机会！

2020年10月16日，"两高一部"出台《办理跨境赌博犯罪案件若干问题的意见》后，我国相关部门对境外赌博的打击力度进一步加大。赌博行为严重妨碍社会管理秩序的社会危害性也日益突出，导致引发多种涉赌类犯罪。而涉赌类的案件，存在一定复杂性，往往容易涉及此罪与彼罪、罪与非罪、追诉时效等问题。涉案人员在被立案查处后，应当及时委托专业律师为其提供法律帮助，争取无罪或轻罪的辩护结果。

47. 销售香烟，为何构成非法经营罪？

□ 温奕昕

【案情简介】

张某在北京市某高校附近开了一家小商铺近十年，销售日用百货商品。闲暇时分，从一些导游、中间商处进一些香烟对外销售。然而张某一直未办理烟草专卖零售许可证，非法经营烟草专卖品——香烟。2017年5月，张某被公安机关和烟草专卖局联合执法查获。查获店铺及车辆内南京、黄鹤楼、中南海等品牌的香烟800多条，案值20余万元。公安机关侦查完毕后，移送审查起诉，检察院提起公诉。

【判决结果】

张某犯非法经营罪，判处有期徒刑十个月，并处罚金10万元。

【律师解读】

《中华人民共和国刑法》第二百二十五条第（一）项：（非法经营罪）"违反国家规定，有下列非法经营行为之一，扰乱市场秩序，情节严重的，处五年以下有期徒刑或者拘役，并处或者单处违法所得一倍以上五倍以下罚金；情节特别严重的，处五年以上有期徒刑，并处违法所得一倍以上五倍以下罚金或者没收财产：（一）未经许可经营法律、行政法规规定的专营、专卖物品或者其他限制买卖的物品的；"2010年3月，最高人民法院、最高人民检察院出台《关于办理非法生产、销售烟草专卖品等刑事案件具体应用法律若干问题的解释》（以下简称"司法解释"），明确载明，无烟草专卖批发企业许可证、烟草专卖零售许可证等许可证明，非法经营烟草专卖品，情节严重的，以非法经营罪定罪处罚。在刑法中，非法经营罪是指未经许可而经营法律、行政法规规定的专营、专卖物品或者其他限制买卖的物品的，扰乱市场秩序，情节严重的行为。根据该司法解释，无烟草专卖零售许可证，销售香烟金额较大的，构成非法经营罪。

律师主要从量刑情节为张某辩护。第一，张某经营香烟金额不大。非法经营罪属于数额犯罪，依法应以犯罪数额作为判定犯罪情节和量刑幅度的主要标准。按照"罪刑相适应"的刑法基本原则，张某所查获香烟有20余万元，张某经营香烟金额不大，对张某在法定刑度内酌情从轻判处刑罚。同时，张某的香烟未售出未流通，并未造成社会危害。第二，张某经营烟草并没有造成国家损失，对社会危害小。张某采购香烟是从通过有批发采购香烟资质的中间商预订，然后中间商再向烟草专卖局订购。因此张某采购香烟并没有造成国家税收损失，烟草销售量越小，对国家烟草专卖秩序损害影响就越小。且张某未对市场造成冲击，也未扰乱市场经营秩序。张某销售的是真烟、进货渠道、方式、零售均符合烟草公司规定，其实质和有证的经营户一样经营。第三，张某主观恶性较小，其行为没有造成严重的社会后果。张某是个体工商户，经营的商户已办理合法《营业执照》。商户面积只有10平方米，为了养家糊口才销售香烟。烟草的特点是高基数低利润，虽然数额很大，但是张某牟利非常少。如果再除去正常的开支，纯利润就更少。第四，张某坦白，主动交代犯罪事实，认罪态度良好。张某自愿认罪，认罪态度良好，改过自新的愿望强烈。《刑法》第六十七条第三款："犯罪嫌疑人虽不具有前两款规定的自首情节，但是如实供述自己罪行的，可以从轻处罚……"第五，张某平时表现较好，属于初犯，偶犯。张某以前未受到任何处分，无违法犯罪记录。根据《最高人民法院关于贯彻宽严相济刑事政策的若干意见》第十九条："对于较轻犯罪的初犯、偶犯，应当综合考虑其犯罪的动机、手段、情节、后果和犯罪时的主观状态，酌情予以从宽处罚。"

法庭酌情采纳了律师的辩护意见，对张某从轻作出上述判决。

48. 微信群内索要个人信息，为何被判刑还要赔礼道歉？

□ 郭灿炎

【案情简介】

2019 年 12 月中下旬至 2020 年 1 月间，庞某（已判刑）通过微信召集崔某（已判刑）等人组建了以总团队、大队、大区、总监、群的架构梯级的"庞某团队"，经营"10××红利卡"项目。"庞某团队"总团队下设五个大队，2019 年 12 月下旬至 2020 年 1 月份，被告人李某、孟某芳、刘某盛先后加入"庞某团队"，分别担任第四大队、第三大队、第二大队统计员。该项目通过在微信群内发送虚假宣传信息，以项目系国家项目，项目落地后发送福利为幌子发展会员。并以参加项目需要提供公民个人信息为由，要求会员提供姓名、身份证号码、家庭住址等公民个人信息。被告人李某、孟某芳、刘某盛主要负责各自所在团队公民个人信息收集、整理、查重并负责发送给总统计崔某；经审计，"庞某团队"第二大队通过该项目共获取 86710 条公民个人信息（已排重）；第三大队通过该项目共获取 160763 条公民个人信息（已排重），第四大队通过该项目共获取 110263 条公民个人信息（已排重）。

【判决结果】

一、被告人孟某芳犯侵犯公民个人信息罪，判处有期徒刑二年，缓刑三年，并处罚金人民币三万五千元；

二、被告人李某犯侵犯公民个人信息罪，判处有期徒刑一年十个月，缓刑二年六个月，并处罚金人民币三万元；

三、被告人刘某盛犯侵犯公民个人信息罪，判处有期徒刑一年六个月，缓刑二年，并处罚金人民币二万元；

四、被告人孟某芳、李某、刘某盛应于本判决生效之日起十日内在国家级媒体上书面公开赔礼道歉（道歉内容需经本院及公诉机关审核认可）；

五、扣押在案的物品，由公安机关依法处理。

【律师解读】

一、哪些是刑法上的公民个人信息？

公民个人信息关系到每个人日常生活的开展、正常生活状态的维持，不仅关涉个人名誉，同时影响个人的社会评价。公民个人信息的破坏或侵害，既可能给公民带来物质上的损失，也可能造成精神上的伤害，并影响公民在社会经济生活、社会政治生活中各项权利的实现。近年来，侵犯公民个人信息的犯罪活动日益猖獗。

为依法惩治侵犯公民个人信息犯罪活动，保护公民个人信息安全和合法权益，最高法和最高检联合出台并于2017年6月1日开始实施关于办理侵犯公民个人信息刑事案件适用法律若干问题的解释（简称"《侵犯公民个人信息罪司法解释》"），第一条规定，刑法第二百五十三条之一规定的"公民个人信息"，是指以电子或者其他方式记录的能够单独或者与其他信息结合识别特定自然人身份或者反映特定自然人活动情况的各种信息，包括姓名、身份证件号码、通信通讯联系方式、住址、账号密码、财产状况、行踪轨迹等。

本案中，李某、孟某芳、刘某盛在微信群内发送虚假宣传信息，以发送福利为幌子发展会员，并以参加项目需要提供公民个人信息为由，要求会员提供姓名、身份证号码、家庭住址等公民个人信息，显然已经侵犯公民个人信息。

二、什么是侵犯公民个人信息罪？

侵犯公民个人信息罪是指向他人出售或者提供公民个人信息，情节严重的行为，或者是将在履行职责或者提供服务过程中获得的公民个人信息，出售或者提供给他人的行为。

本罪的保护法益是公民的个人信息安全。侵犯的方式有非法获取、向他人出售及向他人提供公民个人信息等。其中，向特定人提供公民个人信息，以及通过信息网络或者其他途径发布公民个人信息的，应当认定为刑法第二百五十三条之一规定的"提供公民个人信息"；违反国家有关规定，通过购买、收受、交换等方式获取公民个人信息，或者在履行职责、提供服务过程中收集公民个人信息的，属于刑法第二百五十三条之一第三款规定的"以其他方法非法获取公民个人信息"。

本案中，被告人孟某芳、李某、刘某盛违反国家有关规定，通过在微信群发布虚假宣传信息，非法收集公民个人信息，涉及的条数均达到情节特别严重，其行为构成侵犯公民个人信息罪。

三、对于本罪国家有哪些相关规定？

计算机信息系统相关规定是指《网络安全法》《计算机信息网络国际联网安全保护管理办法》（以下简称《办法》）等相关法律法规。

《网络安全法》第二十一条规定："国家实行网络安全等级保护制度。网络运营者应当按照网络安全等级保护制度的要求，履行下列安全保护义务，保障网络免受干扰、破坏或者未经授权的访问，防止网络数据泄露或者被窃取、篡改……"；第二十七条规定："任何个人和组织不得从事非法侵入他人网络、干扰他人网络正常功能、窃取网络数据等危害网络安全的活动……"。

《办法》第六条规定："任何单位和个人不得从事下列危害计算机信息网络安全的活动：（一）未经允许，进入计算机信息网络或者使用计算机信息网络资源的……"。上述法律法规制定的目的是为保障网络安全，维护国家利益、社会公共利益，保护公民、法人和其他组织的合法权益。

四、侵犯公民个人信息，除了承担刑事责任还有哪些责任？

刑法是最严厉的刑事处罚，除此之外，违反其他行政或民事法律的，当事人仍要承担相应的行政处罚或民事赔偿责任。本案中，从第四大队、第三大队、第二大队非法获取的公民个人信息条数计算，明显属于情节特别严重情形，应当依法承担相应刑事责任。

根据《中华人民共和国网络安全法》第二十二条、第四十四条，《移动互联网应用程序信息服务管理规定》第七条第二项，《中华人民共和国侵权行为法》第二条、第三条、第四条第一款、第十五条的规定，孟某芳、李某、刘某盛非法获取公民个人信息并提供给他人，侵犯不特定大众合法权益（隐私权）还可能对社会大众的人身和财产带来重大风险，损害了社会公共利益，其在承担刑事责任的同时，还应依法承担民事侵权责任。

因此，本案判决书第四判项，责令被告人孟某芳、李某、刘某盛于判决生效之日起十日内在国家级媒体上书面公开赔礼道歉（道歉内容需经本院及公诉机关审核认可），就是对《网络安全法》和《侵权责任法》的贯彻，让侵权人付出相应的代价，也警示他人不要做侵犯公民个人的不法之事。

49. 餐饮店添加罂粟壳，为何承担刑事责任？

□ 罗文正

【案情简介】

兰某、张某系共同经营一家牛肉粉店铺的夫妻。为增味提鲜、获取回头客，二人在售卖的牛肉粉的牛骨汤中添加非法收购来的罂粟壳长达一年有余。2021 年，该店被当地食品监督部门依法查处，当地检察机关依据相关法律对二人依法提起公诉。

【判决结果】

一、被告人兰某犯生产、销售有毒、有害食品罪，判处有期徒刑一年，并处罚金人民币三千元；犯非法持有毒品原植物种子罪，判处有期徒刑七个月，并处罚金人民币四千元。总和刑期一年七个月，决定执行有期徒刑一年三个月，并处罚金人民币七千元；

二、被告人张某犯生产、销售有毒、有害食品罪，判处有期徒刑一年，并处罚金人民币三千元；犯非法持有毒品原植物种子罪，判处有期徒刑七个月，并处罚金人民币四千元。总和刑期一年七个月，决定执行有期徒刑一年三个月，并处罚金人民币七千元；

三、依法扣押的罂粟种子由扣押机关依法处置。

【律师解读】

《食品安全法》第三十四条规定："禁止生产经营用非食品原料生产的食品或者添加食品添加剂以外的化学物质和其他可能危害人体健康物质的食品，或者用回收食品作为原料生产的食品。"例如三聚氰胺、苏丹红等物质的非法添加事件，都是我国历史上违法添加导致的重大恶性事件。

罂粟壳隶属国家药材名录，其中的罂粟碱等成分具有麻痹神经等功效。长期食用罂粟壳会造成相关身体损害，系国家明令禁止用于添加至食品中的成分。兰某、张某明知添加这样的物质可能导致食客上瘾仍然秘密长期添加，故兰某、张某二人的销售有毒有害食品罪成立。罂粟壳因其并非基于经过加工、提纯等工艺的管制类神经中枢抑制剂，故不属于毒品。但可以用于提炼毒品的原植物种子，是毒品的一种形式，故兰某、张某二人非法持有毒品原植物种子罪成立。

根据《刑法》第三百五十二条的规定："非法买卖、运输、携带、持有未经灭活的罂粟等毒品原植物种子或者幼苗，数量较大的，处三年以下有期徒刑、拘役或者管制，并处或者单处罚金。"在本案中，共起获兰某、张某尚未使用的 180 颗罂粟，去壳后为 125.71 克，发芽率为 16%，办案机关根据以上实际要素来认定二人的罪责程度。

食以安为先，消费者在就餐中发现餐厅具有添加罂粟壳嫌疑的，应当及时举报或投诉该类违法犯罪行为。餐厅经营者应当恪守法律法规、"不踩红线"，万不可为不法利益铤而走险，否则，害人害己、后悔莫及。

50. B 某涉嫌寻衅滋事罪，检察院为何不起诉？

□ 刘　通

【案情简介】

2021 年 10 月 2 日凌晨，顾客甲、乙、丙、丁、戊至某 KTV 唱歌。因国庆节期间某 KTV 包房费涨价的问题，KTV 前台工作人员 A 某与甲、乙等人发生口角，后乙拿吧台上果盘打砸 A 某，A 某拿 POS 机砸乙，B 某见状遂上前使用拳头挥打乙脸部，甲等人对 B 某进行推搡。后 B 某使用对讲机纠集 KTV 二楼的 C 某、D 某至 KTV 一楼大厅。C 某、D 某至 KTV 一楼大厅后，C 某与丙揪打在一起，丙拿 U 型锁将 C 某头部砸伤。B 某使用拳头随意殴打甲头部位置。A 某和乙揪打在一起，其间 B 某帮助 A 某将乙打倒在地，A 某将倒地的乙在地上拖拽，随后又使用价目表打砸甲头部位置。双方打架过程中致甲左耳、头部受伤，经鉴定甲的伤情构成轻伤二级。

公安机关以涉嫌寻衅滋事罪立案侦查并移送公诉机关审查起诉，犯罪嫌疑人 B 某委托盈科律师担任其辩护人。

【处理结果】

人民检察院对 B 某作出不起诉决定。

【律师解读】

一、犯罪嫌疑人 B 某的行为不应定性为寻衅滋事

根据最高人民法院、最高人民检察院联合发布的《关于办理寻衅滋事刑事案件适用法律若干问题的解释》第二款规定："行为人因日常生活中的偶发矛盾纠纷，借故生非，实施刑法第二百九十三条规定的行为的，应当认定为"寻衅滋事"，但矛盾系由被害人故意引发或者被害人对矛盾激化负有主要责任的除外。"本案中甲说话太难听，并且辱骂 A 某及其他工作人员，有侵犯动作。乙先进行辱骂犯罪嫌疑人 A 某，B 某劝说乙无果之后乙又先动手打人。乙先将前台东西砸向 A 某之后，又将 POS 机砸向 B 某，B 某才殴打乙。在此之前丁就已经对犯罪嫌疑人 B 某进行了推搡、勒脖子等动作。甲等五人对矛盾激化负有主要责任，此事实证明案发是存在这一"前因"的。

二、犯罪嫌疑人 B 某与甲等人有矛盾纠纷并非无事生非

寻衅滋事罪，是指在公共场所无事生非、起哄闹事，造成公共场所秩序严重混乱的，追逐、拦截、辱骂、恐吓他人，强拿硬要或者任意损毁、占用公私财物，破坏社会秩序，情节严重的行为。寻衅滋事罪在主观上表现为随意性。基于本案存在"前因"的事实，犯罪嫌疑人 B 某不具有寻衅滋事罪的随意性和流氓属性。

三、犯罪嫌疑人 B 某没有寻衅滋事的动机，客观上也没有哄闹导致社会秩序严重混乱

犯罪嫌疑 B 某的确（通过对讲机）让他的员工下来帮忙，但是这个帮忙需要打引号，因为换作任何一个人被五个人的围攻逼到角落殴打，出于担心害怕或害怕事态扩大，肯定也会叫人帮忙，其动机、目的是制止这个打架事件。所以犯罪嫌疑人 B 某用对讲机叫人下来属于人之常情，是妥当的。同时，该行为发生在某 KTV 前台区域内，并未导致社会秩序的混乱。

四、甲、乙、丁等人自身也参与到犯罪嫌疑人所实施的犯罪行为之中，并且他们的挑衅行为成为犯罪发生的诱因

甲、乙等人有故意辱骂、挑衅的行为。他们的行为显然是违反法律法规、道德规范和公序良俗。这也成了案发的诱因。

综合以上四点，再结合犯罪嫌疑人 B 某等人主动报警，并且等待警察的到来自动投案，如实供述犯罪事实，具有自首情节。同时，B 某一贯表现良好，之前无任何违纪违法行为，是遵纪守法的好公民，属于初犯、偶犯。犯罪嫌疑人 B 某已经赔偿了被害人甲的经济损失，并且取得了被害人的谅解。根据《中华人民共和国刑事诉讼法》第一百七十七条第二款"对于犯罪情节轻微，依照刑法规定不需要判处刑罚或者免除刑罚的，人民检察院可以作出不起诉的决定"之规定，犯罪嫌疑人 B 某符合酌定不起诉的条件。

51. 从事非法支付结算，公司为何被"连窝端"?

□ 郭灿炎

【案情简介】

A 公司于 2015 年 3 月 30 日登记成立，系自然人独资的有限责任公司。法定代表人郁某，公司总经理、实际控制人为郁某之子薛某。A 公司成立之初，运营点卡寄售业务。

2016 年 4 月，宁某根据薛某的要求，对自己开发的平台进行修改，创建了 A 公司 www.101××.com 资金支付结算平台。A 公司先后用本公司、B 网络科技有限公司以及 C 物流有限公司等公司名义，与兼具收付款功能、只具备收款功能和只具备付款功能的上游支付渠道公司签订支付业务服务协议。以生鲜商城等网站做掩护，通过 www.101××.com 平台从上游支付渠道公司取得支付接口，并在上游支付渠道公司设立账户。同时，A 公司通过广告推广等多种方式发展下游代理和下游商户，为他们在 www.101××.com 平台开立商户号，提供支付接口。

通过以上方式，A 公司在未经国家有关主管部门批准、未取得支付业务许可证的情况下，非法从事资金支付结算业务。用户在下游商户网站上通过网银、支付宝、微信、QQ 钱包等渠道进行充值，充值成功后资金进入 A 公司在上游支付渠道公司的账户内。下游商户或用户需要提款时，发出申请，经 A 公司审核同意后，通过卡对卡结算、委托上游支付渠道公司代付等多种方式进行资金支付结算。A 公司从中赚取上下游费率差及单笔提现手续费。

2017 年 6 月，宁某根据薛某的要求，使其开发的 www.××haipay.com 资金支付结算平台上线运营。经查，www.101××.com 平台共有下游商户 740 家，下游代理 44 家；www.××haipay.com 平台共有下游商户 771 家，下游代理 57 家。下游商户涉嫌赌博、诈骗等违法犯罪活动。2016 年 4 月至2017年9月，A公司控制的上游支付渠道公司账户充值入账人民币4246196240.81元，下发代付人民币3577494040.84元，涉案金额共计人民币7823690281.65元。

此间，宁某作为A公司技术部主管，为网站提供技术维护；王某担任A公司副总经理，负责A公司行政事务；陈某先在渠道部、风控部工作，后薛某安排其协助自己全面管理公司事务；倪某担任商务部主管，负责发展下游商户；赵某担任行政部主管，负责与上游支付渠道公司的对接；黄某担任风控部主管，负责审核下游商户资料及非法网站的技术跳转；岑某担任下发部主管，负责提现申请的审核及资金的发放。

【判决结果】

一、被告单位A公司犯非法经营罪，判处罚金人民币1000万元。

被告人薛某、陈某、王某、宁某、倪某、赵某、黄某、岑某犯非法经营罪，判处有期徒刑一年至五年，并处罚金。

二、没收扣押在案的电脑主机、笔记本电脑、手机、印章；

三、没收扣押在案的赃款人民币29653468.85元，上缴国库；

四、赃款人民币23498632.38元及其孳息，予以没收，上缴国库；

五、冻结在案的赃款人民币5389823.28元，予以没收，上缴国库；

六、继续追缴被告人薛某、陈某、王某、宁某、戴某违法所得，上缴国库。

【律师解读】

一、什么是非法经营罪？

非法经营罪，是指未经许可经营专营、专卖物品或其他限制买卖的物品，买卖进出口许可证、进出口原产地证明以及其他法律、行政法规规定的经营许可证或者批准文件，以及从事其他非法经营活动，扰乱市场秩序，情节严重的行为。A公司未经国家有关主管部门（中国人民银行）批准非法从事资金支付结算业务，具备违法性。

二、非法经营罪有什么认定特点？

（1）刑事违法性与行政违法性一致。即非法经营者必然违反有关的工商法规。本案中，如想从事资金支付结算业务服务必须取得中国人民银行颁发的尚在有效期的《支付业务许可证》，且须在许可的业务类型和区域内开展相应业务。

（2）主观上出于故意。一般而言，对于不知其行为非法而进行非法经营的，不认为构成本罪，只能给予行为人以行政处罚。本案中，A公司以积极的、作为的方式开发平台、连接通道，目的是开展资金支付结算业务，明显是出于故意。

（3）情节严重才构成本罪。认定情节是否严重，应以非法经营额和所得额为起点，并且结合行为人是否实施了非法经营行为，是否给国家造成重大损失或者引起其他严重后果，是否经行政处罚后仍不悔改等来判断。本案中，涉案金额特别巨大，属于特别严重情形。

三、支付结算领域非法经营罪的立案标准

根据 2019 年 1 月 31 日最高法、最高检《关于办理非法从事资金支付结算业务、非法买卖外汇刑事案件适用法律若干问题的解释》（法释〔2019〕1 号）第四条之规定，非法从事资金支付结算业务或者非法买卖外汇，具有下列情形之一的，应当认定为非法经营行为"情节特别严重"：

（一）非法经营数额在 2500 万元以上的；

（二）违法所得数额在 50 万元以上的。

非法经营数额在 1250 万元以上，或者违法所得数额在 25 万元以上的，且具有本解释第三条第二款规定的四种情形之一的，可以认定为非法经营行为"情节特别严重"。

综上，公司组织实施犯罪，管理层和业务骨干均参与其中，涉案金额特别巨大，情节特别严重，扰乱金融市场秩序的行为特别恶劣，为法律所不容，因此，公司及骨干员工都被处以刑罚。

52. 王某代理赌博网站，为何被判有期徒刑四年？

□ 何忠民

【案情简介】

2018 年 9 月，王某注册成为具有赌博功能的"乐某堂"网站的代理。为发展会员获取佣金，王某在"某鱼直播""某饭直播"等直播平台对球类赛事进行分析和讲解时，采取弹幕、口播、互动区发言等方式对"乐某堂"网站进行推广。王某将自己的微信号公布在直播间，以此来吸引玩家添加其微信。当玩家与其微信私聊时，王某将"乐某堂"网站的代理链接推荐给玩家，吸引玩家注册、投注。2018 年 11 月至 2021 年 7 月，王某从"乐某堂"网站获取佣金共计人民币 415 万余元。

【判决结果】

被告人王某犯开设赌场罪，判处有期徒刑四年，并处罚金人民币 100 万元。

【律师解读】

开设赌场罪是指客观上实施聚众赌博、开设赌场、以赌博为业等行为的犯罪。以营利为目的，在计算机网络上建立赌博网站，或者为赌博网站担任代理接受投注的，属于刑法第三百零三条规定的"开设赌场"。

根据《最高人民法院、最高人民检察院、公安部关于办理网络赌博犯罪案件适用法律若干问题的意见》（公通字〔2010〕40 号），关于网上开设赌场犯罪的定罪量刑标准如下：

利用互联网、移动通信终端等传输赌博视频、数据，组织赌博活动，具有下列情形之一的，属于刑法第三百零三条第二款规定的"开设赌场"行为：

（一）建立赌博网站并接受投注的；

（二）建立赌博网站并提供给他人组织赌博的；

（三）为赌博网站担任代理并接受投注的；

（四）参与赌博网站利润分成的。

实施前款规定的行为，具有下列情形之一的，应当认定为刑法第三百零三条第二款规定的"情节严重"：

（一）抽头渔利数额累计达到 3 万元以上的；

（二）赌资数额累计达到 30 万元以上的；

（三）参赌人数累计达到 120 人以上的；

（四）建立赌博网站后通过提供给他人组织赌博，违法所得数额在 3 万元以上的；

（五）参与赌博网站利润分成，违法所得数额在 3 万元以上的；

（六）为赌博网站招募下级代理，由下级代理接受投注的；

（七）招揽未成年人参与网络赌博的；

（八）其他情节严重的情形。

本案中，王某担任赌博网站的代理，共获利 415 万余元，远远超过了情节严重的标准（3 万元），故王某构成开设赌场罪，属于情节严重。虽然王某做赌场的代理获利 415 万余元，但其用于推广、自己赌博输钱共计花费了二三百万元，其他的钱又用于日常消费等，导致王某无力退清赃款、无力缴清罚金。

常言道："久赌必输"。赌客中基本上没有赢家，原因是赌场设定的规则本身就不利于赌客，长期来看并不是靠运气就能赢钱的。至于线上赌场，比线下赌场更不可靠。因为线上赌场可以后台控制结果，输赢完全是赌场说了算，赌客都是韭菜，想怎么割就怎么割。总之，赌博是一件害人害己的事，千万不要去赌博！

53. 盗刷他人支付宝，为何认定为盗窃罪？

□ 赵爱梅

【案情简介】

2017 年 12 月底，吴某通过互联网购得"嗅探"设备，利用"嗅探"设备获取被害人信息资料，将被害人支付宝内资金转走。

具体操作为：吴某利用"嗅探"设备，获取被害人电话号码，通过"某数据"平台，向该电话号码发送验证码，然后利用"嗅探"设备拦截验证码。吴某采用"手机号码＋验证码"的方式登录各网络平台，获取被害人姓名、公民身份证号码、支付宝账号。吴某登录被害人的支付宝账户后，将支付宝账户内的资金转走，在游戏平台充值或者提现。

2018 年 4 月，吴某在实施犯罪时被公安机关当场抓获。

【判决结果】

一、被告人吴某犯盗窃罪，判处有期徒刑四年，并处罚金人民币 5 万元（罚金限判决生效后十日内缴纳）；

二、责令被告人吴某返还被害人张某 88673.9 元、被害人陆某 19288.51 元、被害人王某 14243.26 元、被害人刘某 19692.88 元、被害人苏某 15024.6 元。

【律师解读】

《中华人民共和国刑法》第二百六十四条规定："盗窃公私财物，数额较大的，或者多次盗窃、入户盗窃、携带凶器盗窃、扒窃的，处三年以下有期徒刑、拘役或者管制，并处或者单处罚金"。从我国《刑法》第二百六十四条规定的文本本义的角度出发，盗窃罪中盗窃对象一般为财物。因此本案应明确的是财物的范围是否包括财产性利益。

在移动支付高度发达的今天，大部分虚拟性资产被认定为财物已经逐渐从争议走向认可。针对无形财产，比如电气、煤气、天然气等，我国也早就通过有关的司法解释进行明确，可以成为盗窃罪的财物对象。而在财产性利益或虚拟财产能否成为盗窃罪的对象的认定上，也通过《最高人民法院、最高人民检察院关于办理盗窃刑事案件适用法律若干问题的解释》第五条，肯定了窃取有价支付凭证、有价证券、有价票证等财产性利益可以构成盗窃罪。虽然我国法律并没有明确的区分财物和财产性利益两者之间的差异，但是在我国刑法的司法解释中，一般会将财产性利益纳入到财物的范围之内。本案中吴某将被害人支付宝账户资金转移到自己支付宝账户名下的操作已经构成盗窃罪之转移占有的成立要件。

盗窃行为是指犯罪分子将被害人财物窃取的行为。这种行为是违背被害人自身的意志或者没有得到同意的情形下来窃取被害人所占有的财物，建立自己的占有。由此可见，吴某的犯罪行为就是违背了被害人自身的意志，破除了被害人对于支付宝账户上资金的占有。

综上，吴某以非法占有为目的，窃取他人财物，其行为已构成盗窃罪。

54. 销售有毒有害食品，检察院为何决定不起诉？

□ 师　萌

【案情简介】

自 2019 年 7 月份以来，付某从张某（已不起诉）处以 260 ~ 598 元不等的价格购买 A 减肥糖片。付某在吃完觉得有效果以后，通过微信朋友圈等方式，以 498 ~ 625 元不等的价格进行销售，销售金额达 1 万余元。

付某将其中一盒减肥药放在某宠物店内，由其男朋友虞某代为转卖给王某，王某在服用该减肥糖片后出现意识模糊的情况。经送医，临床诊断为中毒。经某检测技术有限公司检测，该减肥糖片中含有西布曲明，含量为 2.28×104（限量要求为不得检出），王某中毒原因未查清。

案发后，付某已赔偿被害人王某，并取得被害人王某的谅解。

【处理结果】

某县人民检察院决定对付某不起诉。

【律师解读】

《关于办理危害食品安全刑事案件适用法律若干问题的解释》第十条规定，刑法第一百四十四条规定的"明知"，应当综合行为人的认知能力、食品质量、进货或者销售的渠道及价格等主、客观因素进行认定。具有下列情形之一的，可以认定为刑法第一百四十四条规定的"明知"，但存在相反证据并经查证属实的除外：

（一）长期从事相关食品、食用农产品生产、种植、养殖、销售、运输、贮存行业，不依法履行保障食品安全义务的；

（二）没有合法有效的购货凭证，且不能提供或者拒不提供销售的相关食品来源的；

（三）以明显低于市场价格进货或者销售且无合理原因的；

（四）在有关部门发出禁令或者食品安全预警的情况下继续销售的；

（五）因实施危害食品安全行为受过行政处罚或者刑事处罚，又实施同种行为的；

（六）其他足以认定行为人明知的情形。

本案中，付某自己先服用该减肥糖片后认为效果好，再进行朋友圈推广销售。并且该减肥糖片有包装、防伪码等标志，对该减肥糖片含有西布曲明不"明知"。《食品安全法》第一百三十六条规定："食品经营者履行了本法规定的进货查验等义务，有充分证据证明其不知道所采购的食品不符合食品安全标准，并能如实说明其进货来源的，可以免予处罚，但应当依法没收其不符合食品安全标准的食品；造成人身、财产或者其他损害的，依法承担赔偿责任"。认定销售有毒、有害食品罪的"明知"不要求达到确知的程度，而只要达到概括性的程度即可，即只要行为人对所销售的食品存在食品安全隐患具有概括性的认识即可。这种概括性的认识，意味着食品无论是掺有有毒、有害的非食品原料，还是不符合食品安全标准，或者是伪劣食品，都没有超出行为人的主观认识。具体到本案认定，应当遵循主客观统一原则，既要考虑付某的主观故意，也要考虑涉案食品的危害性。付某没有主观上销售有毒有害食品的故意，其仅因为自己服用后觉得效果不错，在朋友圈推广销售，并未造成较大的社会危害。

综上，付某客观上虽然实施了销售有毒、有害食品的行为，但是由于其获利较小，并且主观上没有销售有毒、有害食品的故意，本人或亲友均服用。因此，检察院对付某作出不起诉决定。

55. 涉嫌猥亵儿童罪，为何不批准逮捕？

□ 刘永江

【案情简介】

2022 年 7 月，李某与朋友在北京某区烧烤摊吃烧烤。酒局持续到晚上十点多，后李某到吧台买单。在算账的间隙与收银员闲聊甚欢，一时兴起竟趁收银员不注意对其脸部亲了一口。当时收银员没有太大的反应，不一会儿烧烤店老板找到李某，并质问李某对其女儿做了什么。这时李某才知道收银员原来是烧烤店老板的女儿。李某道歉说不知道收银员是老板的女儿，烧烤店老板不接受道歉，并立即报警。

民警到场后调取店内录像，经询问得知收银员是烧烤店老板的女儿并且未满 14 周岁，暑假期间在其父母的烧烤店内帮忙。民警于当晚 11 时许将李某带回警局。次日，公安机关以猥亵儿童罪将李某刑事拘留。

【处理结果】

检察院不批准逮捕，嫌疑人李某被取保候审。

【律师解读】

李某被拘留的次日，律师便介入辩护工作，第一时间联系办案机关了解案件情况，并到看守所预约会见。会见时，律师问李某被讯问时是否处于醉酒状态，李某说被讯问时尚未醒酒，公安机关讯问时其依旧有些迷糊。律师又跟李某确认当时是否知道收银员系老板的女儿，是否能通过外貌看得出来收银员系未成年等一系列问题，李某均否认。

会见后律师以消费者的身份去该烧烤店消费，了解一下该受害女孩是否继续在此上班，以此可以判断该起事件是否给受害人造成很大伤害。经过多次观察，受害人依然是正常在该店当服务员做收银等工作，该起事件对受害人伤害并不大。该案于嫌疑人拘留第7天，公安机关提请检察院批准逮捕。

律师的主要辩护意见为：

一、嫌疑人李某主观上没有猥亵儿童的故意

受害人当时在烧烤店端盘送菜，同时还兼顾收银，身高160cm，穿着宽松休闲衣服，仅从表面看李某不可能知道其是烧烤店老板的女儿，更不可能看出其是未成年人。李某认为收银员是烧烤店雇请的成年服务人员，因此其主观上不具有猥亵儿童的故意。

二、没有直接证据证明嫌疑人李某对受害人实施了猥亵的行为

烧烤店内虽有录像，但当时店内人多且视线不好，视频中仅能看到李某与受害人说说笑笑的聊天过程，具体亲吻的过程拍摄得不清楚。虽然李某自己承认有亲吻行为，但系其醉酒期间的讯问，在没有其他证据相互印证的情况下不能单独作为定案的依据。

三、嫌疑人李某的行为性质比较轻微

根据《刑法》规定，强制猥亵罪是以暴力、胁迫或者其他方法强制猥亵他人的情形。考虑到儿童的认识能力，尤其是对性的认识能力欠缺，为了保护儿童的身心健康，构成猥亵儿童罪并不要求以暴力、胁迫或者其他方法强制进行。只要对儿童实施了猥亵行为，就构成了猥亵儿童罪。但在本案中，受害人本身从外貌看不能判断其是否为未成年人。另外，李某在亲吻受害人时没有采取任何强制措施，受害人本人也承认李某亲吻的时候没有实施暴力，是李某在聊天中趁其不备而亲吻其脸部。案发后受害人还继续在店内正常工作，足见李某对其并未造成严重的不良影响，因此李某情节轻微，危害不大。

四、该案未取得被害人谅解的原因是被害人父母要价过高，超出嫌疑人家庭经济的承受能力

案件发生后，李某家属也代替李某向受害人及其父母道歉，并愿意赔偿。但受害人父母要价过高，双方没有达成一致。所以该案没有取得李某谅解的原因系客观情况无法实现。

综上，李某的行为不符合主客观相一致的原则。除了受害人的指控和李某的自认，并没有其他有力的客观证据直接证明李某的具体猥亵行为。并且，李某被讯问时处于醉酒状态，其所作的有罪供述不能单独作为定案的依据。最终检察院采纳了律师的辩护意见，做出证据不足不批准逮捕的决定。

56. 碰瓷敲诈醉驾车辆，如何处理？

□ 曹形龙

【案情简介】

2018年8月下旬，赵某找到张某，二人商议寻找酒驾人员"碰瓷"，敲诈钱财。后张某联系韩某、周某加入，共同参与。逐渐形成以张某为首，赵某、韩某为骨干成员，周某为积极参加者的恶势力犯罪集团。

自2018年9月1日以来，该犯罪集团分工配合，在A市某区内采取在饭店门口蹲点，发现疑似醉酒驾驶人员后电话通知同伙驾车尾随，故意撞车制造交通事故，其他成员随即赶到现场，依仗人多势众恐吓对方，以对方醉驾要报警处理相要挟，漫天要价，勒索钱财。

2018年9月15日，张某、赵某、韩某、周某等人在实施犯罪的过程中被民警识破后被当场抓获。

【判决结果】

一、被告人张某、赵某、韩某、周某犯敲诈勒索罪，判处有期徒刑七个月到二年六个月，并处罚金；

二、扣押在案的作案工具，被告人张某所有的车牌号为豫××××大众轿车予以没收；赃款予以追缴，返还被害人。

【律师解读】

首先，张某四人是否构成团伙犯罪。依据《刑法》规定，二人以上实施的犯罪可以称之为"团伙"犯罪，但在人数上和组织构成上要区分共同犯罪和集团犯罪。"团伙"犯罪一般应当具备以下几个方面的特点：

第一，人数上满足三人及以上，并且"团伙"的主要成员固定或者基本固定；

第二，"团伙"成员经常纠集在一起进行一种或者数种严重的刑事犯罪活动；

第三，犯罪"团伙"有预谋地实施犯罪活动。

本案中，张某与赵某、韩某、周某为勒索他人财物而纠集到一起，相互分工配合，有组织地实施犯罪活动，并逐渐形成较为固定的犯罪组织，且该组织通过制造交通事故的方式，利用人多势众和被害人担心被交警处理的恐惧心理，勒索财物，为非作恶。不仅侵犯他人人身财产权益，还多次扰乱交通秩序，造成较为恶劣的社会影响，应以恶势力犯罪集团论处。

其次，张某四人的罪名应如何认定。根据《刑法》第二百七十四条规定："敲诈勒索公私财物，数额较大或者多次敲诈勒索的，处三年以下有期徒刑、拘役或者管制，并处或者单处罚金"。张某与赵某、韩某、周某以非法占有为目的，抓住了受害人饮酒后驾车不敢报警的心理，为了息事宁人不得不答应张某等人的要求，给出巨额费用。王某等人是故意制造交通事故，向受害人索要巨额费用没有合法的客观事实依据。因此，王某等人构成敲诈勒索罪。

喝酒后开车不仅害人害己，更有可能遇到"碰瓷"。驾车时要遵纪守法，不给"碰瓷"可乘之机。遇到"碰瓷"更要及时报警，让警察依法处理，不要心存侥幸。

57. 使用暴力手段抢回赌资，法院如何判决？

□ 李 韬

【案情简介】

2020 年 2 月 4 日晚，李某、卜某、杨某与廖某、朱某、卓某等人在某县某酒店 117 号房间内通过打扑克牌的方式进行赌博。中途，李某因家中有事先离开。次日凌晨，卜某怀疑廖某等人打牌作假，杨某便电话通知了李某。不久李某便带了一把砍刀到达某酒店打牌的房间内，李某、卜某、杨某质问廖某等人是否打假牌，廖某等人不承认打假牌。李某、卜某、杨某将廖某等人带到某工业园附近的一空地上，李某将刀插到地上，对廖某等人进行语言威胁，同时采用拳打脚踢的方式殴打廖某等人，让廖某等人跪在地上承认打了假牌并要求廖某等人每人拿二万元了结此事。李某、卜某、杨某强行胁迫廖某等人交出了身上现金三千余元，还要求廖某等人向家人、朋友打电话借钱来赔偿李某、卜某、杨某。廖某等人迫于对方的压力，害怕继续被打，便向家人打电话要钱。李某、卜某、杨某各分得二千余元。

2020 年 5 月 12 日，李某、卜某、杨某经公安机关电话通知后主动到公安机关投案，到案后能够如实供述犯罪事实。李某、卜某、杨某已赔偿被害人并取得谅解。

【判决结果】

一、被告人卜某犯寻衅滋事罪，判处有期徒刑一年二个月；

二、被告人李某犯寻衅滋事罪，判处有期徒刑一年；

三、被告人杨某犯寻衅滋事罪，判处有期徒刑一年。

【律师解读】

首先，根据《刑法》第二百六十三条规定："以暴力、胁迫或者其他方法抢劫公私财物的，处三年以上十年以下有期徒刑，并处罚金"。《刑法》并没有对暴力的程度、手段等做出明确的界定。本案中，李某、卜某、杨某客观上实施了暴力行为。对廖某等人进行语言威胁，同时采用拳打脚踢的方式殴打廖某等人，让廖某等人跪在地上承认打了假牌，并要求每人拿二万元了结此事。那么，判断李某、卜某、杨某主观上是否存在非法占有目的的关键在于，李某、卜某、杨某要求廖某等人退回的赌资是否超过了其实际输掉的赌资。李某、卜某、杨某供述一共输了二万元；廖某等人证实当晚总体赢一万五千元左右。在案证据不能证实李某、卜某、杨某所输赌资数额，也不能证实抢回的钱财是否超出所输赌资。因此，李某、卜某、杨某构成抢劫罪的证据不足。

其次，《关于审理抢劫、抢夺刑事案件适用法律若干问题的意见》第七条规定："抢劫赌资、犯罪所得的赃款赃物的，以抢劫罪定罪，但行为人仅以其所输赌资或所赢赌债为抢劫对象，一般不以抢劫罪定罪处罚。构成其他犯罪的，依照刑法的相关规定处罚"。首先，李某、卜某、杨某在主观上并没有非法占有的目的，仅仅想要回自己输掉的赌资。其次，从李某、卜某、杨某运用暴力程度的角度来看，一方面通过吓唬、拳打脚踢的方式来进行，远远没有一般抢劫案件中要求达到的暴力程度。另一方面，李某、卜某、杨某所采用的暴力手段也仅是让廖某等人忍气吞声，没有达到恐惧、害怕的地步。最后，如果认定李某、卜某、杨某索要赌资的行为构成抢劫，那么就有可能面临三年以上的刑罚。这明显与《刑法》第五条规定的罪刑责相适应原则相悖。

综上，李某、卜某、杨某主观上既没有非法占有的目的，客观上也并未实施社会危害性较大的抢劫行为，仅是强拿硬要的寻衅滋事行为，因此本案定罪量刑正确。

58. 王某涉嫌买卖北京机动车临时号牌，为何不批捕？

□ 温奕昕

【案情简介】

新冠疫情期间，王某失业。为养家糊口，王某在微信群无意间看到可以代理买卖北京机动车临时号牌。2021年1月至2021年12月，王某在微信群里帮上游卖家代理销售300余个北京机动车临时号牌给下游买家。王某既不认识上游卖家也不认识下游买家。下游买家需要北京机动车临时号牌时，把购买款和收货地址发给王某，王某扣下中介费后把款项和收货地址发给上游卖家，上游卖家按照收货地址直接给下游买家邮寄临时车牌。

案发后，北京市某公安机关以涉嫌买卖国家机关证件罪，对王某刑事拘留立案侦查，后向检察机关提请批准逮捕。

【处理结果】

北京某人民检察院对王某作出不批准逮捕决定。

【律师解读】

2022年以来，北京市集中整治打击了买卖车辆临牌的行为。

机动车号牌由文字、字母、数字等组成，起标志、标识作用。而临时行驶车号牌，不仅印有文字、字母、数字等，其背面还印有机动车所有人、住址、车辆类型、厂牌型号、车辆识别代号、发动机号码等信息，并由公安机关交通管理部门盖章。因此临时号牌不仅是车辆的标志，还具有公安机关交通管理部门的证明作用，兼具行驶证的属性，可视为车辆的临时号牌与临时行驶证。

本案公安机关把案卷移送到检察院审查批准逮捕时，律师向检察官提出如下不批准逮捕的理由：

王某在整个犯罪过程中只起到居间作用，仅获利两万元中介费。虚假的车牌既不是王某制作的，王某也没有实际使用。王某并不知道临时车牌是虚假的。王某犯罪时间短，获利小，主观恶性轻，情节显著轻微，社会危害不大。

《最高人民法院、最高人民检察院关于办理与盗窃、抢劫、诈骗、抢夺机动车相关刑事案件具体应用法律若干问题的解释》第二条第一款仅规定伪造、变造、买卖机动车行驶证、登记证书累计 3 本以上的，依照《刑法》第二百八十条第一款的规定，以伪造、变造、买卖国家机关证件罪定罪处罚。该司法解释将机动车号牌排除在国家机关证件范畴之外，而且本案王某买卖的是机动车临时号牌，因此，我国立法者对买卖机动车临时号牌是否构成买卖国家机关证件罪持谨慎态度。

《关于适用认罪认罚从宽制度的指导意见》第十九条规定："人民法院、人民检察院、公安机关应当将犯罪嫌疑人、被告人认罪认罚作为其是否具有社会危险性的重要考虑因素。对于罪行较轻、采用非羁押性强制措施足以防止发生刑事诉讼法第八十一条第一款规定的社会危险性的犯罪嫌疑人、被告人，根据犯罪性质及可能判处的刑罚，依法可不适用羁押性强制措施"。第二十条规定："犯罪嫌疑人认罪认罚，公安机关认为罪行较轻、没有社会危险性的，应当不再提请人民检察院审查逮捕。对提请逮捕的，人民检察院认为没有社会危险性不需要逮捕的，应当作出不批准逮捕的决定"。王某已签署《认罪认罚从宽处理告知书》，且王某是初犯偶犯，依法可不批捕。

《刑事诉讼法》第八十一条规定："对有证据证明有犯罪事实，可能判处徒刑以上刑罚的犯罪嫌疑人、被告人，采取取保候审尚不足以防止发生下列社会危险性的，应当予以逮捕：（一）可能实施新的犯罪的；（二）有危害国家安全、公共安全或者社会秩序的现实危险的；（三）可能毁灭、伪造证据，干扰证人作证或者串供的；（四）可能对被害人、举报人、控告人实施打击报复的；（五）企图自杀或者逃跑的。批准或者决定逮捕前，应当将犯罪嫌疑人、被告人涉嫌犯罪的性质、情节，认罪认罚等情况，作为是否可能发生社会危险性的考虑因素"。本案王某不符合《刑事诉讼法》第八十一条第一款规定的五种情形。因此，对王某不批捕符合法律规定。

2019 年 4 月 17 日，最高人民检察院检察长张军在政法领导干部专题研讨班作报告时表示"可捕可不捕的不捕、可诉可不诉的不诉"。刑法的谦抑性和最后手段性要求刑罚规制应当控制在维持社会秩序所必需的最小限度之内，王某刑事拘留 1 个月，已受到惩罚，检察院不批准逮捕方可实现法律效果与社会效果的统一。

59. 郑某代购毒品，检察院为何决定不起诉？

□ 韩英伟

【案情简介】

2022 年 5 月 21 日，张某通过微信联系郑某，向其表达了购买冰毒用于自己吸食的意愿。郑某因手中没有冰毒，遂微信联系王某，以人民币 600 元的价格向王某购买了一小包白色晶体。

5 月 23 日 19 时，郑某驾驶 D×××小车至 A 市某大道地铁站旁，在车上将上述白色晶体以原价 600 元出售给张某，张某通过其在 B 市某区的朋友高某向郑某支付了 600 元。

交易完成后，郑某即被民警抓获。被现场缴获上述白色晶体净重 0.45 克，经鉴定，含甲基苯丙胺成分。

【处理结果】

A 市某区人民检察院决定对郑某不起诉。

【律师解读】

一、郑某主观上是否有牟利目的？

代购毒品行为可以分为两种，一种是以牟利为目的的代购行为，即通过代购毒品的行为获取利益，比如从中加价、转卖，索要"好处费""运输费"等；另一种是以非牟利目的的代购行为，一般因为受人情等因素的影响，单纯的帮助代买毒品的行为。

《刑法》第三百四十八条规定，非法持有鸦片二百克以上不满一千克、海洛因或者甲基苯丙胺十克以上不满五十克或者其他毒品数量较大的，处三年以下有期徒刑、拘役或者管制，并处罚金；情节严重的，处三年以上七年以下有期徒刑，并处罚金。

最高人民法院印发的《全国部分法院审理毒品犯罪案件工作座谈会纪要》〔法（2008）324 号〕对代购毒品行为罪名确定作出规定，有证据证明行为人不是以营利为目的，为他人代买仅用于吸食的毒品，毒品数量超过刑法第三百四十八条规定数量最低标准，构成犯罪的，托购者、代购者均构成非法持有毒品罪。本案中，郑某向王某购买 600 元的毒品，在其转卖给张某的时候并未加价，以原价转卖给了张某。说明其主观上并没有牟利的目的，只是出于帮助的心理给张某代购毒品。

二、郑某是否构成贩卖毒品的帮助犯？

在代购毒品的行为中一个非常重要的情形需要注意，即托购人是否指定了卖毒人。如果托购人指定了卖毒人，那么，代购人仅仅在其中起到了一个"跑腿"代买的作用，这说明其主观恶性、行为危害性都是较小的，并没有超出购买毒品的范畴。如果托购人并没有指定卖毒人，而是由代购人主动寻找卖毒人进行购买，这说明代购人本身就掌握了一定的毒品购买的渠道，其在整个代购毒品的过程中具有较强的主动性。本案中，张某让郑某代购毒品时，并未指定毒品卖家，并且张某就是因为没有购买毒品的渠道才找郑某代购毒品。由此可见郑某找到王某购买毒品的过程中其自身的主动性是较强的。但是郑某无偿为张某代购毒品，并且张某购买毒品的目的是用于自己吸食，双方交易毒品净重 0.45 克，并没有达到非法持有毒品罪的数量标准。郑某仅仅是帮助张某寻找毒品的买家王某，并没有超出张某的购买范畴，不应当认定为贩卖毒品的共犯。

贩卖、吸食毒品，不仅害人害己，更是国家严禁的违法犯罪行为。远离毒品，珍爱生命，遇到违法贩毒行为及时举报，这是每个公民为和谐社会应尽的责任。

60. 章某涉嫌诈骗罪，为何不批捕？

□ 刘永江

【案情简介】

方某系转业军人，与章某认识多年。因方某户口不在北京，所以 2018 年将要转业时的方某想让章某帮其留在北京，为此给章某送去名酒等礼品。2021 年年中，方某向北京市公安局某分局报案，称章某以帮忙办理转业留京为名诈骗钱款五十万元。2021 年 11 月 26 日，公安机关将章某以涉嫌诈骗罪刑事拘留，并羁押于北京某区看守所。

章某家属委托北京市盈科律师事务所律师为其辩护。

【处理结果】

北京某区人民检察院对章某作出不予批准逮捕的决定。

【律师解读】

尽管疫情防控会见比较困难，但事务所律师还是克服重重困难，多次会见犯罪嫌疑人章某，全面了解案情，向检察机关提出章某无罪的法律意见。律师观点如下：

一、章某没有诈骗的犯罪事实，主观上没有实施诈骗的故意，客观上也没有实施诈骗的行为

公安机关指控章某诈骗了方某，主要是因为章某承诺帮助方某转业到北京。但据章某所述，方某当时送来两箱名酒、十箱牛奶。因为章某家人不喝酒，让方某将酒拿走，方某没有拿走。当时章某并没有承诺一定能办成，只是答应帮忙去打听可否办理，后来章某发信息告知方某说"事没成，东西过几天给你"。在此处所指的"东西"就是那两箱名酒和十箱牛奶。过了一段时间，方某仍然没有将礼品取回。因此，章某就把他家的两箱其他品牌的白酒以及一些豆类、油类食品回赠给方某。

二、章某没有收取任何钱款，公安机关以方某被骗 50 多万元为由将章某作为嫌疑人拘留的证据不足

方某提交的信息内容所指的"东西"并不是五十万元现金，章某从来没有直接或间接收过方某的任何款项，缺乏以非法占有为目的实施诈骗的犯罪构成要件。据方某陈述，钱不是直接给的章某，是章某指示交给第三人，具体给谁他并不认识。但方某并没有章某如何指示、如何交付现金以及接收人是谁等相关证据。因此，指控章某诈骗方某 50 万元的证据不足。

三、章某没有与他人实施共同诈骗的行为

方某为了能转业到北京曾经提出要与章某的女儿（北京户口）假结婚，章某经考虑没有同意。章某答复方某此事办不成，没有与其他人员共同欺骗方某说能办此事。如果方某听信他人谣言，把 50 万元给了他人，与章某无关。因为章某没有收受 50 万元，也不知道谁收了这笔钱，更没有和他人一起分赃。因此，章某没有与他人共同实施诈骗的行为。

诈骗罪是指以非法占有为目的，虚构事实、隐瞒真相骗取他人财物，数额较大的行为。诈骗行为的构造有四个，包括行为人以非法占有为目的实施欺诈行为、被害人产生错误认识、被害人基于错误认识处分财产、行为人取得财产。成立诈骗罪首当其冲的必须是行为人主观上具有"非法占有为目的"。根据最高人民法院印发的《全国法院审理金融犯罪案件工作座谈会纪要》指出：在司法实践中，认定是否具有非法占有为目的，应当坚持主客观相一致的原则，既要避免单纯根据损失结果客观归罪，也不能仅凭被告人自己的供述，而应当根据案件具体情况具体分析。根据司法实践，对于行为人通过诈骗的方法非法获取资金，造成数额较大资金不能归还，并具有下列情形之一的，可以认定为具有非法占有的目的：

（1）明知没有归还能力而大量骗取资金的；

（2）非法获取资金后逃跑的；

（3）肆意挥霍骗取资金的；

（4）使用骗取的资金进行违法犯罪活动的；

（5）抽逃、转移资金、隐匿财产，以逃避返还资金的；

（6）隐匿、销毁账目，或者搞假破产、假倒闭，以逃避返还资金的；

（7）其他非法占有资金、拒不返还的行为。

但是，在处理具体案件的时候，对于有证据证明行为人不具有非法占有目的的，不能单纯以财产不能归还就按金融诈骗罪处罚。

本案中没有证据证明章某收了方某的钱财。皮之不存，毛将焉附？如果不能证明是章某或者章某指示他人收取不法利益，就不能认定章某犯诈骗罪。

目前诈骗罪在刑事犯罪中比较多发和常见。为了保护好老百姓的钱袋子，国家也在大力整治这类违法犯罪行为。但是不能因为受害者有损失就可以忽视刑法对于证据的审查要求。在审查证据证明力的同时，还要区分罪与非罪的界限，尤其是诈骗罪中诈骗行为与民事案件中民事欺诈行为的区分。认定行为人是否犯罪始终要坚持案件达到事实清楚、证据确实充分，且已排除合理怀疑的程度。

61. 李某涉嫌非法吸收公众存款一亿余元，为何免予刑事处罚？

□ 赵爱梅

【案情简介】

2015 年 1 月至 2018 年 8 月，李某任某公司经理，负责公司的日常管理工作。某公司在没有经营金融行业资质的情况下，吸收 852 人次的存款本金，吸收理财款本金 135100000.00 元。某公司案发前已经退还大部分集资参与人本金 121070000.00 元，取得部分集资参与人谅解。侦查机关冻结了投资项目的涉案款项 15000000.00 元。

在审查起诉阶段，李某委托北京盈科律师事务所两位律师担任其辩护人。律师提出，某公司是为了筹集生产经营资金而融资，公司不是为非法吸收公众存款而成立的，本案属于单位犯罪。李某只是受公司的实际控制人委托，管理公司的日常事务，吸收存款、投资项目、发放工资、提成等都是由公司实际控制人决策。经多次沟通，检察院采纳了笔者的辩护意见，按单位犯罪向法院提起公诉。

【判决结果】

一、被告单位某公司犯非法吸收公众存款罪，判处罚金人民币十万元；

二、被告人李某犯非法吸收公众存款罪，免予刑事处罚；

三、责令被告单位退还给被害人存款共计 14030000 元。

【律师解读】

《中华人民共和国刑法》第一百七十六条规定："非法吸收公众存款或者变相吸收公众存款，扰乱金融秩序的，处三年以下有期徒刑或者拘役，并处或者单处罚金；数额巨大或者有其他严重情节的，处三年以上十年以下有期徒刑，并处罚金；数额特别巨大或者有其他特别严重情节的，处十年以上有期徒刑，并处罚金"。

单位犯前款罪的，对单位判处罚金，并对其直接负责的主管人员和其他直接责任人员，依照前款的规定处罚。

有前两款行为，在提起公诉前积极退赃退赔，减少损害结果发生的，可以从轻或者减轻处罚。

2022 年 3 月 1 日起修正施行的《最高人民法院关于审理非法集资刑事案件具体应用法律若干问题的解释》第六条规定："非法吸收或者变相吸收公众存款的，数额以行为人所吸收的资金全额计算。在提起公诉前积极退赃退赔，减少损害结果发生的，可以从轻或者减轻处罚；在提起公诉后退赃退赔的，可以作为量刑情节酌情考虑"。

非法吸收或者变相吸收公众存款，主要用于正常的生产经营活动，能够在提起公诉前清退所吸收资金，可以免予刑事处罚。

某公司在提起公诉前所吸收的大部分存款已退还集资参与人。虽有1400 余万元没退还，但侦查机关已将涉案财产 1500 万元采取冻结措施。根据在案证据，可以认定某公司将非法吸收的存款投资到工程建设，涉案工程款已被冻结，被冻结的赃款能够足额弥补集资参与人的损失，不会造成集资人本金不能退还的后果，不会造成社会影响。

62. 连某缓刑期内又涉嫌诈骗罪，为何不批捕？

□ 廖　明

【案情简介】

2021 年，连某犯合同诈骗罪被厦门某区人民法院判处有期徒刑三年，缓刑三年。

2021 年 12 月至 2022 年 3 月，连某与傅某先后签订三份合作协议。傅某出大部分资金，连某出小部分资金，由连某负责从某医药公司进货，傅某负责销售。合作过程中因市场及疫情等因素，导致双方发生纠纷。

2022 年 3 月，傅某提出不再合作，要求连某出具两张欠条给傅某。欠条出具后连某支付部分利息给傅某。

2022 年 8 月初，傅某向厦门市某分局某派出所报案，称连某以合作做生意为名诈骗傅某资金 128.6 万元。

2022 年 8 月 19 日，公安机关将连某以涉嫌诈骗罪刑事拘留，并羁押于厦门某看守所。

连某家属委托北京盈科（厦门）律师事务所律师为其辩护。

【处理结果】

厦门某区人民检察院对连某作出不予批准逮捕的决定。

【律师解读】

8 月中旬正是厦门疫情复发之际，派出所、看守所难以会见，但事务所律师还是殚精竭虑，与嫌疑人家属多次沟通案情、多方搜取材料，提出连某无罪的法律意见。

诈骗罪是一种常见犯罪。构成诈骗罪，客观上必须有欺骗行为，主观上要有非法占有目的。而非法占有目的的审查包括三个方面，即：是否违背权利人真实意思而恶意占有他人财物，是否逃避返还骗取的财物，非法占有故意是否产生于行为人取得财物之前。

一、构成诈骗罪必须有核心欺骗行为，即以虚假的意思表示使他人产生认识错误而交付财物的行为，没有核心欺骗行为，诈骗罪不成立

诈骗是虚构事实、隐瞒真相的欺骗行为，但是，并非所有的欺骗行为都属于诈骗。诈骗行为是作出与他人设立、变更、终止民事的虚假意思表示，要求他人交付财物，使他人产生认识错误而交付财物的行为，这种诈骗行为可称为核心欺骗行为。核心欺骗行为是实现诈骗目的的必要手段，没有核心欺骗行为不成立诈骗罪。

行为人以借贷、借用、买卖、投资、委托代理等名义要求他人交付财物，如果该借贷、借用、买卖、投资、委托代理等行为是一种虚假的意思表示，则该行为属于核心欺骗行为，可以构成诈骗罪。如果该借贷、借用、买卖、投资、委托代理等行为本身是真实的，即使在实施这些行为中有虚构事实、隐瞒真相行为，也不构成诈骗罪。

二、诈骗行为是没有法律关系基础，违背权利人真实意思而恶意占有他人财物的行为。基于合同等法律关系占有他人财物，或者不违背权利人真实意思而占有他人财物的，诈骗罪不成立

构成诈骗罪，主观上必须是故意，具有非法占有目的。所谓"非法占有"，是指没有法律关系基础，违背权利人真实意思而恶意占有他人财物。没有故意非法占有的，不构成诈骗罪。

律师基于会见连某后了解到情况是双方签订了三份合同，第一份合同：2021年12月24日，购1000粒片仔癀，傅某出资40万元，连某出资14万元，向某医药公司购买。第二份合同：2022年1月1日，傅某出资22万元，向某医药公司购买片仔癀1000粒，肝宝两百盒。第三份合同：2022年1月11日，傅某出资66万元，向某医药公司购买80盒片仔癀。协议没有约定交货的时间，货在公司由连某负责销售，有订单后按要求将货发到厦门，每次连某拿货并送到傅某店面，从2021年12月28日开始发货到2022年2月28日止。2022年3月初因某县疫情暴发，傅某提出中止合作。

货款是基于买卖合同关系而占有的，是有法律关系基础的占有，不属于非法占有。采用欺诈、胁迫等手段与他人订立合同，再通过对方履行合同占有对方交付的财物，行为人的主观目的仍在于履行合同获得利益，不

属于非法占有。

三、诈骗罪的非法占有目的表现为行为人恶意占有并逃避返还骗取的财物。虽然恶意占有他人财物，但未逃避返还的，不能认定为诈骗罪

刑法上的非法占有不仅仅是没有法律关系基础而恶意占有，还应当是恶意较深、有严重社会危害性的行为。恶意较深、危害严重体现在行为人采用非法手段取得他人财物后逃避返还，为被害人挽回损失设置障碍，使得被害人的损失难以通过民事途径获得救济。本案中，连某2022年1月1日写了收据，载明："连某今收到傅某陆拾陆万陆仟元整人民币（666000.00）"。第二笔借款发生在2022年1月16日，载明："连某今向傅某借款人民币陆拾贰万元整（620000.00元），连某指定傅某把资金转到连某卡上（卡号：623××××××669建设银行），借款日期2022年1月16日到2023年1月15日还清。借款人：连某"。两次合计128.6万元，收据、欠条形成了债权债务法律关系。2022年4月，连某还支付了傅某利息。借款人、收款人都是真人真名，不存在虚假，被害人的损失可以通过民事途径获得救济。

行为人没有采用非法手段取得他人财物后逃避返还，没有意图永久剥夺他人财产所有权。连某没有逃避返还，报捕时律师促成双方签订还款协议，并返还部分款项，促成了傅某出具了谅解书并提交给检察院。

四、诈骗行为是被害人的损失通常无法通过民事或行政途径获得救济的行为。被害人的损失能够通过民事或行政途径获得救济的，诈骗罪不成立

双方订立3份合同属于符合双方交易且被认可的履约行为，不是虚构事实、隐瞒真相的行为。连某未违反合同约定，不存在未供货的行为，未超出普通民事合同纠纷的范畴，应当通过调解、仲裁或者民事诉讼方式寻求救济。

律师收集了公司有货的相关证据材料提交给检察院，证明连某有履约能力，不具有非法占有目的。连某与傅某的交易系正常交易，没有以买卖为名骗取对方财物的核心欺骗行为，傅某的损失可以通过民事途径获得救济。

综上，连某不构成诈骗罪，2022年9月22日检察院作出不予批准逮捕的决定。

63. 共同故意伤害首位犯罪嫌疑人，为何认定无罪？

□ 李岩玲

【案情简介】

2020 年 10 月，陆甲与邻居陆乙因相邻土地使用权发生纠纷。双方动手，致陆乙方唐某一级轻伤，陆甲父母和陆甲夫妻四人涉嫌故意伤害罪被刑事立案。陆甲认为，唐某不是轻伤，自己也没有伤害她，未做认罪认罚。2022 年 2 月，陆甲作为第一犯罪嫌疑人，移送至浙江省某市人民检察院提起公诉。

2022 年 6 月，陆甲委托北京市盈科律师事务所律师进行辩护。律师通过分析案情，根据本案的事实及法律规定做出无罪辩护。

【处理结果】

浙江省某市公安机关撤回移送起诉，决定终止刑事侦查。

【律师解读】

《公安机关办理刑事案件程序规定》第一百八十六条规定："经过侦查，发现具有下列情形之一的，应当撤销案件：（一）没有犯罪事实的"。第一百八十七条规定："需要撤销案件或者对犯罪嫌疑人终止侦查的，办案部门应当制作撤销案件或者终止侦查报告书，报县级以上公安机关负责人批准"。

本案中，唐某是否因为陆甲行为受到伤害并达到轻伤以上程度，是认定陆甲等四位同案人承担故意伤害刑事责任的关键。鉴定意见是认定被害人构成轻伤的重要证据。律师接受委托后，通过阅卷认为本案的鉴定意见存在实体与程序问题，鉴定意见作出的结论与案发现场监控视频、被害人就医病历等客观性证据材料相互矛盾，因此唐某不构成轻伤、陆甲不应承担刑事责任。

律师向浙江省某市人民检察院提出《重新司法鉴定申请书》："侦查机关收集的案发当时的视听资料证据显示，被害人唐某在现场所谓被打后，还起身返回家中后又迅速返回原地躺下等出警的民警赶来。从视频中看到被害人唐某行动敏捷、肢体活动没有任何异常，不符合人的胸、腰椎和肋骨刚发生骨折的身体状态。"律师建议浙江省某市人民检察院主办检察官全程看一遍视听资料证据，凭常识判断，案发后唐某的肢体行为是否符合当时已经胸、腰椎骨折及肋骨多处骨折的表现。但主办检察官不予支持重新鉴定。

律师又提交《重新司法鉴定复议申请书》，不予支持重新鉴定的认定理由不成立，没有实质审查辩护人的申请理由，没有履行《刑事诉讼法》第一百七十一条规定审查起诉的法定职责。

2022 年 7 月，浙江省某市人民检察院决定退回补充侦查。浙江省某市公安局补充侦查案件后，撤回对陆甲移送起诉，并于 2022 年 9 月 29 日作出《终结侦查决定书》。至此，公安机关认定陆某不承担刑事责任，不构成犯罪。

64. 自己的账号冒充还贷账号收款，为何认定诈骗罪？

□ 叶晓勇

【案情简介】

甲和乙系朋友关系，乙想归还银行信用贷款，但不会使用手机 App 还款，就让甲帮忙操作。甲在收款方一栏中秘密输入自己账号冒充银行还贷账号，再让乙输入转账密码或进行人脸识别以完成转账，甲以此非法获取乙资金近 70 万元。

【判决结果】

一、被告人甲犯诈骗罪，判处有期徒刑十年四个月，并处罚金人民币七万元；

二、责令被告人甲退赔被害人乙经济损失。

【律师解读】

在司法实践中，要区分罪与非罪、此罪与彼罪。做到定性准确，需要做到两步，一要抓住案件的重要情节（有关定罪量刑），二要把握犯罪的本质以及具体罪名的特点。考量行为的社会危害性及其程度，考量行为和具体罪名的符合度，从而确定行为是否构成犯罪，构成哪种犯罪。

本案中，甲的行为明显侵犯了乙的财产权，根据一般人的常识就可以判断，其具有严重的社会危害性，因此构成犯罪没有疑问。但甲的行为属于盗窃罪还是诈骗罪，存在一定的争议。根据以上的认定方法，一方面概括两个罪名的区分要点，另一方面提炼具体案件的重要情节，进行往返对照，以确定其性质。

第一步，对于盗窃罪和诈骗罪的本质特点加以概括区别：

盗窃罪是采取秘密窃取的手段，剥夺原占有人对财物的控制占有，从而使自己或者第三人控制占有财物的行为。

诈骗罪是采取虚构事实或者隐瞒真相的手段，使原占有人产生认识错误，从而自愿处分财物转移占有的行为。

盗窃罪和诈骗罪的根本区别在于，在转移占有这一点上，前者违背了原占有人的意志，而后者属于原占有人自愿处分，虽然这种自愿系蒙蔽所致，是无效的，但这是另外范畴的问题，诈骗罪的特征就在于案发当时原占有人的主观状态是自愿的。

第二步，对于本案有关定罪的重要情节加以提炼总结：

本案中，影响定罪的重要情节有两个，另一个情节是甲在操作手机APP时，在收款方一栏中秘密地输入了自己的账号，以冒充银行还贷账号；另一个情节是甲欺骗乙已完成前面步骤，让乙输入转账密码或者进行人脸识别，最终完成转账。

本案之所以会在盗窃罪和诈骗罪之间存在争议，就是因为第一个情节是行为人甲秘密实施的，而第二个情节又是被害人乙受欺骗后自愿进行的，这两个情节与乙失去财物占有、甲实现非法占有之间都存在因果关系，所以乍看之下，既像盗窃罪，又像诈骗罪。

但是，本案不可能同时构成两罪，这就需要进一步区分，在犯罪过程中，哪个情节是主要的关键的，哪个情节是次要的辅助的，以主要关键情节的性质为先，来决定全案的性质。

本案中，第一个情节在前，第二个情节在后，两个情节之间并不各自独立，而是环环相扣，顺序完成。甲秘密输入自己账号以冒充银行还贷账号，之后进一步实施虚构事实的行为，欺骗乙已操作完成包括输入银行还贷账号在内的前面步骤，使乙受骗而自愿输入转账密码或进行人脸识别进行转账。

从全面的整体的角度来看，甲秘密输入自己账号冒充银行还贷账号，是之后虚构事实欺骗取财的前置准备行为，是铺垫和辅助。它并不具有独立意义，也不是以此直接取得财物，乙失去财物甲取得财物这个关键节点，最终还是依靠虚构欺骗行为得以直接完成。因此，不能把第一个情节单独拎出来，与取财结果挂钩，以此片面的间接的因果关系来认定全案的性质，而应该分清主次，以全面的直接的因果关系予以认定。

综上，本案构成诈骗罪，而不是盗窃罪。

65. 掩饰、隐瞒犯罪所得罪涉款千万，为何被判处缓刑？

□ 郭灿炎

【案情简介】

2021 年 8 月至 9 月期间，蔡某 1 与哥哥蔡某 2（另案处理）为牟利，多次买卖 USDT 虚拟货币，利用名下 5 张银行卡接收上游犯罪所得资金，将收到的资金转入到支付宝、微信的理财平台购买理财产品后提现到银行卡，而后到银行取现，由蔡某2前往北京等地与上家当面交接并收取好处费。经查，蔡某1的5张银行卡转入并取现资金虽然仅是74万元，但本案资金涉及多起诈骗案件，总金额超过1100万元，据检察院统计已报案受害人多达28人。

2021年11月30日，蔡某1被公安机关抓获，如实供述了自己的犯罪事实，被扣押犯罪工具OPPO手机1部。2022年1月10日，蔡某2在蔡某1及其妻子李某的规劝下向公安机关主动投案，并如实供述自己的犯罪事实。

【判决结果】

一、被告人蔡某1犯掩饰、隐瞒犯罪所得罪，判处有期徒刑一年六个月，缓刑二年，并处罚金3万元；

二、扣押于公安机关的被告人蔡某1作案工具OPPO手机一部，予以没收。

【律师解读】

北京市盈科律师事务所律师接受委托后，认真分析案情，阅卷后仔细核对证据，与检察机关进行深入沟通，认为蔡某1虽然涉嫌构成掩饰隐瞒犯罪所得、犯罪所得收益罪，但具有从轻、减轻情节。通过详细分析及与检察机关沟通，征求蔡某1同意，签署《认罪认罚具结书》。因此，在辩护中辩护人重点从量刑罪轻方面辩护。具体如下：

一、蔡某1具有立功情形，可以从轻、减轻处罚

蔡某1在案发后，主动劝说同案犯，即蔡某2（其哥哥，另案处理）自动投案。蔡某2在劝说下主动投案自首，属于立功，可以给予从轻、减轻处罚。

二、蔡某1构成坦白，可以从轻、减轻处罚

接到侦查机关问讯通知后，蔡某1按时到达指定场所，如实供述案件相关事实，未有任何的隐瞒，帮助公安机关查清案件的事实真相，积极配合公安机关的工作。深刻认识到自己的犯罪行为给社会造成了危害，悔罪和认罪态度较好，可以从轻或减轻处罚。

三、蔡某1在主观上并无掩饰、隐瞒的犯罪故意，犯罪情节较轻，危害不大

蔡某1在本案的犯罪活动中，主观上并无明知是犯罪所得的故意。蔡某1仅有初中文化，文化水平较低，在足浴店做的是按摩、足浴等工作，没有接触也没有从事过金融、互联网、虚拟货币等工作，对金融、虚拟货币、网络犯罪认识不清，只是听按摩客人说可以赚钱，疫情期间自己还处于怀孕和哺乳期，仅是想增加点收入补贴家用，根本没有意识到，也很难辨识从事的兼职是犯罪行为。

四、本案蔡某1当庭自愿认罪，庭前已缴纳罚金，悔罪态度真诚，当庭表示认罪认罚，应当从轻、减轻处罚

根据证据显示，蔡某1在侦察、起诉和审判期间，对自己的犯罪活动和全部过程，均能够如实向办案人员交代，积极配合办案人员落实案情。这充分证明本案中蔡某1已经认识到了自己的错误，决心痛改前非，认罪态度诚恳。后签署了《认罪认罚具结书》，在庭前已缴纳罚金，是悔罪的积极表现。根据《最高人民法院、最高人民检察院、司法部关于适用普通程序审理"认罪案件"的若干意见（试行）》第九条"人民法院对自愿认罪的，酌情予以从轻处罚。"自愿认罪，依法应酌情从轻处罚。

五、从本案证据材料看，应当予以从轻、减轻处罚

我们认可使用5张银行卡收到74万元的事实，但根据检察机关提供的刑事报案受理材料，该74万元并非全部都是受害人的资金。经审查，有些与本案无关，应当予以排除；有的与本案有关，但也可以作排除处理。因此，蔡某1的犯罪金额并非检方指控的74万元。

六、蔡某1案发前无刑事犯罪记录，本次系初犯、偶犯，主观恶性不大，应当从轻、减轻处罚

蔡某1在案发之前一贯遵纪守法，并无任何前科劣迹，此次犯罪是由于年龄较小，涉世不深，生活和自身教育环境的缺失，导致误入歧途，属于初犯、偶犯。蔡某1的犯罪行为较轻，危害不大，主观恶性不大，应当从轻、减轻处罚或者免除处罚。在案发后，蔡某1已深刻认识到自己行为的严重性与违法性，真诚悔过，请求法院能给其从轻处罚，给予悔过自新的机会。

七、蔡某1系从犯，在共同犯罪过程中起次要作用，应当减轻处罚

本案实际上就是一些从事诈骗活动的犯罪分子，通过在QQ群等聊天群发布相关信息，以买卖USDT虚拟币的交易方式，掩饰、隐瞒犯罪赃款。实际上蔡某1所获得的非法收入甚微，100000元仅获得了100元，背后从事诈骗活动、操控非法理财软件才是真正的主要罪犯，而蔡某1仅仅是辅助之人，在犯罪过程中的地位应当处于次要地位，应当认定为从犯，减轻处罚。

八、蔡某1作为养育三个儿女的母亲，最小的孩子刚过哺乳期且有先天疾病，家中上有老人需要赡养，下有子女嗷嗷待哺，可以酌定从轻处罚

蔡某1幼年丧父，从小由母亲拉扯长大，长大结婚后生养两个儿女，养育前夫一个孩子。最小的女儿刚过哺乳期但还没有断奶，有先天性疾病，家中需要支撑。还有母亲需要其赡养尽孝，胞兄蔡某2因为参与本案已经被判刑，尚在服刑期间，希望法庭能够从人道主义出发对蔡某1酌情从轻进行处罚。

最终，法院采纳了辩护律师的意见，判处蔡某1有期徒刑一年六个月，缓刑二年，并处罚金3万元。蔡某1也认可，不再上诉。

66. 暴力讨债造成伤亡，为何认定为聚众斗殴罪？

□ 张　璐

【案情简介】

2017年9月，赵某因债务问题，被赵某1、张某、王某、孙某1、孙某2等人围堵在朝阳区某处大厦门口。后赵某分别通过斯某、潘某1、王某2等人纠集孙某3、张某2、孟某1、梁某1、金某等13人。斯某殴打受害人孙某1，致其当场死亡。魏某、孙某3等多人共同殴打孙某2，致其轻微伤。

2018 年 9 月，金某涉嫌寻衅滋事罪被追究刑事责任，金某委托北京市盈科律师事务所律师代理本案。律师认真分析案情，结合本案的事实及法律规定做了罪轻辩护。

【判决结果】

被告人金某犯聚众斗殴罪，判处有期徒刑一年三个月。

【律师解读】

律师认真分析了案情，多次前往看守所与金某会见，并多方搜集材料，抓住案件的重要情节，区分罪名特点，最终对金某提出罪轻的法律意见。

本案中，金某涉嫌寻衅滋事罪被提起公诉。寻衅滋事罪是一种常见罪名，金某在公共场合参与斗殴事件，其行为具有社会危害性，构成犯罪没有疑问。但金某的行为属于寻衅滋事罪还是聚众斗殴罪，存在一定的争议。

一、寻衅滋事罪与聚众斗殴罪的界限

寻衅滋事罪是指肆意挑衅，随意殴打、骚扰他人或任意损毁、占用公私财物，或者在公共场所起哄闹事，严重破坏社会秩序的行为。主观上表现为故意。刑法将寻衅滋事罪的客观表现形式规定为四种：（1）随意殴打他人，情节恶劣的；（2）追逐、拦截、辱骂、恐吓他人，情节恶劣的；（3）强拿硬要或者任意损毁、占用公私财物，情节严重的；（4）在公共场所起哄闹事，造成公共场所秩序严重混乱的。

聚众斗殴罪是为了报复他人、争霸一方或者其他不正当目的，纠集众人成帮结伙地互相进行殴斗，破坏公共秩序的行为。主观方面表现为故意。刑法上聚众斗殴罪的客观表现为纠集众人结伙殴斗。聚众一般是指人数众多，不少于 3 人；"斗殴"是指采用暴力相互搏斗，是一种置公共秩序于不顾，严重影响社会公共秩序的恶劣犯罪行为。

寻衅滋事罪与聚众斗殴罪在客观方面有相同之处，但两者依然存在明

显不同。首先，犯罪人数不同，前者不要求人数限制，后者要求一方纠集三人以上；其次，犯罪对象不同，前者犯罪对象具有随意性，后者犯罪对象明确；再次，实施暴力程度不同，前者要求殴打他人"情节恶劣"，后者对暴力程度没有特别的要求；最后，惩罚对象不同，前者参与者均予以刑事处罚，后者处罚的对象是首要分子和积极参加者，而对于一般参加者不应给予刑事处罚。

二、为何本案认定金某等人的犯罪行为不属于寻衅滋事罪？

本案系共同犯罪，斯某故意伤害致孙某1死亡的行为，已经超出共同故意的范围，属于"实行过限"行为。公诉机关指控斯某故意伤害罪及其余十二名被告人构成寻衅滋事罪的共同犯罪，与"实行过限"理论及寻衅滋事罪"随意殴打他人，情节恶劣"的入罪标准存在矛盾之处。

三、为何本案认定金某等人的犯罪行为属于聚众斗殴罪？

根据证据，案发现场双方多人互相攻击对方身体，造成一人死亡、一人轻微伤的犯罪结果，符合聚众斗殴罪的构成要件。聚众是斗殴的方式，并不要求在斗殴之前具有聚众的行为。换言之，如双方的数人临时突然起意斗殴的，也可能成立聚众斗殴罪。因此，赵某等人在"聚众"时虽没有"斗殴"的故意，但在王某辱骂后临时起意发生了斗殴行为，亦可成立聚众斗殴罪。金某等12人所实施的犯罪行为，应定性为聚众斗殴罪。根据刑法的规定，聚众斗殴致人重伤、死亡的，以故意伤害罪、故意杀人罪定罪处罚，斯某的行为符合故意伤害罪的构成要件。

综上所述，本案除斯某的犯罪行为符合故意伤害罪的构成要件，其余共犯均应被认定为聚众斗殴罪，而非寻衅滋事罪。

67. 宋某涉嫌故意伤害罪、寻衅滋事罪，法院如何判决？

□ 张 璐

【案情简介】

2013 年 8 月，宋某因欠陈某甲钱一事，与陈某甲发生纠纷。宋某和邓某、陈某乙、陈某丙、莫某（后四人均另案处理）先后到东莞市某镇某村电影院门前找到陈某甲，宋某与陈某甲发生争执，并持钢管殴打陈某甲。为了泄愤报复，宋某和邓某、陈某乙、陈某丙、莫某等人又持钢管到陈某甲经营的店铺，打砸店铺内的冰箱、电脑显示屏等财物，然后逃离现场。

经法医鉴定，陈某甲所受损伤为重伤，伤残六级。公诉机关认为宋某的行为已构成故意伤害罪、寻衅滋事罪，提请法院依法惩处。

【判决结果】

一、被告人宋某犯故意伤害罪，判处有期徒刑六年；犯故意毁坏财物罪，判处有期徒刑九个月。合并刑期六年九个月，数罪并罚，决定执行有期徒刑六年六个月；

二、限被告人宋某自本判决发生法律效力之日起十日内赔偿 26240.38 元给附带民事诉讼原告人陈某甲。

【律师解读】

一、关于寻衅滋事罪与故意损害财物罪的界限

首先，犯罪动机与目的不同。寻衅滋事罪的动机是寻求精神刺激、逞强好胜、随心所欲毁坏财物等，其目的是炫耀实力、扬名或强占地盘等；故意毁坏财物罪的犯罪动机各种各样，一般是出于个人报复或妒忌等心理，其目的不是非法获取财物而是将财物毁坏。

其次，犯罪客体不同。寻衅滋事罪侵害的是全体社会成员所组成的共

同的公共秩序；故意毁坏财物罪侵害的是公私财物所有人的所有权。

再次，犯罪的起因不同。寻衅滋事犯罪一般均事出无因，但这里的无因并非无缘无故，没有任何联系，而故意毁坏财物罪一般均事出有因。

最后，犯罪的对象不同。寻衅滋事罪的行为人由于不合常理的动机或目的随便毁坏公私财物，其侵犯的对象具有不特定性和模糊性；故意损坏财物罪的行为人一般事先被羞辱、挑衅，或与被侵害物主发生争吵，其为了泄愤、报复而实施犯罪，犯罪对象具有明确性和特定性。

二、为何宋某故意损害他人财物的行为，不构成寻衅滋事罪？

宋某因琐事结伙伤害他人，致一人重伤，伤残六级，其行为已构成故意伤害罪。此后，宋某为了泄愤报复纠集多人故意损坏陈某甲的财物，宋某的行为侵犯的是特定人的财产，而非由于不合常理的动机或目的随便损坏的公私财物。因此，宋某的犯罪行为不构成寻衅滋事罪，而是故意损害财物罪。

三、犯罪行为致使被害人损失的，被害人可要求其承担损害赔偿金

宋某除承担刑事责任外，依法还应承担相应的民事赔偿责任。赔偿范围和标准应按照《最高人民法院关于适用〈中华人民共和国刑事诉讼法〉的解释》《最高人民法院关于审理人身损害赔偿案件适用法律若干问题的解释》的有关规定及侵权行为的上一年度人身损害赔偿计算标准进行计算。

68. 故意毁坏他人财物，为何被判无罪？

□ 王 珏

【案情简介】

2015 年 10 月，易某在某市某楼下看见田某的汽车停放在非机动车道上，觉得妨碍他人出入，遂用随身携带的钥匙从车身左侧划到车身尾部。经鉴定，该车的修复价为人民币 13160 元。

2015 年 11 月，易某的家属向被害人赔偿经济损失人民币 20000 元，并得到被害人的谅解。

【判决结果】

被告人易某无罪。

【律师解读】

司法实践中，寻衅滋事罪是一种常见的罪名。寻衅滋事行为大致有以下几种：一、随意殴打他人，情节恶劣的；二、追逐、拦截、辱骂、恐吓他人，情节恶劣的；三、强拿硬要或者任意损毁、占用公私财物，情节严重的；四、在公共场所起哄闹事，造成公共场所秩序严重混乱的。本案中，公诉机关指控易某寻衅滋事罪的主要依据是易某的行为损毁了公私财物。对此，辩护人提出以下辩护意见，具体如下：

一、易某没有寻衅滋事的主观故意

易某认为车辆停放在人行道上妨碍出入而实施了对车辆的损害行为，其主观上有义愤的性质。这与寻衅滋事行为的蔑视法纪、扰乱公共秩序的主观故意截然不同。

二、易某的行为只是一般的损害行为，对车辆的损坏没有达到刑法所规定的损毁或毁坏的程度

《刑法》第二百九十三规定："任意损毁公私财物，情节严重的，构成寻衅滋事罪"。《刑法》第二百七十五条规定："故意毁坏公私财物，数额较大或者有其他严重情节的，构成故意毁坏财物罪"。以上两罪处罚的行为，分别要求对财物的损毁或毁坏，损毁或毁坏不是一般的损坏行为，而是必须达到一定的破坏程度，造成财物的效用或者功能的丧失或者减少。本案中，易某所刮划的只是一条很微细的线，对表面油漆造成损坏，是一种轻微的损害行为，不会使车辆的功能或者效用丧失或者减少，不属于损毁，也没达到毁坏的程度。

三、被害人的损失并非全部由易某所造成

车辆向保险公司理赔的照片和涉案价格鉴定明细表显示，理赔的受损部位包括前盖、左前叶子板、左前门、左后门、左后叶子板、后盖、后杠、左前门拉手、左后门拉手。实际上，易某只是从车的左前侧向车的左后侧和车身尾部划过，这在监控录像中可以看得很清楚。照片所显示的同一部位的多条痕迹，有些不是易某所为。理赔的损失与易某所造成的损失不能等同。

四、公诉机关对易某的行为定罪甚至处罚违反刑法的原则

对没有达到刑罚处罚程度的民事侵权行为或者一般的违法行为动用刑法进行规制，违反罪刑法定原则，也违反刑法的谦抑性原则。

五、易某的赔偿已超出被害人的损失范围，并获得谅解书

本案中，涉案小汽车经鉴定，该车的修复价为人民币 13160 元。2015年 11 月，易某的家属向被害人赔偿经济损失人民币 20000 元，并得到被害人的谅解书。

综上所述，易某的行为情节显著轻微、危害不大。最终，易某被判无罪。

69. 陈某醉驾，为何不追究刑事责任?

□ 韩英伟

【案情简介】

2018 年 12 月 7 日，陈某为了给妻子庆祝生日，邀请朋友到住处吃饭，当晚喝了红酒。夜里 11 点多，陈某的妻子想上楼休息，忽然口吐白沫、昏迷不醒，陈某立刻让女儿拨打 120 求救，120 回复，因附近没有救护车需要从别处调车，具体到达时间不能确定。家人和邻居没有驾照，出租车一时间也联系不到，因情况紧急，陈某只能自己开车将妻子送到附近的医院进行抢救。随后，陈某被警方当场查获。经鉴定，陈某血液中的酒精含量为 223mg/100ml，远超醉驾标准。

公安机关固定相关证据后，将该案移送至某检察院。检察机关经审查认为，陈某醉酒后在道路上驾驶机动车，已经构成危险驾驶罪，诉请法院依照刑法第一百三十三条第一款第（二）项之规定，对其以危险驾驶罪追究刑事责任。

【处理结果】

某人民检察院撤回起诉。

【律师解读】

紧急避险是指为了使国家、公共利益、本人或者他人的人身、财产和其他权利免受正在发生的危险，不得已而采取的损害另一较小合法利益的行为。这种行为的认定非常严格，必须具备以下条件：一、必须发生了现实危险；二、必须是正在发生的危险；三、必须出于不得已损害另一法益；四、具有避险意识；五、必须不超过必要限度造成不应有的损害。

深更半夜，妻子突然发病晕倒，因住在偏远乡村，救护车不能及时赶来，醉酒丈夫陈某无奈之下开车将妻子送往医院救治，属于不得已而为之。陈某没有犯罪的故意。陈某最初先是让女儿拨打120等可以利用的救命措施以后，为了紧急救助危急的妻子不得已才自己开车。陈某并没有危害社会公共安全的故意，反而具有使处于生命危险的妻子及时得到医治的良好动机。考虑到当时的具体情境，陈某实施醉驾对公共安全的损害程度相对较小，且未发生交通事故，符合紧急避险所需具备的多项条件。案发时，陈某认识到妻子正面临生命危险，迫不得已才醉酒驾驶的，属于在必要限度内实施避险行为，符合紧急避险的各项条件，他的行为也构成法律意义上的紧急避险，应不负刑事责任。

另外，陈某对于检察院指控的罪名危险驾驶罪没有异议，并表示认罪认罚。陈某的辩护人提出，本案事出有因，陈某因妻子昏倒、120急救车不能及时赶到，才开车送妻子就医；案发时已近深夜，路上行人较少，驾驶路途较近，未发生事故，社会危害性较小；陈某归案后如实供述，悔罪态度较好，无前科劣迹，请求对其从轻处罚。

综上，法院认为，陈某的行为构成紧急避险，不负刑事责任。最终，检察机关撤诉。对于陈某的醉驾违法行为，在法院作出裁定之前，公安机关已经依法对其作出行政处罚：吊销其机动车驾驶证，且五年内不得重新取得机动车驾驶证。

法治文明一小步，社会文明一大步。法律条文是冰冷的，但是执法的人是有温度的，本案的司法工作人员以实际行动诠释了"努力让人民群众在每一个司法案件中感受到公平正义"这一重要理念，并以事实为依据，以法律为准绳地作出了公平公正的判决！

因紧急避险不负刑事责任的案件是罕见的，条件也是非常严苛的。提醒各位朋友遇到紧急情况时，要在遵守法律的前提下，第一时间向公安、卫生、消防救援等专业力量求助。

70. 张某不当信访，为何构成寻衅滋事罪、妨害公务罪？

□ 张 璐

【案情简介】

2010 年 1 月，张某的孙女袁某因肺炎被转到医院治疗，后袁某在医院经抢救无效死亡，死亡结果经张某的女婿袁某 1 签名确认。但张某及其妻子、女儿认为袁某并没有死亡，而是被人拐卖。

2013 年 10 月至 2018 年 3 月，张某以袁某被拐卖为由到北京中南海周边、北京天安门地区上访共计 17 次。张某因此被公安局行政拘留 9 次。2017 年 10 月，公安局以张某涉嫌寻衅滋事罪立案侦查，于当日决定对张某刑事拘留并列为网上逃犯。

2018 年 2 月，公安局某派出所所长谭某、副所长黄某、王某、民警肖某到被告人张某家中实施抓捕。抓捕过程中，黄某、王某两人被被告人打成轻微伤。

【判决结果】

被告人张某犯寻衅滋事罪，判处拘役五个月；犯妨害公务罪，判处有期徒刑九个月，合并决定执行有期徒刑九个月。

【律师解读】

信访是为保护公民合法权益所赋予公民的一种民事权利，但必须合法合理表达诉求，切不可以胡搅蛮缠、无理取闹、不达目的誓不罢休等极端的方式和手段解决问题。公安司法部门在适用罪名前，应严格遵循刑法谦抑性原则，对公民的合理诉求与无理取闹要区别对待。

本案中，公诉机关指控张某的犯罪行为已构成寻衅滋事罪、妨害公务罪。对此，律师对被告人张某的不当信访行为所涉嫌的寻衅滋事罪、妨害公务罪做如下分析：

一、被告人的不当信访行为，为何被认定是寻衅滋事罪？

寻衅滋事罪，是指在公共场所无事生非，起哄闹事，殴打伤害无辜，肆意挑衅，横行霸道，破坏公共秩序的行为，主要表现形式有随意殴打、辱骂、恐吓、追逐、拦截接访人员或其他群众，情节恶劣的；强拿硬要或者任意损毁、占用公共财物，情节严重的；在公共场所起哄闹事，造成公共场所秩序严重混乱的。

本案中，被告人张某为达到引起上级机关重视的目的，因同一诉求多年来多次进京到对管理秩序有极高标准、具有国际影响力的非上访区域上访，因此被北京公安机关多次训诫，并被其居所地的公安局多次行政拘留，被告人张某的行为严重地侵害了社会公共秩序。因此，被告人张某的犯罪行为已构成寻衅滋事罪。

信访人员信访时一定要避免不当行为，且对于多次到北京中南海、天安门等重要地区非正常上访，按有关规定被公安机关警告、训诫、行政处罚后仍不悔改继续非法上访，影响正常社会秩序的，也涉嫌寻衅滋事罪。

二、被告人的不当信访行为，为何被认定为妨害公务罪？

妨害公务罪是指以暴力、威胁方法阻碍国家机关工作人员、人大代表依法执行职务，或故意阻碍国家安全机关、公安机关依法执行国家安全工作任务，虽未使用暴力，但造成严重后果的行为。暴力袭击正在依法执行公务的人民警察的，从重处罚。

本案中，公安机关以张某涉嫌寻衅滋事罪立案侦查，在公安机关对其抓捕过程中，张某以暴力方式阻碍人民警察依法执行公务，致两名民警受轻微伤，其行为已构成妨害公务罪。

信访人员的诉求在无法得到满足时很容易通过极端违法手段进行情绪宣泄，从而导致一系列违法行为的发生，容易构成妨害公务罪。因此，信访人员必须克制自己的情绪，避免违法行为的发生。

71. 虚增拆迁房屋面积和装修，为何构成诈骗罪？

□ 岳广琛

【案情简介】

肖某、林某系征迁组工作人员，袁某系江西省某市 A 村支部书记。三人由于工作上交流频繁，互相熟识。

在 A 村房屋征迁工作中，袁某主要负责房屋征迁工作，时任村主任温某主要负责土地征收工作。2017 年 4 月，袁某位于某大道储备用地项目的房屋被政府征收，袁某向肖某和林某提出关照一下，肖某和林某应许。之后两人在丈量袁某的房屋时加大了面积。丈量当天，袁某和肖某、林某签了房屋征迁协议，以 500 元/平方米的价格购买了 30 平方的安置面积。签订协议时，肖某还告诉袁某房子窗户装修中全部写了装有防盗网，而实际上袁某家房屋只有几个窗户安装了防盗网，这样可以帮袁某多补几千元钱。事后，袁某分别给了肖某和林某每人 2 万元现金。

经查，肖某、林某在丈量袁某房屋面积时虚增房屋面积179.36 平方米和部分装修内容，违规安置土地 37.17 平方米。因增加了房屋面积，相应的征迁补偿款也增加了 12 万余元。

2018 年 6 月 1 日，袁某因涉嫌诈骗罪被刑事拘留，同年 6 月 29 日被取保候审。

【判决结果】

一审判决：

一、被告人袁某犯贪污罪，判处有期徒刑一年，并处罚金人民币十五万元；

二、被告人袁某退缴的赃款由扣缴机关予以没收，上缴国库。

被告人袁某不服一审判决，提起上诉。

二审判决：

一、撤销江西省某县人民法院（2018）赣某刑初某号刑事判决第一项中对被告人袁某所犯贪污罪的定罪和处附加刑部分，即犯贪污罪，有期徒刑一年，并处罚金人民币十五万元；

二、上诉人袁某犯诈骗罪，判处有期徒刑一年，并处罚金人民币十万元。

【律师解读】

本案的焦点在于袁某的行为应当被认定为诈骗罪还是贪污罪。

《刑法》第二百六十六条规定："诈骗公私财物，数额较大的，处三年以下有期徒刑、拘役或者管制，并处或者单处罚金"。第三百八十二条规定："国家工作人员利用职务上的便利，侵吞、窃取、骗取或者以其他手段非法占有公共财物的，是贪污罪"。

诈骗罪是指行为人以非法占有公私财物为目的，通过虚构事实或者隐瞒真相的方法，使受害单位或受害人受蒙骗而"自愿地"交出财物。诈骗罪与贪污罪的行为人在客观方面都可能采取虚构事实、隐瞒真相的方法，但诈骗罪的主体是一般主体，侵犯的客体是公私财物的所有权，属侵犯财产犯罪；而贪污罪的主体是特殊主体，侵犯的客体是复杂客体，既侵犯了公私财物的所有权，又侵犯了国家机关、企事业单位正常活动，还包括侵害职务行为的廉洁性。

一审法院认为，袁某能够顺利骗取被征收房屋补偿款12万余元，与其协助政府从事土地房屋征收管理工作的职务和职权或地位所形成的便利密切相关。袁某与肖某、林某长期共同参与征迁工作，相互间存在一定制约关系，肖某、林某应允并积极为袁某虚增房屋面积、装修内容和安置土地及事后收取相对较少好处费等事实可予印证。袁某利用职务上的便利，通过其他国家工作人员的职务便利骗取公共财物的行为，客观危害性明显大于其他普通侵犯财产犯罪。退一步讲,相关司法解释规定,行为人与国家工作人员勾结,利用国家工作人员的职务便利,共同侵吞、窃取、骗取或者以其他手段非法占有公共财物的,以贪污罪共犯论处。因此,袁某的行为符合贪污罪的构成特征,公诉机关指控其犯罪事实成立,但罪名不妥。

二审法院认为,袁某本人只是作为被拆迁对象参与其中,虽然袁某对其他村民的拆迁工作有宣传的职责,但是对于袁某本人而言,按照组织工作纪律应当回避,并非作为村干部参与其本人房屋的拆迁工作,而是利用之前与肖某、林某熟悉,要求对方关照,对方滥用职权虚报房屋面积,让袁某骗取了公共财物,非法占为己有。袁某此时不属于协助人民政府从事拆迁工作之人,其骗取财物不是利用本人职务上的便利,而是工作上的便利,由于其当时不具备特定主体身份,故该起犯罪行为应按诈骗罪定罪处罚。肖某、林某作为政府拆迁工作人员,在明知袁某本人房屋拆迁应当回避的情况下,受袁某请托,滥用职权虚报房屋面积,帮助袁某非法占有拆迁款,并收受贿赂,袁某的行为依法应按诈骗罪定罪处罚。其犯罪性质从主观方面、客观方面分析均符合诈骗罪的构成要件。肖某、林某涉嫌滥用职权罪和受贿罪。

从理论上而言,是不难区分诈骗罪与贪污罪的,但是由于具体案件中表现形态不一,在某些具有特殊主体身份之人实施的骗取财物的犯罪行为中,很难说清楚是否利用了职务便利。即便被告人具有特定主体身份,但并非经手、管理公共财物之人,其骗取公共财物的行为没有利用职务便利,而只是利用了工作上的便利,其行为亦不构成贪污罪。

综上,二审法院将袁某的罪名改判为诈骗罪。

第三部分

公司法篇

72. 赖某涉嫌销售假冒注册商标的商品罪，其公司如何开展企业合规？

□ 王俊林

【案情简介】

赖某、赵某与钱某（另案处理）三人共同成立 M 公司，购入假冒某著名国外品牌的某产品，向三人各自的公司供货并对外销售。2021 年 5 月，因涉嫌销售假冒注册商标的商品罪，赖某被大兴区公安局抓获；7 月，被大兴区检察院批捕。

经大兴区检察院审查认定，M 公司销售假冒注册商标的某产品销售金额为 300 余万元，其中向赖某作为法定代表人的 H 公司销售 110 余万元。10 月，大兴区检察院认为赖某等人销售明知是假冒注册商标的商品，销售金额数额巨大，应以销售假冒注册商标的商品罪追究刑事责任，向大兴区法院提起公诉。

【判决结果】

被告人赖某犯销售假冒注册商标的商品罪，判处有期徒刑三年，并处罚金十五万元。

【律师解读】

受家属委托，北京盈科律师事务所律师在本案中担任赖某的辩护人。

2021 年 4 月，最高人民检察院启动第二期企业合规改革试点工作，大兴区检察院入选第二期试点范围。

经赖某同意，律师向大兴区检察院申请对 H 公司开展企业合规整改，并对赖某从轻处罚。大兴区检察院赴 H 公司现场考察后，同意对 H 公司进行合规整改的申请。

一、H 公司涉嫌违法行为的原因分析

H 公司成立于 2013 年 5 月，为自然人独资的有限责任公司，注册资本为 100 万元。公司股东为赖某、李某（两人系夫妻关系），其中赖某任公司经理、执行董事，李某任公司监事。H 公司自成立以来一直经营某著名国外品牌多款产品的销售，案发前公司共有员工 6 人。

从 H 公司的情况可以看出，H 公司属于典型的民营小微企业，经营管理权高度集中，经理赖某一人可以完全决定 H 公司的全部重大决策。律师通过调查发现，H 公司几乎没有内部规章制度，对公司日常经营、重大决策等内部监督完全缺失。这就使得赖某决定的违法犯罪行为直接在 H 公司付诸实施。

同时，H 公司的全部从业人员，包括经理、财务、销售、库管等工作岗位，均缺乏知识产权保护意识，没有认识到销售假冒注册商标的商品行为不以商品具有伪劣性为处罚前提，对侵权行为的法律定性存在严重认识偏差；没有认识到未经权利人许可擅自在同一种商品上使用该商标和销售此类商品均构成侵权，对侵权行为的具体表现存在明显认识错误；没有认识到侵犯注册商标权的行为既涉嫌行政违法，也构成刑事犯罪，对侵权行为的后果存在明显认识误区。

二、制定 H 公司合规整改计划

通过分析 H 公司涉嫌违法行为的原因，并结合 H 公司的实际情况，律师查找出 H 公司的违规风险点，确立整改重点为"进货源头"和"销售过程"两个方面。从而为 H 公司制定以下合规整改计划，并报大兴区检察院审核：

第一，从源头抓起，与该品牌产品的生产厂商联系得到授权，签订合作协议并建立长期合作关系，保证从正规渠道购入正品；

第二，加入经该品牌授权的产品经销体系，利用其产品编码做好产品溯源，接受行业监督，保证销售的产品均为正品；

第三，在 H 公司内部建立健全各项制度，如岗位责任制、进货备案制、销售凭证管理、完税凭证管理等，发挥公司监事的作用，保证公司合法运营；

第四，以 H 公司自身经历为案例，联合其他该产品销售企业在销售场所开展法治宣讲，增强全体行业从业人员的法治意识，号召行业整体合法经营。

三、落实 H 公司的各项合规整改措施

收悉 H 公司提交的整改计划后，大兴区检察院组织成立了企业合规第三方评估监督组织，组成人员包括市场监督管理局工作人员、工商联相关人员以及第三方监管律师，并专门召开由案件承办检察官、承办民警、人大代表、政协委员、人民监督员、第三方评估监督组织、H 公司代表和律师共同参加的听证会，对是否同意 H 公司的整改计划予以公开听证。

在听证会上，参会人员对 H 公司的整改计划提出详尽的修改意见。律师根据听证会的意见，对 H 公司的整改措施予以重新调整，报大兴区检察院及第三方评估监督组织批准后在整改期限内逐项落实，并向大兴区检察院及第三方评估监督组织提交合规整改报告、整改承诺书、合规监管责任协议、各岗位工作要点等十几份体现合规整改成果的文件。

大兴区检察院会同第三方评估监督组织对 H 公司的合规整改情况进行两次验收，最终一致认可 H 公司的整改内容。综合律师在本案中做的多方面工作，本案的承办检察官最终采纳对被告人赖某从轻处罚的建议，在一审庭审中对其提出"有期徒刑三年，缓刑五年，并处罚金"的量刑建议。

四、对合规不起诉制度的一些思考

由于我国的合规不起诉制度仍处于探索阶段，尚未得到《刑事诉讼法》的确认，所以对企业的合规不起诉目前仍限于相对不起诉的范围。相信随着合规不起诉制度不断完善，公诉机关和审判机关就涉案企业的合规建设工作将在更多方面达成一致意见。这样能避免因严格追究相关人员刑事责任而使企业遭受灭顶之灾，更加有利于社会主义市场经济的发展。

73. 侵犯公司股东优先认缴权的决议，效力如何？

□ 杨 倩

【案情简介】

2002 年 7 月 25 日，A 公司成立，注册资本人民币 2900 万元，共八名股东。徐某作为其中一名股东，出资 580 万元，占注册资本的 20%。

2002 年 11 月 13 日，A 公司第一次增资，注册资本由 2900 万元增至 5870 万元。在此次增资中，徐某以货币资金增加出资 305 万元，持股比例变更为 15.07%。

2002 年 12 月 13 日，A 公司第二次增资，注册资本由 5870 万元增至 6500 万元。在此次增资中，徐某以货币资金增加出资 94.5 万元持股比例仍然保持在 15.07%。

2013 年 5 月 6 日，A 公司第三次增资，注册资本由 6500 万元增至 1 亿元。此次增资，A 公司于 2013 年 5 月 6 日作出了《第三届第六次临时股东大会决议》，载明："同意增加公司注册资本金 3500 万元，同意由股东章某以货币方式增加出资 2795 万元，同意由 A 建材公司以货币方式增加出资 705 万元"。

2017 年徐某发现此事，徐某认为此次增资股东会，未通知其参加，且在未征询其意见的情况下，直接确定该次 3500 万元增资仅由两名股东章某和 A 建材公司认缴，剥夺了其根据《公司法》第三十四条享有的法定"增资优先认缴权"，且导致徐某持有的 A 公司股权比例从 15.07% 被稀释为 9.795%。故此徐某将 A 公司起诉至人民法院，请求确认《第三届第六次临时股东大会决议》无效。

【判决结果】

一审判决：

驳回原告徐某诉讼请求。

原告徐某不服一审判决提出上诉。

二审判决：

撤销一审判决，发回重审。

发回重审后一审判决：

驳回原告徐某诉讼请求。

【律师解读】

《公司法》第二十二条第一款规定，公司股东会或者股东大会、董事会的决议内容违反法律、行政法规的无效。《公司法》第三十四条规定，股东按照实缴的出资比例分取红利；公司新增资本时，股东有权优先按照实缴的出资比例认缴出资。但是，全体股东约定不按照出资比例分取红利或者不按照出资比例优先认缴出资的除外。《公司法》第三十四条规定了公司新增资本时，公司股东的优先认缴权。

本案中，A公司未通知徐某公司增资、股东认缴增资事宜，侵犯了徐某的优先认缴权，那么该增资决议是否会因此被法院认定为无效呢？根据上述法律规定并结合司法实践，律师认为应当从以下三个维度去考量侵犯股东优先认缴权的决议是否应当认定为无效：

首先，《公司法》第三十四条规定的优先认缴权为效力性强制规定还是管理性强制规定？《最高人民法院关于当前形势下审理民商事合同纠纷案件若干问题的指导意见》第十六条规定人民法院应当综合法律法规的意旨，权衡相互冲突的权益，诸如权益的种类、交易安全以及其所规制的对象等，综合认定强制性规定的类型。如果强制性规范规制的是合同行为本身，即只要该合同行为发生绝对地损害国家利益或者社会公共利益的，人民法院应当认定合同无效，即法律、行政法规虽未规定违反将导致法律行为无效，但违反该规定如使法律行为继续有效将损害国家利益或社会公共利益的，应当认定该规定系效力性强制性规定。从这个角度来说，《公司法》第三十四条究其根本调整的是公司内部的纠纷，是私主体之间民事利益的调整关系，不涉及国家利益或社会公共利益，故《公司法》第三十四条规定应当为管理性强制规定，本案的争议决议违反该条法律规定也不应被认定为无效。

其次，决议的目的是否具有正当性。在本案中，A 公司股东及管理层从公司的整体利益出发，为公司筹集资金，及时应对市场变化，配合政府管理和履行公司需承担的社会责任的需要。在当时的情形下，股东及管理层基于其掌握的上述信息，及时作出相应的经营判断和决策，是合理、理性的。故出于尊重公司股东及管理层商业判断的考量，本案的增资目的正当。不存在部分股东在无增资必要性的情况下，滥用资本多数决原则，故意稀释小股东持股比例的情形。

最后，从利益衡量的视角看决议被认定无效是否适当。维护商事活动安全原则系公司诉讼案件审理的原则之一，而无效是对法律行为最为严厉的否定性评价。股东会决议的效力关系到公司、股东、债权人等多方主体的利益，若将所有违反法律规定的决议效力一概认定为无效，将会使市场交易主体丧失对交易安全的信任，影响市场交易的效率。不但不能实现立法的目的，反而可能会损害更多主体的利益，造成新的、更大的不公平。故从利益衡量的角度来说，尽管本案的争议决议损害了徐某的优先认缴权，但不应否定此项决议的效力，争议决议应属有效。

综上，违反《公司法》第三十四条的规定，侵犯公司股东优先认缴权的决议不是确认公司股东决议无效的情形之一，不能以此确认公司决议无效。

74. 转让股权后，股东是否可以提出知情权之诉？

□ 曲衍桥

【案情简介】

2001 年，李某出资三万元入股 A 公司，占股比例为 6%。2019 年，A 公司召开股东会提出有人欲收购 A 公司，同意转让股权的股东可以当场签字确认。当时李某愿意转让，但要求公司出具分配方案。在等待分配方案期间，其他股东在李某不知情的情况下将其各自股权转让给了甲、乙、丙三人。后新股东召开股东会要求公司融资，李某不同意融资。但 3 个月后，李某得知自己股权由原来占比 6% 被稀释至 0.6%。A 公司告知李某持有的股权价值已不足 10 万元。2020 年 12 月，李某无奈将自己持有的股权以 45 万元价格转让给法定代表人甲。

李某认为其在持股期间股权价值被稀释，利益受到损害，故提起股东知情权诉讼。诉请 A 公司提供自 2013 年 1 月至 2020 年 3 月期间的会计账簿供李某查阅。A 公司辩称，李某在起诉时已经不具有公司的股东资格，应该驳回其诉讼请求。

【判决结果】

A 公司于本判决生效十日内在该公司住所地置备 2013 年 1 月至 2020 年 3 月期间的会计账簿供李某查阅，查阅期不超过十个工作日。

【律师解读】

本案是股东知情权诉讼。律师应对这类诉讼主要从以下几个方面组织证据：

一、查账目的正当性。证明与本身利益有直接利害关系。

二、查账事由的正当性。股东必须证明其查账正当事由的存在，如股东股权转让、盈余分配、与公司业务相关及其与股东利益存在因果关系等原因。

三、注意前置程序的限制。《公司法》规定股东在诉前应先行向公司提出书面请求并说明其查账的正当目的。只有股东履行了该前置程序后，公司仍然拒绝股东的合理请求，才可提起知情权诉讼。

四、主体适格。股东查阅权的主体资格只能是公司股东，例外情况就是本案的情况（前任股东），虽然本案起诉时李某已经不是股东，但符合《最高人民法院关手适用〈中华人民共和国公司法〉若干问题的规定（四）》第七条规定，股东依据公司法第三十三条、第九十七条或者公司章程的规定，起诉请求查阅或者复制公司特定文件材料的，人民法院应当依法予以受理。公司有证据证明前款规定的原告在起诉时不具有公司股东资格的，人民法院应当驳回起诉，但原告有初步证据证明在持股期间其合法权益受到损害，请求依法查阅或者复制其持股期间的公司特定文件材料的除外。

本案胜诉的关键是要提供李某持股期间合法权益受到损害的证据。因此律师提供的主要证据为：部分公司票据及其他材料的复印件，证明 A 公司存在隐瞒财务状况的情形，并结合另外一名股东提起诉讼后与公司和解的事实佐证由于 A 公司隐瞒了部分财务状况，导致李某以较低的价格转让股权的事实，以此证明其利益受损。对于"持股期间其合法权益受到损害"的证据要求，法律规定得并不严格，只要有初步证据即可。因此，本案中法院认为李某能够提出初步证据证明其合法权益受到侵害，属于原股东在特殊情况下可以行使知情权的情形。且被告也不能证明李某查账具有不正当目的，因此支持了李某的诉讼请求。

75. 永续债要求提前偿付，法院是否支持？

□ 刘　涛

【案情简介】

A 基金管理有限公司（以下简称 A 公司）通过某资产管理计划项目下的资金购买了 B 公司于 2017 年 3 月发行的《2017 年度第一期中期票据》（以下简称《2017 新华联控 MTN001》）项下的 6.01 亿元，当期发行金额 10 亿元，发行期限为发行人依据发行条款的约定赎回之前长期存续，在发行人依据发行条款的约定赎回到期（永续债）。信用评级机构为大公国际资信评估有限公司，评级结果为主体 AA＋；债项 AA＋，发行人为 B 公司，中期票据面值人民币 100 元。该募集资金用途拟用于补充公司贸易及矿业板块镍铬复合材料生产、销售的营运资金需求，以保证公司经营业务的顺利开展。

《募集说明书》写明递延支付利息条款：除非发生强制付息事件，本期中期票据的每个付息日，发行人可自行选择将当期利息以及按照本条款已经递延的所有利息及其孳息推迟至下一个付息日支付，且不受到任何递延支付利息次数的限制，前述利息递延不构成发行人未按照约定足额支付利息。披露了发行人不行使赎回权的风险。本期永续票据没有固定到期日，发行条款约定发行人在特定时间点有权赎回本期永续票据，如果发行人在可行使赎回权时没有行权，会使投资人投资期限变长，由此可能给投资人带来一定的投资风险。

除此之外，《募集说明书》中载明："本公司通过中国货币网（www.chinamoney.com.cn）和上海清算所网站（www.shclearing.com）向全国银行间债券市场进行中期票据存续期间各类财务报表、审计报告及可能影响中期票据投资者实现其中期票据兑付的重大事项的披露工作，披露时间不晚于企业在证券交易所、指定媒体或其他场合向市场公开披露的时间。包括但不限于：公司涉及可能对其资产、负债、权益和经营成果产生重要影响的重大合同；公司发生可能影响其偿债能力的资产抵押、质押、出售、转让、划转或报废；公司发生未能清偿到期重大债务的违约情况；公司发生超过净资产 10% 以上的重大亏损或重大损失；公司涉及重大诉讼、仲裁事项；公司发生可能影响其偿债能力的资产被查封、扣押或冻结的情况；公司主要或者全部业务陷入停顿，可能影响其偿债能力的；公司对外提供重大担保。"

债券持有期间，B 公司发生严重的财务危机。

首先，B 公司未按照《募集说明书》约定履行重大事项披露义务，例如，未披露持有的北京银行股份有限公司 4.34 亿股被质押；未披露其对中国民生信托有限公司、中国民生银行股份有限公司北京分行等多家金融机构近百亿元的重大债务违约；未披露其作为被告、被申请人的诉讼、仲裁或保全案件高达几十个，涉及总金额高达 56 亿余元；未披露其持有的多家上市公司的股票被几十倍轮候冻结，B 公司构成根本违约。

其次，B 公司财务信用状况严重恶化且拒不提供增信措施，在成立债委会后，财务、信用状况持续恶化，包括但不限于，存在债券违约、未履行生效判决的情况，待偿还债务近百亿元；B 公司的信用评级自 2020 年 3 月被评为 C 级，至 2020 年 12 月仍未改变；其作为被执行人的案件因名下无财产可供执行；延期兑付的票据再次违约；案涉票据的评级维持 CC

级等。

据此，B 公司待偿且未能清偿的债务巨大，已经丧失商业信誉。A 公司为保障投资利益，争取尽快清偿，以 B 公司未按约定履行披露义务构成严重违约、B 公司财务信用状况严重恶化且拒不提供增信措施为由，行使法定解除权，提起诉讼。

【判决结果】

一审判决：

驳回原告 A 公司的全部诉讼请求。

原告 A 公司不服一审判决，提起上诉。

二审判决：

一、撤销一审民事判决；

二、确认上诉人 A 公司与被上诉人 B 公司就被上诉人 B 公司 2017 年度第一期中期票据达成的债券合同已于 2020 年 8 月 19 日解除；

三、被上诉人 B 公司于本判决生效之日起 10 日内给付上诉人 A 公司 2017 年度第一期中期票据本金 537300000 元及利息；

四、被上诉人 B 公司于本判决生效之日起 10 日内赔偿上诉人 A 公司资金占用损失（以 537300000 元为基数，自 2020 年 8 月 20 日起至实际给付之日止，按照年利率 6% 的标准计算）。

【律师解读】

本案的争议焦点在于双方就案涉票据达成的永续债券合同是否应予提前解除，即 B 公司是否构成根本违约而导致合同目的无法实现。

一、B 公司未依约履行披露义务构成根本违约

根据《募集说明书》要求，中期票据存续期内，发行人应当在中国货币网和上海清算所网站上披露上述可能影响中期票据投资者实现其中期票据兑付的重大事项，且披露时间不晚于企业在证券交易所等场合向市场公开披露的时间。在案涉票据存续期间，对于 B 公司涉及大额诉讼、仲裁，以及其持有的某文化旅游发展股份有限公司股份、某制造股份有限公司股份全部被冻结、轮候冻结等均未能及时在指定的网站上披露。B公司虽主张相关诉讼、仲裁、被查封、扣押、冻结等事项中的大量信息在裁判文书网、上市公司公告等公开渠道已对公众公示，但重大事项的信息披露是B公司作为发行人的重要义务，不能因投资人可通过其他渠道自行查知而免除发行人的重要义务。同时，根据《募集说明书》要求，其在指定网站上披露的时间不应晚于证券交易所等场合向市场公开披露的时间，说明仅在证券交易所等场合公布，不符合《募集说明书》的要求。

因此，《募集说明书》中要求B公司在指定网站披露的重大事项中包括重大诉讼、仲裁事项；披露公司发生可能影响其偿债能力的资产被查封、扣押或冻结的情况等。据此，B公司未能就上述事项履行披露义务，构成根本违约。

二、B公司的财务信用状况恶化，导致合同目的无法实现

（1）B公司信用评级下降。2020年3月，大公评估公司发布公告将B公司主体信用等级调整为C，案涉"17新华联控MTN001"信用等级调整为CC。2020年9月，大公评估公司发布公告确定将B公司的主体信用等级维持C，案涉"17新华联控MTN001"信用等级维持CC。即B公司主体已被评定为不能偿还债务的级别；案涉债券已被评定为在破产或重整时可获得保护较小，基本不能保证偿还债务的级别。

（2）B公司未能按约履行多支债券的给付义务。B公司因多笔债券未能按期兑付本息而被多个债券持有人提起诉讼，同时涉及其他诉讼、仲裁，B公司的大量资产被法院冻结。上述案件中，部分案件已经生效，判决B公司向债券持有人兑付本息等。再结合上述信用等级下降等事实，充分体现了B公司的偿债能力在合同签订后已明显恶化。

（3）《募集说明书》中约定了投资者保护机制，当遇到发行人发生未能清偿到期债务的违约情况等事项，启动投资者保护机制。

本案中，根据《募集说明书》已召开持有人会议并通过决议，要求B公司履行披露义务、提供增信措施、提前偿还债券本金及利息。B公司拒不按照持有人会议议案要求提供增信措施，亦不提前清偿债券本金及利息，同时未能完全依约履行披露义务。

（4）《募集说明书》中约定了偿债保障措施。《募集说明书》约定如果发行人出现了信用评级大幅度下降、财务状况严重恶化等可能影响投资者利益情况，发行人将采取不分配利润、暂缓重大对外投资等项目的实施、变现优良资产等措施来保证本期中期票据本息的兑付，保护投资者利益。现阶段，B公司并未提交充分证据证明其采取了上述相应措施来保证本期中期票据本息的兑付。

（5）《募集说明书》约定了大公评估公司的跟踪评级，但B公司于2021年3月3日不再委托大公评估公司对其信用评级。

B公司未能提交证据证明其将委托新的评估公司进行跟踪评级，使案涉债券的评级工作处于不确定状态，导致信用风险提高。

法院否定了B公司在本案诉讼中关于A公司在认购时明知诉争票据是永续债券且存在诸多风险的答辩意见，且该理由不能对抗其未披露公司重要信息之根本违约行为以及债务履行能力根本性下降之事实。

综上，B公司涉诉案件众多，被冻结、查封财产数额巨大，但其拒不按照持有人会议议案要求提供增信措施，亦不提前清偿债券本金及利息，加之未能履行披露义务，导致A公司无法实现购买并持有债券可以收回本金及利息的合同目的。B公司构成根本违约。

债券持有人通过流通债券实现自己的经济利益是其持有债券的重要目的之一，也是债券市场存在的重要价值之所在。发行人依约披露重大诉讼、仲裁事项，公司发生可能影响其偿债能力的资产被查封、扣押或冻结的情况等，属于企业重大事项信息披露的重要要求。B公司多次未按约披露重要信息，直接影响投资者对企业信用风险、投资价值的判断，以及投资者的投资信心，从而导致案涉债券缺乏市场流通性。

发行人不履行约定义务导致根本违约，投资人在欲通过出售票据收回本金的目的难以实现的情形下，即使是本身存在着债券发行人不行使赎回权的风险以及利息递延支付的风险的永续债，发行人也应当提前赎回并进行赔偿。

76. 转让股票被停牌，八千万股权是否受法律保护？

□ 张其元

【案情简介】

甲某 1、甲某 2、甲某 3、甲某 4（以下简称为甲方）和北京 A 科技有限公司（以下简称 A 公司）均系北京 B 科技股份有限公司（以下简称 B 公司）的股东。

2016 年 7 月 5 日，甲方和 A 公司签订《股权转让协议》双方约定："一、A 公司在完成收购甲方持有的股权之后，B 公司将继续正常经营。二、甲方将 B 公司共计 1000 万股份以 8 元/股的价格转让给 A 公司，A 公司支付 8000 万元。三、双方一次性通过全国中小企业股份转让系统进行交易，交易时间在 B 公司下一轮定向增发获得股转系统批复后 15 个交易日内。四、双方有任何一方违约，将向对方支付违约金四百万元。"

2016 年 11 月 25 日，全国中小企业股份转让系统有限责任公司（以下简称股转公司）出具函件，批准 B 公司进行增发。

2017 年 6 月 12 日，甲方致函 A 公司，称按照《股权转让协议》的约定 A 公司应支付股权转让款 8000 万元，现 A 公司已经违约，要求 A 公司在发函之日起 20 个工作日内支付转让款。A 公司至起诉时仍未按约履行。

现甲方诉至法院，要求：一、A 公司支付 8000 万元，通过全国中小企业股份转让系统进行交易，将甲方 1000 万股，以 8 元/股的价格转让给 A 公司；二、要求 A 公司向甲方赔偿损失（以 8000 万元为基数，自 2017 年 8 月 24 日起诉时开始至付清之日止，按照年利率 7.15% 的标准计算）；三、要求 A 公司向甲方支付违约金 400 万元；四、要求 A 公司承担本案诉讼费。

在诉讼过程中，B 公司因未披露 2017 年度报告于 2018 年 7 月 3 日股票被暂停转让。

【判决结果】

一审判决：

一、被告 A 公司于 B 公司股票可以交易且本判决生效后十日内，在全国中小企业股份转让系统中由原告甲方以 8 元/股的价格购买 B 公司股票 1000 万股，被告 A 公司向原告甲方支付共计 8000 万元；

二、被告 A 公司于本判决生效之日起十日内向原告甲方赔偿利息损失；

三、A 公司向甲方支付违约金 400 万元；

四、诉讼费 441800 元由 A 公司负担。

被告 A 公司不服一审判决，提起上诉。

二审判决：

驳回上诉人 A 公司的上诉，维持原判。

上诉人 A 公司不服二审判决，申请再审。

再审裁定：

裁定驳回再审申请人 A 公司的再审申请。

【律师解读】

一、B 公司是否存在无法正常经营或者存在非法经营的情况

《股权转让协议》第一项约定："A 公司支付股权转让款后 B 公司将继续正常经营"。"正常经营"与审计报告中的"持续经营"并非同一概念。此处的"继续正常经营"是指企业可以按照之前的状态继续经营，强调的是公司新股东进驻后公司不能发生重大变化。会计师事务所就 B 公司的财务状况出具的均是非标准无保留意见，结论是持续经营存在重大不确定性。"非标准无保留意见""持续经营能力"，均是审计中的专业用语。而公司的财务数据只是公司是否可以持续经营的一个方面，很多大型公司持续负债经营，并不能说明该公司无法正常经营。

二、公司股票停牌是否属于重大违规不能正常经营的情形？

B 公司因未披露 2017 年度报告于 2018 年 7 月 3 日股票被暂停转让，

并不存在涉嫌重大违规不能正常经营的情形。

考虑到 B 公司为新三板上市公司，其股票目前属于停牌状态。目前 B 公司的股价与双方签订协议时的价格产生了较大的变化，双方应在该股票复牌之日起十日内进行交易。全国股转公司要求在新三板股转系统中协议转让的股票价格为前一日收盘价的 50% ~ 200%，如因股价波动导致双方无法通过股转系统转让股票，则本案在强制执行时可以直接在中国证券登记结算有限公司进行划转过户。

律师建议，企业在做出股权转让重大决定之前，应该对企业经营风险进行严格把控，无论是转让方还是受让方，一定要聘请专业律师对股权转让文本进行起草设计，对专业术语进行定义和解释，确保合同的合规性，避免因瑕疵产生歧义和纠纷。

依法成立的合同受法律保护，合同当事人应当遵循诚实信用原则按照约定全面履行自己的义务。当事人一方不履行合同义务或者履行合同义务不符合约定的，应当承担继续履行、采取补救措施或者赔偿损失等违约责任。

77. 显名股东拒绝返还分红，隐名股东如何行使股东权利？

□ 侯晓宇

【案情简介】

2010 年，拟上市的中国水务公司增资扩股，该公司原股东 B 公司介绍 A 公司认购。A 公司出资 6800 余万元认购目标公司 3500 万股股份。双方签订《代持股协议》，由 B 公司代持上述增资股份。2016 年 A 公司了解到，目标公司股份连年分红，每年整体分红达 1.2 亿元，但是 B 公司从未通知 A 公司，A 公司遂向 B 公司主张权利。B 公司拒不返还巨额分红，甚至否认该股份归 A 公司所有。

2019 年 4 月，北京市盈科律师事务所律师代理 A 公司就 B 公司拒不履

行代持股义务向北京仲裁委提出仲裁申请：一、确认被申请人代持的 3500
万股份归申请人所有；二、裁定被申请人向申请人支付上述股份分红款共
计 1625 余万元；三、申请人因追索分红款产生的律师费 100 万元由被申请
人承担。北京仲裁委于 2019 年 11 月 1 日作出（2019）京仲裁字第某号
《裁决书》，支持了申请人的全部仲裁请求。

【仲裁结果】

一、申请人 A 公司系被申请人 B 公司持有的中国水务公司 3500 万
股份的实际出资人，被申请人 B 公司是申请人 A 公司股份的代持人。

二、被申请人 B 公司向申请人 A 公司支付 2010 – 2017 年度分红款
1475 万元。

三、被申请人 B 公司向申请人 A 公司支付申请人因本案产生律师费 40
万元。

B 公司不服仲裁，向人民法院申请撤销仲裁。人民法院依法驳回 B 公
司的撤裁申请。

【律师解读】

该案由于股权代持协议的条款比较简单，股权出资被人为设置了多个
环节，导致股权归属、股权分割产生纠纷，给隐名股东的显名带来极大困
难。代理人为此制作了大量图标，穿透多个环节的代持和所有权关系，最
终维护了实际投资人的权益。律师特别提醒各位投资人，对于隐名股东的
显名诉讼不宜"毕其功于一役"，根据案件情况，往往应该采取两步走战
略。特别是在显名化过程中，由于缺乏明确直接的法律规定，需要依托深
厚的法学理论和诉讼经验。

一、隐名股东显名的条件

《最高人民法院关于适用〈中华人民共和国公司法〉若干问题的规定
（三）》第二十四条规定："实际出资人未经公司其他股东半数以上同意，
请求公司变更股东、签发出资证明书、记载于股东名册、记载于公司章程
并办理公司登记机关登记的，人民法院不予支持"。通常，隐名股东无权

直接向公司主张分红等投资权益，隐名股东取得股东身份一般需满足以下三个条件：（1）隐名股东已实际出资；（2）隐名股东与名义股东之间签订有合法有效的代持股协议，且不违反法律法规的强制性规定；（3）经过公司其他股东半数以上同意。

关于其他股东半数以上同意是否需要股东明示同意存在两种观点：一种观点认为公司股东必须出具明确同意的意思表示才能认定构成同意，隐名股东可取得股东身份；而另一种观点则认为，其他股东以默认的方式认可隐名股东取得股东资格的情形也应认定为属于经公司其他股东半数以上同意。例如公司通知实际出资人参加股东会、向实际出资人分配利润等，其他股东并未表示异议，应认定为同意。2019 年 11 月最高法出台的《全国法院民商事审判工作会议纪要》第二十八条规定："实际出资人能够提供证据证明有限责任公司过半数的其他股东知道其实际出资的事实，且对其实际行使股东权利未曾提出异议的，对实际出资人提出的登记为公司股东的请求，人民法院依法予以支持。公司以实际出资人的请求不符合公司法司法解释（三）第二十四条的规定为由抗辩的，人民法院不予支持。"这一规定认可了默示同意的效力，在默示同意的情况下，应取得其他股东过半数同意。

二、隐名股东行使股东权利的方式

隐名股东行使股东权利通常有两种方式：一种是由显名股东代为行使股东权利，由显名股东向半数以上的其他股东披露实际出资人的身份，并明确表明自己是按照实际出资人的指示及意愿行使股东权利，并作出决策，所获得的分红收益亦归属于实际出资人所有。半数以上其他股东在知晓实际出资人及代持股事实后未表示反对的，应认定为其认可实际出资人行使股东权利。

另一种则是实际出资人直接参与到公司的经营决策活动中，由实际出资人直接与其他股东进行决策，或直接指派人员对公司进行管理，半数以上其他股东认可与实际出资人共同管理公司这一事实，说明实际出资人显名已经获得了公司其他股东半数以上同意。

三、隐名股东显名时可能存在的困难

在实际操作中，当出现显名股东侵犯隐名股东财产权益，公司其他股东又拒绝其显名请求时，隐名股东想要显名就变得较为困难。上述《最高人民法院关于适用〈中华人民共和国公司法〉若干问题的规定（三）》第二十四条是处理隐名股东与名义股东之间关于股东资格争议的主要条款，规定了隐名股东显名的条件，但该条款的规定并不完善，实际中存在多种显名股东侵害隐名股东权益的情形，例如显名股东侵占属于隐名股东的分红及收益、拒绝参与公司管理等。此种情况下，隐名股东可以通过起诉，请求解除其与显名股东的代持股协议，并要求显名股东返还出资款以及从公司领取的分红。

四、隐名股东取得股东资格，公司其他股东是否享有优先购买权

隐名股东显名时，其与显名股东之间属于以类似股权转让的形式将显名股东所代持的股权归还给隐名股东，由隐名股东取得股东身份。因此，《公司法》第七十一条关于股权转让的规定并不能完全适用于隐名股东取得股东资格的情形，即"经股东同意转让的股权，在同等条件下，其他股东有优先购买权。"在隐名股东显名的情形下，公司其他股东作出了同意的意思即意味着该股东已经放弃了优先购买权。也就是说，隐名股东要求取代显名股东取得股东身份时，其他股东无权要求购买该股权。

78. 股东抽逃出资，能否除名？

□ 孙雪原

【案情简介】

米兰公司原由曾某民独资设立，曾某民将其持有米兰公司的全部股权转让给徐某志，以徐某志名义支付了相应的股权转让款给曾某民，后米兰公司将股权变更登记至徐某志、刘某平名下，刘某平成为米兰公司法定代表人、徐某志和刘某平成为米兰公司的股东。在公司经营过程中，因理念不合，徐某志未尽到支付受让股权时约定的投资额（1500万）的义务，故米兰公司股东会于2013年5月9日，以徐某志自公司成立至今，既不履行出资（200万元）义务，更不履行交付股东投资额（1500万元）义务，也无法提供任何凭证为由，作出解除原告徐某志股东资格决议。之后徐某志不服，请求人民法院确认该解除行为无效。

【判决结果】

认定案涉股东会决议无效。

【律师解读】

股东在公司中的合法权益受法律保护。解除股东资格只应用于严重违反出资义务的情形，即未出资和抽逃全部出资，未完全履行出资义务和抽逃部分出资的情形不应包括在内……徐某志成为米兰公司的股东，并非原始取得，而是通过受让曾某民持有的米兰公司股权的形式取得股权及股东资格的。据此，米兰公司主张徐某志存在未履行出资义务的情形，与事实不符。

除名事由仅限于股东未履行出资义务或者抽逃全部出资。

股东除名类似于《民法典》中的合同解除，合同解除分为约定解除和法定解除，这当中法定解除的原因在于根本违约，而约定解除的原因出于合同各方的合意。类比股东除名制度，《公司法司法解释三》第十七条规定股东未出资或抽逃全部出资的"根本违约"情形可以触发股东除名的规则类似于合同的法定解除；同样股东可以基于股东的合意在公司章程中约定其他股东除名的情形，例如不足额出资，经催告仍不缴足到位的情形。因此，现实案例中，经常会出现因未履行部分出资款，或者和公司的大股东经营理念不合，而通过股东会除名的情况，这是不合乎法律规定的。与此同时，《公司法司法解释三》也规定了公司在对股东除名前应该给股东补正的机会，如果股东能够补正，能够最大限度地弥补损失，降低社会成本，符合商事交易效率性原则，亦限制了股东除名权的滥用。

因此我们可以得出：一旦成为公司股东，法律上对于维护股东身份的稳定性还是予以重视的，非必要法定的情形，不得擅自剥夺股东资格将其除名，并通过相关法律法规、司法解释的相继出台来维护小股东的实体权益，这也正是《公司法》日趋进步的体现。

79. 转让人将股权转给第三人，受让人如何主张权利？

□ 徐　杨

【案情简介】

2018 年 7 月 30 日，冯某与汪某平经协商达成口头股权转让协议。约定冯某出资 100 万元购买汪某平在甲公司 3% 的原始股和管理股。汪某平于当日向冯某出具书面材料，该书面材料载明：收到冯某现金 100 万元，购买汪某平在甲公司 3% 的原始股和管理股；甲公司在 2018 年 7 月 30 日之前、之后的所有债务均与冯某无关。甲公司在该协议上签章，汪某平作为法定代表人在该协议上签名。

该协议签订后，冯某通过银行、微信转账等方式向汪某平支付了股权转让款 100 万元。但汪某平至今未履行股权转让协议，亦未给冯某办理工商变更登记手续。双方因此产生争执，冯某要求汪某平退还股权转让款。汪某平于 2018 年 9 月 3 日至 2019 年 8 月 26 日间，先后通过转账方式向冯某退款 216100 元。2019 年 1 月 22 日，汪某平书面向冯某承诺于 2019 年 3 月 10 日前退还 20 万元。

另查：甲公司成立时间为 2010 年 7 月 1 日，注册资本 100 万元，股东为汪某平、石某莲，认缴出资额为石某莲 10 万元、汪某平 90 万元；2020 年 11 月 6 日，汪某平、石某莲分别将其在甲公司的股权 90 万元、10 万元均转让给张某，张某成为该公司唯一股东。

因汪某平未履行承诺义务，冯某诉至法院请求：一、判令解除冯某与汪某平、甲公司于 2018 年 7 月 30 日签订的《股权转让协议》；二、判令汪某平、甲公司返还剩余股权转让款 80 万元及逾期付款利息；三、判令汪某平、甲公司对上述给付义务承担连带责任；四、判令汪某平、甲公司承担本案诉讼费、保全费。

【判决结果】

一审判决：

一、解除原告冯某与被告汪某平于2018年7月30日达成的口头股权转让协议；

二、被告汪某平自判决生效之日起十日内，向原告冯某返还股权转让款783900元并支付逾期付款利息（以783900元为基数，按中国人民银行发布的金融机构人民币同期同类贷款基准利率自2018年9月3日起计算至2019年8月19日的利息和按全国银行间同业拆借中心公布的贷款市场报价利率自2019年8月20日起计算至实际履行完毕之日止的利息）；

三、驳回原告冯某的其他诉讼请求。

被告汪某平不服一审判决提出上诉。

二审判决：

驳回上诉人汪某的上诉，维持原判。

【律师解读】

一、冯某与汪某平的股权转让合同合法有效

冯某与汪某平经协商达成的口头股份转让协议，系双方当事人的真实意思表示，双方股权转让合同关系成立。合同即已成立，且内容不违反法律、行政法规的强制性规定。应属合法有效，冯某、汪某平均应按照合同履行各自义务。

二、汪某平构成根本违约

根据《民法典》第五百六十三条第一款规定："有下列情形之一的，当事人可以解除合同：（一）因不可抗力致使不能实现合同目的；（二）在履行期限届满前，当事人一方明确表示或者以自己的行为表明不履行主要债务；（三）当事人一方迟延履行主要债务，经催告后在合理期限内仍未履行；（四）当事人一方迟延履行债务或者有其他违约行为致使不能实现合同目的；（五）法律规定的其他情形。"

本案中，冯某已依约向汪某平支付股权转让款100万元后，汪某平应将其持有的甲公司3%的股权转至冯某名下。但汪某平未按照约定履行转让股权的义务。另外根据法院已查明的事实，甲公司的持股人汪某平、石某莲已于2020年11月6日，分别将其在甲公司的全部股权转让给张某，张某成为该公司的唯一股东。因此，汪某平已构成根本违约，冯某要求解除与汪某平达成的股权转让协议的诉讼请求合理。

汪某平上诉称其可继续转让股权，但其已在诉讼前将全部股权转让于张某。以其实际行为表示将不再履行双方股权转让合同。二审期间汪某平虽再次持有甲公司股权，但冯某已明确表示不愿继续履行股权转让合同。双方股权转让合同已无继续履行之必要。因此，汪某平关于双方股权转让合同应当继续履行之上诉意见，法院不予采纳。

80. 变更执行董事或法定代表人，是否经三分之二以上股东表决通过？

□ 孟晓东

【案情简介】

2008年11月24日，衡阳市A机械设备制造有限责任公司（以下简称A公司）变更为衡阳市B电瓶车制造有限责任公司（以下简称B公司）。股东为王某、宋某、付某、刘某4人，注册资本51万元。2009年6月22日B公司增资为150万元，新增股东贺某、吴某、彭某、谢某。经B公司新的股东会表决通过修改了公司章程，选举贺某为执行董事，担任法定代表人职务。2010年1月6日，B公司再次召开股东会，调整股份结构，新增张某为股东。具体为贺某出资49.5738万元，占股33.05%；吴某出资6.1965万元，占股4.13%；彭某出资12.393万元，占股8.26%；谢某出资2.4786万元，占股1.65%；王某出资11.3603万元，占股7.57%；宋某出资22.7205万元，占股15.15%；付某出资23.2369万元，占股15.49%；刘某出资17.0404万元，占股11.36%；张某出资5万元，占股3.33%。

因在生产经营中股东之间发生矛盾，2010年1月30日，B公司监事付某提议召开股东会。股东付某、刘某、王某、彭某、谢某、吴某、张某参加会议。贺某授权其儿子参加股东会，宋某尚未参加会议。会议就罢免贺某的执行董事、法定代表人职务，罢免付某监事职务，选举付某为执行董事、担任法定代表人职务以及修改公司章程相关条款等事项进行了表决。经表决，股东付某、刘某、王某、彭某同意罢免贺某的执行董事、法定代表人职务。王某以宋某2008年9月17日的授权委托书代宋某投了赞成票。表决结果为57.83%赞成，其余弃权或反对。

另查明：B公司是于2008年11月24日由A公司变更而来。在之前，B公司与A公司系同一公司、两块牌子。2010年6月3日，宋某出具证明书，证明书记载"王某代表本人，以签字等方式在B公司行使股东表决权等行为，都代表了本人的真实意思。我对其代表本人所作出的所有相关决议的表决，包括2010年1月30日的股东会决议等的表决，均表示认可。"

由此酿成纠纷，贺某便诉至法院。

【判决结果】

一审判决：

确认衡阳市B电瓶车制造有限责任公司股东会2010年1月30日作出的罢免贺某公司执行董事、法定代表人资格的股东会决议无效。

被告衡阳市B电瓶车制造有限责任公司不服一审判决提起上诉。

二审判决：

撤销原判，驳回被上诉人衡阳市B电瓶车制造有限责任公司的诉讼请求。

【律师解读】

本案的焦点是变更执行董事或法定代表人是否须经代表三分之二以上表决权的股东通过。

根据《中华人民共和国公司法》第一百零三条第二款股东大会作出决议，必须经出席会议的股东所持表决权过半数通过。但是，股东大会作出修改公司章程、增加或者减少注册资本的决议，以及公司合并、分立、解散或者变更公司形式的决议，必须经出席会议的股东所持表决权的三分之二以上通过。从形式上看，法定代表人姓名的修改也属于对公司章程内容的修改，而公司法定代表人的变更不属于需要三分之二以上即 66.66% 以上表决权的股东通过。即法定代表人的变更属于一般事项，50% 表决通过即可。但是，如果公司章程中记载了法定代表人的姓名，则法定代表人变更必然需要公司章程同步更新法定代表人的姓名。修改章程需要三分之二以上表决权的股东通过。

本案中被告 B 公司作出的罢免公司原执行董事、法定代表人职务，免去原公司监事，选举新执行董事、法定代表人，不是法律规定的须经代表三分之二以上表决权的股东通过的决议，只要出席会议的股东所持表决权过半数通过。另外根据本案第三人宋某于 2008 年 9 月 17 日出具的授权书，被授权人王某自 2008 年 9 月 17 日起就能够代表授权人宋某行使其在 B 公司的股东权利，包括行使表决权。故被授权人王某在 B 公司于 2010 年 1 月 30 日召开的股东会上代表宋某行使表决权的行为应合法有效。授权人宋某于 2010 年 6 月 3 日出具的证明书，进一步说明了被授权人王某该行为的合法性和有效性。因此，对被告 B 公司于 2010 年 1 月 30 日作出的股东会决议为 57.83% 表决权通过的表决结果，应当予以确认。

81. 企业偿还股东的借款，为何被撤销？

□ 张善辉

【案情简介】

甲公司成立于 2010 年，苏某为股东并担任公司董事。2018 年 10 月，苏某与彭某签订《借款合同》，约定："苏某向彭某借入款项 5 万元，用作甲公司支付业务保证金，借款期限自 2018 年 10 月 6 日至 2020 年 11 月 1 日，苏某应于 2020 年 11 月 1 日前一次性返还借款本金，逾期返还的，按应返还部分的日万分之五承担违约责任。" 2018 年 10 月 8 日，彭某向苏某转账 5 万元。

2020 年 10 月 20 日，甲公司向彭某支付 49990 元。2021 年 1 月 19 日，甲公司向彭某支付 6945 元。

2021 年 6 月，人民法院裁定受理甲公司的破产清算申请并指定北京某律师事务所担任甲公司管理人（下称管理人）。

管理人审查过程中，对上述《借款合同》及转账记录真实性不予认可。2021 年 7 月，向彭某发出书面通知，载明：甲公司向其支付两笔款项，依据《中华人民共和国企业破产法》第三十一条、第三十二条及第三十三条的规定，依法应当撤销，并要求彭某返还上述财产。

彭某收到上述通知后，未在指定期限内返还财产也未提供有效的其他证据，管理人遂诉至法院，并请求：

一、判令撤销甲公司向彭某支付 56935 元的行为（2020 年 10 月 20 日支付的 49990 元，2021 年 1 月 19 日支付的 6945 元）；

二、判令彭某返还甲公司管理人 56935 元并支付利息（按全国银行间同业拆借中心公布的一年期贷款市场报价利率 3.8% 计算，暂计至 2022 年 1 月 6 日的利息为 2593.76 元）；

三、本案诉讼费用由彭某承担。

【判决结果】

一、被告彭某于本判决生效后十日内向原告甲公司管理人返还 56,935 元并支付利息（均按照全国银行间同业拆借中心公布的一年期贷款市场报价利率，但不超过年利率 3.8% 的标准计算，以 49990 元为基数，自 2020 年 10 月 21 日起支付至全部款项实际清偿之日止；以 6945 元为基数，自 2021 年 1 月 20 日起支付至全部款项实际清偿之日止）；

二、驳回原告甲公司管理人的其他诉讼请求。

【律师解读】

一、关于管理人行使撤销权的法律基础

《中华人民共和国企业破产法》第三十一条第一项规定："人民法院受

理破产申请前一年内，债务人无偿转让财产的，管理人有权请求人民法院予以撤销"。本案中，甲公司管理人对彭某提交的《借款协议》等证据材料真实性不予认可并据此主张甲公司分别于 2020 年 10 月 20 日支付给彭某的 49990 元及 2021 年 1 月 19 日支付给彭某的 6945 元为甲公司无偿支付的款项，形式上符合撤销权的要件。

二、甲公司付款行为是否符合撤销权的实质要件

彭某主张本案款项性质为还款，应对其主张承担举证责任，综合彭某提交的证据，法院认为其举证未达到高度可能性的证明标准，具体理由如下：第一，《借款合同》签订主体为苏某和彭某，甲公司并非合同签订主体，在签订《借款合同》之时，苏某为甲公司股东、董事，并非法定代表人，其行为无权直接代表公司，且甲公司管理人对《借款合同》真实性不认可，无法显示甲公司对《借款合同》知情且认可。第二，《借款合同》虽约定借款用于甲公司对外支付保证金，但并无证据证明甲公司实际使用了款项，彭某提供的银行交易流水无法显示款项最终实际用于甲公司。因此，法院对于彭某主张案涉款项为甲公司还款的主张不予采信。依据《中华人民共和国破产法》第三十一条第一项，撤销甲公司付款行为并要求彭某返还财产。

结合本案，对管理人而言，要严格对债务人企业被裁定受理破产申请之日前一年内的资金流水进行调查，对凡是存在应予撤销可能的均应明确指出，无法协商一致的应及时履行通知义务。通过撤销权诉讼确保债权人的合法权益，同时也最大限度避免出现管理人因未尽忠实勤勉义务而被追责的执业风险。

对律师作为债务人企业原有法律顾问而言，提供服务期间，对债务人处理有关债权债务过程中应严格把关，确保合同的相对性及债权债务的真实性和合规性，避免因程序瑕疵导致债务人企业一旦进入破产程序时发生在先行为被依法撤销的情况。

对破产程序中债权人的代理律师或法律顾问而言，应在积极与管理人沟通协调的基础上，对债务人企业的财务资料进行严格审查，对存有可撤销的行为应立即告知管理人及时行使撤销权，以最大限度保全债务人企业的财产，最终维护债权人整体权益。

82. 员工离职，公司有义务回购其股权吗?

□ 白桂香

【案情简介】

2016 年 9 月 11 日，小洁入职大鹏公司。2017 年 10 月 10 日，大鹏公司人事部王某找到小洁表示：大鹏公司每年都会对核心骨干员工进行股权分配，执行股权激励项目，小洁本次股权激励为 25 万股，对应支付的股权价格为 2 元/股，共计 50 万元。款项打给大鹏公司董事长吴某个人银行账户并注明××员工股权购买款。第一，以后如大鹏公司上市或者被并购，员工可获得相应高额回报；第二，购买大鹏公司"股权"后，如员工离职或被辞退，大鹏公司将回收其所持的所有"股权"，并按照 5% 的年利率支付利息。随后，王某拿出已经准备好的《合伙人出资份额转让协议书》让小洁签字，并表示文本都是经过法务审查过的标准文本，每个人都是签的统一的文本。

2017 年 10 月 15 日，小洁依约向董事长吴某打款 30 万元。2017 年 12 月 15 日，小洁向董事长吴某打款 20 万元。共计打款 50 万元。

2019 年 7 月 31 日，小洁因个人原因离职。但在办理离职手续，要求大鹏公司按之前的约定回购股权退还股款并支付利息时却屡遭推诿，大鹏公司、董事长吴某、《合伙人出资份额转让协议书》上盖章的佳兴合伙企业（即员工持股平台）各执一词。大鹏公司声称未收到 50 万元股款；董事长吴某则表示公司亏损，股款已经用于经营无法退还；持股平台佳兴合伙企业则表示一直由董事长吴某控制该平台，企业一直未收到 50 万元股款。

三方均拒不回购股权，于是小洁把三方告上法庭，要求：

1. 大鹏公司赔偿未能回购股权造成的损失 50 万元及利息（以 50 万元为基数，自 2019 年 7 月 31 日起至实际清偿之日止，按照年利率 5% 标准计算）；

2. 董事长吴某、佳兴合伙企业承担连带责任；

3. 诉讼费由三被告承担。

【判决结果】

一、被告大鹏公司于本判决生效之日起十日内赔偿原告小洁损失 50 万元及利息（以 50 万元为基数，自 2019 年 7 月 31 日起至实际清偿之日止，按照年利率 5% 标准计算）；

二、案件受理费 8800 元由被告大鹏公司承担；

三、驳回原告小洁的其他诉讼请求。

【律师解读】

本案发生于《民法典》施行前，根据《最高人民法院关于适用时间效力的若干规定》，《民法典》施行前的法律事实引起的民事纠纷案件，适用当时的法律、司法解释的规定。因此本案应适用《中华人民共和国合同法》的相关规定。

《合同法》第六十条规定："当事人应当按照约定全面履行自己的义务。当事人应当遵循诚实信用原则，根据合同的性质、目的和交易习惯履行通知、协助、保密等义务"。第一百零七条规定："当事人一方不履行合同义务或者履行合同义务不符合约定的，应当承担继续履行、采取补救措施或者赔偿损失等违约责任"。

本案争议焦点为：在小洁离职后，三被告是否应向小洁赔偿其损失 50 万元及利息。

根据查明的事实，小洁通过大鹏公司的员工持股平台佳兴合伙企业，以合伙份额形式持有员工股权，按照大鹏公司向全体员工发送的邮件《股权激励方案》中约定：如员工离职，公司将回收其持有的股权。现小洁已与大鹏公司解除劳动关系，大鹏公司应按照《股权激励方案》约定向小洁支付购买股权款 50 万元并按照 5% 的年利率支付利息。

大鹏公司主张，根据佳兴合伙企业的合伙协议约定：普通合伙人的入伙和退伙应须经全体合伙人一致同意方可进行，即使小洁申请退伙，必须征得全体合伙人一致同意，但该流程并未真正举行过，未能提供相关证据证实。

佳兴合伙企业是大鹏公司为激励员工专门成立的有限合伙企业，不得从事除投资大鹏公司以外的任何商业经营。企业合伙人间接持有大鹏公司的相关权益，全部为大鹏公司员工。董事长吴某系佳兴合伙企业的合伙人，与大鹏公司员工共同持有佳兴合伙企业的所有出资份额。

现有证据显示，佳兴合伙企业仅系大鹏公司持有员工股权的平台，且小洁就本案争议亦一直与大鹏公司工作人员进行沟通，法院认定大鹏公司应向小洁支付相关款项是正确的。

此案充分说明，市场主体在经营过程中，无论是对于公司外部各类合作主体还是对于内部职工，均应遵守诚实信用原则，合同协议一旦有效成立，当事人就应当按照约定全面履行自己的义务，不得擅自变更或者解除。诚实信用原则在合同法中居特殊地位，不仅在合同协议订立之时，在合同协议履行过程中，诚信履行亦构成合同协议履行的基本原则，合同的当事人应当依照诚信原则行使债权，履行债务。当事人若不按照合同协议的约定适当履行的，应当承担相应的法律责任。

83. 未履行出资义务的股东，能否追加为被执行人？

□ 李小慧

【案情简介】

于某因房屋租赁与某管理有限公司产生纠纷，将某管理有限公司诉至法院，法院判决本管理有限公司向于某支付租金等各项费用共60余万元。判决生效后，某管理有限公司一直没有执行判决，于某委托北京市盈科律师事务所律师向法院申请强制执行，但因某管理有限公司没有任何财产而被终结执行。

律师经调取某管理有限公司的工商档案，发现该公司的股东存在没有实缴出资的情况。某管理有限公司成立于 2012 年，注册资本为 10 万元，股东和法定代表人为刘某，出资数额为 10 万元，出资方式为货币。2014 年，某管理有限公司进行增资，注册资本由 10 万元变为 1000 万元，出资时间为 2014 年 5 月，但刘某未按规定实缴出资；2020 年底，公司的法定代表人和股东由刘某变更为边某，公司注册资本仍为 1000 万元，股东边某认缴出资 1000 万元，出资期限为 2032 年。

经分析本案案情，律师认为可以追加公司股东为本案的被执行人，于是代理于某向法院立案，申请追加某管理有限公司前股东刘某、现股东边某为被执行人。经审理，法院裁定追加刘某和边某为被本案执行人，刘某不服法院裁决，提起了执行异议之诉，在执行异议之诉审理过程中，刘某、边某抗辩称，两人只是代持股份，并不是公司的实际控制人，某管理有限公司真正的股东和实际控制人为张某，应当追加张某为执行人，不同意追加两人为被执行人。刘某同时提供一份还款协议及张某本人声明，以证明张某是公司的真正股东和实际控制人。

【处理结果】

追加某管理有限公司的股东刘某、边某为被执行人。

【律师解读】

法院裁定追加某管理有限公司的股东刘某、边某为被执行人。某管理有限公司的股东刘某不服法院裁定，提起执行异议之诉后，被一审法院驳回，刘某上诉，二审仍然驳回刘某诉求，维持一审判决；执行法院冻结了刘某、边某名下房屋、车辆等财产，并执行回部分钱款。

在注册资本认缴制下，股东依法享有期限利益。债权人以公司不能清偿到期债务为由，请求未届出资期限的股东在未出资范围内对公司不能清偿的债务承担补充责任的，人民法院应当不予支持。但是公司作为被执行人的案件，人民法院穷尽执行措施无财产可供执行，已具备破产原因，但不申请破产的以及在公司债务产生后，公司股东（大）会决议或以其他方式延长股东出资期限的两种情况除外。本案中，某管理有限公司未能清偿到期债务，经强制执行程序后，仍无法清偿对于某所负的债务，一审法院作出执行裁定书，终结本次执行程序，在执行过程中，公司股东由刘某变更为边某。综合本案情况，应认定为已具备加速到期情形，边某应在未出资范围内对公司不能清偿的债务承担补充赔偿责任。

《最高人民法院关于民事执行中变更、追加当事人若干问题的规定》第十七条规定："作为被执行人的营利法人、财产不足以清偿生效法律文书确定的债务，申请执行人申请变更、追加未缴纳或未足额缴纳出资的股东、出资人或依公司法规定对该出资承担连带责任的发起人为被执行人，在尚未缴纳出资的范围内依法承担责任的，人民法院应予支持"。刘某作为管理有限公司的前股东，有应缴而未缴纳的出资，属于未足额缴纳出资的股东，应在未出资的范围内对公司不能清偿的债务承担补充赔偿责任。

同时，张某虽然是隐名股东和公司实际控制人，但仍不能成为本案的被执行人，因为隐名股东并不当然就是公司股东，隐名股东如想显名或确认股东资格，必须先经人民法院确认或者变更工商登记。如果隐名关系的双方仅为资金往来关系，提供资金一方并没有成立公司或实际取得股权的意思，那么双方关系的实质应为借款关系，提供资金一方并不能取得公司的股东身份。因此在隐名股东显名之前，承担责任的应当是公司登记的股东，而不应当是隐名股东。

84. 差额补足安排，是否属于"刚性兑付"？

□ 刘　涛

【案情简介】

2016 年 2 月 25 日，上海浸鑫基金（有限合伙型）成立，该基金为分层型结构化资管产品，基金预定存续期限为 3 年，拟募集总规模为人民币 52 亿元。优先级有限合伙份额 28 亿元，由 A1 财富公司认购，资金来源为 A 银行发行的某专项资产管理计划，A1 财富公司为 A 银行子公司。劣后级有限合伙份额 6000 万元，由 B 投资公司认购。普通合伙人为 B1 公司和

C1 公司，其中 B1 公司为执行事务合伙人。B1 公司为 B 投资公司全资子公司。

基金投资及退出方式为：通过在中国香港出资设立香港浸鑫公司，在开曼群岛设立开曼浸鑫公司，两家公司通过 C 集团收购标的公司 MP&Silva Holding S. A.（以下简称 MPS 公司）65% 股权，并通过获得股权收益的方式退出。

基金分配方式为：根据各方签订的《合伙协议》约定，优先级有限合伙人优先于其他任何合伙人获得合伙企业因项目投资产生的可分配资金所进行的收益分配。各方一致确认并同意，"为避免异议，该等金额收益的计算具体为：收益 = 优先级有限合伙人实缴出资金额总额 × 8.2% × 优先级有限合伙人持有该有限合伙份额的实际天数/365 + 优先级有限合伙人实缴出资金额总额"；普通合伙人应确保优先级合伙人每自然年不晚于 12 月 20 日获得固定收益，该固定收益的计算方式为：优先级有限合伙人实缴出资金额总额 × 8.2% × 当期计息期间天数/365；最后一次固定收益的支付金额根据上述固定收益计算方式获得的固定收益外，还应加上优先级有限合伙人实缴出资金额总额。

2016 年 4 月，B 投资公司向 A 银行另行出具《差额补足函》，同意：一、在上海浸鑫基金成立届满 36 个月之内，由 C 集团或 B 投资公司指定的其他第三方以不少于人民币 28 亿元 ×（1 + 8.2% × 招财 5 号资管计划存续天数/365）的目标价格受让上海浸鑫基金持有的香港浸鑫公司 100% 股权。如果最终该等股权转让价格低于目标价格，B 投资公司同意对目标价格与股权实际转让价格之间的差额无条件承担全额补足义务。届时，至资管计划终止日，如果 MPS 股权没有完全处置，B 投资公司承担全额差额补足义务……。三、同意并确认承担本补足函项下全部补足义务的期间为资管计划存续期间（含起始日，且含终止日）……。五、无论因任何情况，导致 B 投资公司未按照《差额补足函》履行差额补足义务的或者 B 投资公司违反《差额补足函》项下的任何约定，B 投资公司无条件对 A 银行承担赔偿责任，赔偿金额为应支付的差额补足款。

2019 年 4 月 25 日，B 投资公司全资子公司 B1 公司通知全体合伙人：上海浸鑫基金已于 2019 年 2 月 24 日投资期届满进入资产处置和清算阶段。

此时基金投资期届满 36 个月，资管计划于 2019 年 5 月 5 日到期，差额补足义务的时间条件已经满足。而截至上述日期，未如期退出，差额补足义务的事实要件已经满足，A 银行遂提起本案诉讼，要求 B 投资公司履行差额补足义务。

【判决结果】

一审判决：

一、被告 B 投资公司应于本判决生效之日起十日内支付原告 A 银行人民币 3115778630.04 元；

二、被告 B 投资公司应于本判决生效之日起十日内支付原告 A 银行以人民币 3115778630.04 元为基数，自 2019 年 5 月 6 日起至实际清偿之日止的利息损失。

被告 B 投资公司不服一审判决，提起上诉。

二审判决：

驳回上诉人 B 投资公司的上诉，维持原判。

【律师解读】

本案争议焦点主要集中在《差额补足函》的法律性质及效力问题上。一审法院认可了《差额补足函》作为独立合同而不是担保合同的有效性，认定 B 投资公司应在扣除 A1 财富公司已经收取的投资收益的基础上，支付 A 银行相应的款项。B 投资公司不服一审法院判决，向上海市高级人民法院提起上诉，上海市高级人民法院判决驳回上诉，维持原判。

该案系一起因跨境并购投资失败导致巨额亏损所引发的合同纠纷，涉及两家上市金融机构，诉讼金额达 34 亿余元，引发社会高度关注。在私募类型的资管案件中，类似差额补足型增信措施的法律性质界定是非常重要的，也是司法审理过程中的焦点和难点。学理上存在保证担保、债务的加入以及独立合同等不同学说，实践中也存在不同的认识。法律定性不同，将导致法律效果的不同。如果差额补足协议被定性为担保合同和债务加入，则可能因未依照法律和公司章程规定履行内部决议程序而导致无效；如果差额补足协议被定性为独立合同，则无须受制于公司提供担保的规定，差额补足义务人需按照承诺文件履行义务。对于差额补足等增信措施是何种性质，不能一概而论。

一、关于《差额补足函》的法律性质

首先，本案中 B 投资公司出具《差额补足函》的目的，确系为 A 银行资管计划的资金退出提供增信服务，但并非增信性质的文件均属于保证，增信文件是否构成保证仍需根据保证法律关系的构成要件进行具体判断。一般保证行为本质的法律特征系其从属性，即保证法律关系的成立必须以主债务的存在为前提，且保证人与主债务人系针对同一笔债务向同一债权人作出履约承诺。A 银行并非《合伙协议》的签约主体，即 A 银行不是《合伙协议》中的直接债权人。其次，根据《差额补足函》的约定，B 投资公司向 A 银行履行差额补足义务并不以《合伙协议》中上海浸鑫基金的债务履行为前提。《差额补足函》中并无明确连带责任保证的担保表示，也没有担保对象，更没有担保的主债权和主合同。

综上，B 投资公司向 A 银行作出差额补足的支付承诺，相较于基于《合伙协议》所产生的债权具有独立性，与具有从属性的保证责任明显不同。据此，《差额补足函》系原、被告之间独立的合同关系，而非保证与被担保的主从法律关系。

二、关于《差额补足函》的效力

案涉《差额补足函》在性质上是否属于"刚性兑付"，是本案裁判的一个焦点。"刚性兑付"表述本身并非法律意义上的概念。在资产管理业务中，"刚性兑付"是指资产管理产品的发行人或者管理人对投资人承诺保本保收益的行为。因"刚性兑付"违反了资管业务"受人之托，代人理财"的法律关系本质，转嫁损失风险，且不利于金融资源的合理配置，损害了金融秩序及金融市场的稳定，故对于资产管理产品的发行人或者管理人对投资人承诺保本保收益的行为应依法认定无效。

但本案中，我们可以注意到，B 投资公司并非所涉投资资金的管理人或者销售机构，不存在《私募股权投资基金监督管理暂行办法》所规制的私募基金管理人或私募基金销售机构不得承诺投资本金不受损失或者承诺最低收益的行为。此外，上海浸鑫基金系基于 B 投资公司和 C1 公司（C

集团全资子公司）于 2016 年 3 月签署的《共同发起设立新兴产业并购基金之合作框架协议》而设立的产业并购基金。在此背景下，B 投资公司直接认购了上海浸鑫基金的劣后级有限合伙份额，而 A 银行则通过旗下 A1 财富公司认购了上海浸鑫基金的优先级有限合伙份额。由此可见，B 投资公司系基于自身利益需求，自愿利用上述结构化安排以及《差额补足函》的形式，与 A 银行就双方的投资风险及投资收益进行分配，该行为合法有效。

差额补足义务与被补足的债务本身不具有同一性、从属性等保证责任构成要件的，可认定构成独立合同关系而非保证与被保证的从属性法律关系，差额补足的条件及范围依据合同约定确定。差额补足协议的性质应根据协议主体、权利义务约定等综合进行认定。差额补足义务的主体不是所涉投资资金的管理人或者销售机构的，不属于法律法规所规制的刚性兑付情形。投资人之间自愿利用基金的结构化安排以及差额补足的方式就投资风险及投资收益进行分配的，该行为合法有效。该案判决结合《全国法院民商事审判工作会议纪要》的相关精神，对第三方"差额补足函"的法律性质等问题进行了详细阐述，并明确了认定原则，有利于同类案件的裁判。

85. 认缴期限未到，能否追加股东为被执行人？

□ 王 杰

【案情简介】

甲公司与乙公司买卖合同纠纷一案，某法院作出民事判决书。根据该判决书，乙公司在判决书生效后给付甲公司款项 950 万元及利息。现该判决书已生效，但乙公司拒不履行判决书所确定的义务。甲公司向法院申请对乙公司强制执行。法院在执行中，通过网络执行查控系统等手段，发现乙公司暂无可供执行的财产。随后，法院裁定终结本次执行程序。

甲公司请求法院依法追加丙公司为某执行案件的被执行人，在 1000

万元的出资范围内承担付款责任。

【处理结果】

追加丙公司为某执行案件的被执行人，在其尚未缴纳 1000 万元的出资范围内承担清偿责任。

【律师解读】

在注册资本认缴制下，股东依法享有期限利益。债权人以公司不能清偿到期债务为由，请求未届出资期限的股东在未出资范围内对公司不能清偿的债务承担补充赔偿责任的，人民法院不予支持。但是，下列情形除外：一、公司作为被执行人的案件，人民法院穷尽执行措施无财产可供执行，已具备破产原因，但不申请破产的；二、在公司债务产生后，公司股东（大）会决议或以其他方式延长股东出资期限的。具体到本案，是否追加丙公司为被执行人，应重点审查丙公司的出资应否加速到期。

关于"已具备破产原因"，根据《最高人民法院关于适用〈中华人民共和国企业破产法〉若干问题的规定（一）》第一条第一款规定："债务人不能清偿到期债务并且具有下列情形之一的，人民法院应当认定其具备破产原因：（一）资产不足以清偿全部债务；（二）明显缺乏清偿能力"。第二条规定："下列情形同时存在的，人民法院应当认定债务人不能清偿到期债务：（一）债权债务关系依法成立；（二）债务履行期限已经届满；（三）债务人未完全清偿债务"。第四条规定："债务人账面资产虽大于负债，但存在下列情形之一的，人民法院应当认定其明显缺乏清偿能力：……（三）经人民法院强制执行，无法清偿债务"。本案中，因乙公司未履行判决书确定的债务，甲公司向法院申请强制执行。在执行过程中，因乙公司名下暂无财产可供执行且未发现其他财产线索，法院已经裁定终结本次执行程序。因此，丙公司作为乙公司的股东，其出资义务应当加速到期。

丙公司属于《最高人民法院关于适用〈中华人民共和国公司法〉若干问题的规定（三）》第十三条第二款规定的"未全面履行出资义务的股

东"，结合《最高人民法院关于民事执行中变更、追加当事人若干问题的规定》第十七条规定，乙公司的财产不足以清偿生效法律文书确定的债务，丙公司作为乙公司的股东，其认缴出资额为 1000 万元。股东认缴出资的承诺是公司责任财产的重要组成部分，并具有担保公司债务的目的。丙公司作为乙公司的股东，其认缴公司注册资本的期限虽未到，但在乙公司财产不足以清偿债务，已具备破产原因但不申请破产的情况下，其对公司注册资本认缴期限的约定，与认缴承诺担保公司债务的目的相冲突，应否定认缴期限的效力，导致认缴期限加速到期。因此，法院追加丙公司在其尚未缴纳的 1000 万元的出资范围内承担清偿责任。

86. 矿业股权转让，为何被判无效？

□ 白桂香

【案情简介】

2017 年 8 月 10 日，吴某与王某 1、王某 2 签订《股权转让合同》，约定吴某将其持有的某县紫金矿业有限公司（简称紫金公司）100% 股权一次性作价 5800 万元转让给王某 1。合同约定："一、王某 1 应在合同生效之日向吴某支付首付款 300 万元，吴某在收到首付款之日起十五个工作日完成股权变更登记；二、王某 1 应当自 2017 年 9 月开始至 2018 年 7 月，每月向吴某支付 500 万元；三、若一方违反约定，违约金为转让价款总额的 3%，即 174 万元；四、王某 2 作为连带责任保证人对王某 1 的履约及违约责任承担连带保证责任。"《股权转让合同》签订后，王某 1 支付了首付款 300 万元。

2017 年 8 月 19 日，吴某配合王某 1 完成了股权变更登记。但王某 1、王某 2 未依约支付剩余款项，吴某提起诉讼，要求：一、判令王某 1 向吴某支付股权转让款 5500 万元；二、判令王某 1 支付吴某违约金 174 万元；三、判令王某 2 对上述款项承担连带责任；四、判令本案诉讼费用由王某 1、王某 2 负担。

【判决结果】

一审判决：

一、驳回原告吴某的全部诉讼请求。

二、案件受理费 331800 元，由原告吴某负担。

吴某不服一审判决，提起上诉。

二审判决：

驳回上诉人吴某的上诉，维持原判。

【律师解读】

《中华人民共和国民事诉讼法》第六十四条规定，当事人对自己提出的主张，有责任提供证据。在本案中，双方实际转让的是西南某省某县紫金矿区的矿业权（工商显示注册资本为 300 万元）。故争议焦点为紫金公司股权转让价格的认定，应根据双方提供的证据予以认定。

对于紫金公司股权转让价格的认定，应以转让当时（2017 年 8 月 10 日）的紫金公司（即矿业权）自身价值为准。对此吴某未能提供证据证明该公司在转让时的价值，仅有 2015 年矿业总投资 705.3 万元和安全设施投资 114 万元的工程安全预评估备案表，但上述资金的投入为预评估价格。当地评估公司于 2017 年 5 月 11 日为紫金公司申请贷款而评定 1.2014 平方公里矿区采矿价值 4.73 个亿的评估报告，而评估报告并未提供相关实地勘测报告的基础文件用以支撑其价值来源，均不足以作为该矿区的实际价值认定。

2014 年 7 月 2 日，西南某省国土资源厅出具《采矿权询价结果备案证明》显示，根据西南某省地质科学研究院的矿业权询价意见，某县紫金矿业有色矿的采矿权价值为 85.47 万元。紫金公司的《股东会决议》《会议纪要》等显示因公司资金周转需要，以紫金公司法人 300 万股股权做质押，质押给某银行申请新增资款 5800 万元。紫金公司的《授信额度合同》（由紫金公司申请银行授信 3.56 亿元）、《三沙银行最高额度质押合同》《股权出质设立登记通知书》显示，2017 年 9 月 26 日，出质人王某1、质权人三沙某银行股份有限公司、出质股权所在公司紫金公司，出质股权数额 300 万元。

以上证据均证明王某 1、王某 2 与吴某签署 5800 万元股权转让协议是为了紫金公司信用贷款，而非紫金公司的真实股权转让款金额，紫金公司实际股权转让款为 300 万元。

综上，《股权转让合同》并不体现双方的真实意思表示，吴某据此主张王某 1 支付剩余股权转让款 5500 万元及违约金，并要求王某 2 承担担保责任不当。市场主体在经营过程中，应当互惠互利，诚信为本。王某 2 本意为套取银行增资款，从而虚增股权转让金额 5500 万元，致使吴某假戏真做，起诉要求王某 1 和王某 2 履行《股权转让合同》，未想此举却给自己带来巨大法律风险。

作为企业法律顾问要未雨绸缪，积极预防和化解企业经营中面临的各种法律风险，依法决策，促进企业规范化管理，维护企业合法权益，使企业在中国经济发展的快速路上行稳致远，用法律为企业经营保驾护航。

第四部分

劳动法篇

87. 仅有社保记录，劳动关系是否成立？

□ 温奕昕

【案情简介】

2015年1月1日，王某入职某出版社，双方签订一年的劳动合同，月工资1万元。工资前期由出版社支付，后期由出版社子公司影视中心公司账户支付。双方劳动关系于2020年12月31日解除，出版社未足额支付王某在职期间的工资。王某提交《劳动合同书》、社会保险个人缴费信息对账单、《关于商请借调王某同志的函》进行证明：《劳动合同书》期限为一年，甲方为出版社，甲方用人单位为影视中心。社会保险个人缴费信息对账单显示出版社为王某缴纳了社会保险，银行对账单显示由影视中心公司账户给王某代发工资。王某向北京市某劳动人事争议仲裁委员会提出仲裁申请，要求确认与出版社在2015年1月1日至2020年12月31日存在事实劳动关系并支付工作期间工资差额20万元。

【处理结果】

驳回申请人王某的劳动仲裁请求。

【律师解读】

本案系确认劳动关系纠纷案。劳动者与用人单位之间是否存在劳动关系，关键在于用人单位是否对劳动者提供的劳动力形成控制与支配以及相对应的劳动者是否在用人单位的指示、命令下提供劳动。原劳动和社会保障部颁发的《关于确立劳动关系有关事项的通知》（劳社部发〔2005〕12号）第二条规定："用人单位未与劳动者签订劳动合同，认定双方存在劳动关系时可参照下列凭证：（一）工资支付凭证或记录（职工工资发放花名册）、缴纳各项社会保险费的记录；（二）用人单位向劳动者发放的'工作证''服务证'等能够证明身份的证件；（三）劳动者填写的用人单位招工招聘'登记表''报名表'等招用记录；（四）考勤记录……"。

本案中，虽然王某社保由出版社缴纳，但该情况尚不足以作为认定王某所主张的事实的充分依据。在实践中，社保由其他公司缴纳的情况并不少见。本案关键证据是出版社的子公司影视中心公司的工资支付凭证，王某没有提供"工作证""服务证"证明其在出版社工作，也无法提供证据证明其工作是否受出版社的指示与命令。申请人的工作内容（编导工作）亦没有在申请人的业务范围之内。因此，王某与出版社之间不存在直接控制与被控制、支配与被支配的关系。鉴于王某的其他仲裁请求（支付工资差额）需建立在其与出版社存在劳动关系的基础上，因此，劳动仲裁委员会根据《中华人民共和国劳动争议调解仲裁法》规定做出上述裁决。

88. 试用期约定违法，能否要求赔偿？

□ 张　鹏

【案情简介】

2020年4月7日，某公司与宋某建立劳动关系。双方《劳动合同》约定，宋某岗位为某区域经理，合同期限为2020年4月7日至2021年4月6日，合同试用期为3个月（自2020年4月7日至2020年7月6日止），试用期工资为3200元/月，转正后工资为4000元/月。

2020年10月28日，某公司向宋某出具《辞退通知书》，载明因宋某在试用期内未达到业务部门考核要求，公司将于2020年10月28日解除劳动合同。

宋某向劳动仲裁委提出仲裁申请，要求：一、某公司支付违法解除劳动合同赔偿金8000元；二、支付违法约定试用期赔偿金20000元。劳动仲裁委支持宋某部分请求，某公司不服，诉至法院。

【判决结果】

判决原告某公司支付被告宋某违法解除劳动合同赔偿金6686.2元，以及超出法定试用期的赔偿金4000元。

【律师解读】

本案主要争议点有两个，即某公司约定试用期是否违法，是否存在违法解除合同的行为。

一、某公司约定试用期是否违法

2020年4月7日，某公司与宋某建立劳动关系，签订了一年的固定期限劳动合同，约定合同试用期为3个月。根据《劳动合同法》第十九条："劳动合同期限一年以上不满三年的，试用期不得超过二个月。"某公司与宋某签订的劳动合同约定3个月的试用期，明显超出法律规定的最长期限二个月，故某公司试用期约定违法，违法试用期的期间为一个月。根据《劳动合同法》第八十三条："用人单位违反本法规定与劳动者约定试用期的，由劳动行政部门责令改正；违法约定的试用期已经履行的，由用人单位以劳动者试用期满月工资为标准，按已经履行的超过法定试用期的期间向劳动者支付赔偿金。"本案中，宋某转正后工资为4000元/月，法院判决某公司支付宋某超出法定试用期的赔偿金4000元于法有据。

二、某公司是否存在违法解除合同的行为

在仲裁和诉讼过程中，某公司主张宋某试用期间及转正后连续六个月业绩均没有完成，达不到公司业务要求，并提交2020年7月1日《公司业务销售人员薪资体系》，其中载明基本底薪4000元对应季度消耗20万元，以及晋级、售卖规则、提成政策、代运营政策等，其中规定"试用期提成按季度发放，三个月没有完成业绩自然辞退"。根据《劳动合同法》第四条第二款、第四款规定："用人单位在制定……直接涉及劳动者切身利益的规章制度或者重大事项时，应当经职工代表大会或者全体职工讨论，提出方案和意见，与工会或者职工代表平等协商确定，……公示，或者告知劳动者。"某公司在仲裁和诉讼过程中未提供证据证明上述与劳动者权益

相关事项和制度经过合法程序制作，并向宋某等劳动者告知，故某公司与宋某解除劳动合同不符合法律规定，其应当支付违法解除劳动关系赔偿金。

在实践中，用人单位往往会忽视劳动者的权利，存在违法履行劳动合同以及违法解除劳动合同的行为，因此赔偿也在所难免。

89. 球员追讨工资，能否申请劳动仲裁？

□ 张　颖

【案情简介】

2016 年 2 月 27 日，闫某（乙方）与 A 足球俱乐部（甲方）签订《A 足球俱乐部球员工作合同》，合同约定："工作期限自 2016 年 2 月 1 日起至 2020 年 12 月 31 日止；工资及奖金标准为每月税前人民币 8000 元，包括基本工资（按月平均发放）和绩效工资（年终根据业绩考核结果一次兑现）；工作内容为乙方从事训练、比赛、公益活动和其他必要活动。"

闫某主张 2020 年 1 月疫情之前带队训练，疫情之后队员每天在群里发训练视频，线上带队训练。A 足球俱乐部认可闫某在 2020 年 1 月 23 日前有训练，春节后因疫情 2 月至 5 月闫某未提供劳动。A 足球俱乐部向闫某承诺发放欠付工资，但至今协商未果。

闫某向中国足球协会仲裁委员会递交了仲裁申请，中国足球协会仲裁委员会以 A 足球俱乐部被取消俱乐部注册资格，不在受理范围内为由，拒绝受理仲裁申请。后闫某向某省劳动人事争议仲裁委员会申请劳动仲裁，该仲裁委员会作出劳人仲字〔2020〕第某号不予受理通知书，不予受理。

闫某向某市某区人民法院提起诉讼，请求法院帮助球员解决欠薪事件。闫某请求：一、请求法院判令被告 A 足球俱乐部向原告闫某支付 2019 年工资、奖金及 2020 年部分工资共计人民币 114650 元；二、请求法院判决由被告 A 足球俱乐部承担本案诉讼费用。

【判决结果】

一、被告 A 足球俱乐部股份有限公司于判决生效后十五日内支付原告闫某 2019 年工资、奖金及 2020 年 1 月至 5 月工资（生活费）共计 106801 元；

二、驳回原告闫某的其他诉讼请求。

【律师解读】

劳动者、用人单位的合法权益受法律保护。在发生劳动争议时，当事人对自己提出的主张，有责任提供证据。同时，当事人对自己提出的诉讼请求所依据的事实或者反驳对方诉讼请求所依据的事实有责任提供证据加以证明。没有证据或者证据不足以证明当事人事实主张的，由负有举证责任的当事人承担不利后果。

一、关于本案件管辖问题

足球行业属于特殊行业，球员与俱乐部之间属于特殊劳动合同关系，某省劳动人事争议仲裁委员会在 2020 年 6 月 19 日作出的不予受理通知书中载明："经审查，请求事项不符合受理条件，本委决定不予受理。主要理由见下列第 3 项：申请人的申请仲裁请求不属于劳动（人事）争议处理范围。"

2020 年 6 月 18 日，中国足球协会向某省足球运动协会下达《关于 A 足球俱乐部相关人员仲裁申请的询函》的复函，该复函明确中国足球协会仲裁委员会不予受理关于闫某的仲裁申请，并建议相关人员按照国家法律法规规定，通过其他途径维护自身合法权益。虽然闫某与 A 足球俱乐部之间属于特殊劳动合同关系，但在足协仲裁委员会已明确不予受理仲裁申请且闫某诉至法院的前提下，法院有对该案件的管辖权。

二、球员讨薪事件，各位球员能否提起劳动仲裁或者民事诉讼

不能提起劳动仲裁或者诉讼，只能提起体育仲裁。依据现行有效的《中华人民共和国体育法（2016）》第三十二条规定："在竞技体育活动中发生纠纷，由体育仲裁机构负责调解、仲裁。体育仲裁机构的设立办法和仲裁范围由国务院另行规定。"于2023年1月1日起施行的《中华人民共和国体育法（2022修订）》也就此问题有更详细的规定。

《中华人民共和国体育法（2022修订）》第九十一条规定："国家建立体育仲裁制度，及时、公正解决体育纠纷，保护当事人的合法权益。体育仲裁依法独立进行，不受行政机关、社会组织和个人的干涉。"第九十二条规定："当事人可以根据仲裁协议、体育组织章程、体育赛事规则等，对下列纠纷申请体育仲裁：（一）对体育社会组织、运动员管理单位、体育赛事活动组织者按照兴奋剂管理或者其他管理规定作出的取消参赛资格、取消比赛成绩、禁赛等处理决定不服发生的纠纷；（二）因运动员注册、交流发生的纠纷；（三）在竞技体育活动中发生的其他纠纷。《中华人民共和国仲裁法》规定的可仲裁纠纷和《中华人民共和国劳动争议调解仲裁法》规定的劳动争议，不属于体育仲裁范围。"

90. 无劳动合同，如何确认劳动关系？

□ 罗文正

【案情简介】

吴某五年前经老乡张某介绍来北京市某健身会所工作，在职期间从未订立任何形式的劳动合同。该健身会所在日常工作中皆称花名，不用真实姓名。疫情发生后，某健身会所按照北京市防疫规定暂停营业，会所主管在停业期间突然以电话方式告知吴某终止劳动关系。

吴某提起劳动仲裁，请求仲裁被申请人某健身会所支付违法解除劳动关系赔偿金、欠付工资、加班费等15万余元。劳动仲裁庭认为确认双方存在劳动关系的证据不足，驳回申请人吴某全部仲裁请求。吴某委托北京市盈科律师事务所律师提起民事诉讼。

【判决结果】

一、原告吴某与被告某健身会所成立劳动关系；

二、判令被告某健身会所赔偿原告吴某违法解除劳动关系款项 1 万余元；

三、判令被告某健身会所支付原告吴某不签订劳动合同的一年内双倍工资 7 万余元。

【律师解读】

根据《劳动合同法》第七条规定："用人单位自用工之日起即与劳动者建立劳动关系"。律师接受委托后，从搜集证据角度办理本案。从微信工作群聊天记录中，提取了吴某向上级汇报工作、同事之间团建聊天记录、健身会所通知、客户反馈等证据；从当事人处搜集到其掌管的健身会所部分房间钥匙等证据。经由调取证据，取得该健身会所考勤打卡机外观照片及显示吴某职务的照片一份；吴某手机向某健身会所主管发送的工作汇报内容一份；微信聊天记录提及"升职""调任"的记录若干；吴某向某健身会所主管、法定代表人电话录音证据三份；银行流水、发放的工资转账记录数份。

以上证据在高度盖然性证明标准范围内充分证明了吴某在某健身会所内持续、稳定地提供了劳动内容。吴某有相关职权接触客户、业务活动和业务资料，尽管工作期间吴某及其他工作人员使用非真实姓名，但收发短信内容的手机号可查证为某健身会所主管本人。

综上，吴某与某健身会所之间成立劳动关系，且某健身会所向吴某作出解除劳动关系的方式违法，应当向吴某支付违法解除劳动关系赔偿金、欠付工资、加班费等。依据判决认定的事实，某健身会所欠缴的社保通过社保部门专门渠道另行追讨，约 1.5 万余元。

91. 主张竞业限制包含在工资中，是否合法？

□ 徐 杨

【案情简介】

2018 年 5 月 28 日，姚某入职某舞蹈培训机构，双方签订《劳动合同》，建立劳动关系。同日，双方签订《保密及竞业禁止合同》，约定"甲方（某舞蹈培训机构）对乙方（姚某）的劳动支付了工资等报酬（含保密费及竞业限制补偿金）。在劳动合同期间及解除终止后两年内，乙方不得以自己或他人名义直接或间接进行投资经营与公司有竞争关系的商业行为，不得到与公司有竞争关系的其他用人单位工作。乙方认可公司在支付工资报酬时已支付竞业禁止补偿金，故无须在离职后另外支付竞业禁止补偿金；乙方违约应向甲方支付违约金 10 万元；给甲方造成损失的应赔偿，未造成损失或损失无法计算的，乙方支付违约金 10 万元"。2019 年 12 月 25 日，姚某出于个人原因辞职。

后某舞蹈培训机构向法院起诉，诉讼请求为：一、被告姚某应履行竞业限制义务，在竞业限制期限内不得自己从事或者以他人名义从事与原告经营范围有竞争关系的商业行为直至 2021 年 12 月 25 日，不得在与原告有竞争关系的单位任职；二、被告支付违反竞业限制义务的违约金 10 万元；三、违反保密义务的违约金 10 万元。

【判决结果】

一审判决：

驳回原告某舞蹈培训机构全部诉讼请求。

原告某舞蹈培训机构不服一审判决，提起上诉。

二审判决：

驳回上诉人某舞蹈培训机构的上诉，维持原判。

【律师解读】

一、用人单位支付竞业限制经济补偿是劳动者履行竞业限制义务的前提

《劳动合同法》第二十三条第二款规定："对负有保密义务的劳动者，用人单位可以在劳动合同或者保密协议中与劳动者约定竞业限制条款，并约定在解除或者终止劳动合同后，在竞业限制期限内按月给予劳动者经济补偿。劳动者违反竞业限制约定的，应当按照约定向用人单位支付违约金"。根据该规定，解除或者终止劳动合同后，在竞业限制期限内用人单位需按月给予劳动者经济补偿。用人单位支付竞业限制经济补偿是劳动者履行竞业限制义务的前提。另外，根据《最高人民法院关于审理劳动争议案件适用法律问题的解释（一）》第三十八条规定："因用人单位的原因导致三个月未支付经济补偿，劳动者请求解除竞业限制约定的，人民法院应予以支持"。

本案中，双方签订《保密及竞业禁止合同》，但双方于2019年12月25日解除劳动关系后，某舞蹈培训机构一直未支付姚某竞业限制经济补偿（已超过三个月），亦未举证证明已发放劳动报酬中包含经济补偿。某舞蹈培训机构无法仅以其与姚某之间的竞业限制约定约束姚某自由择业的劳动权。因此，在某舞蹈培训机构一直未支付竞业限制经济补偿（已超过三个月）的情形下，竞业限制约定对姚某不具有约束力。

二、用人单位不得超出《劳动合同法》内容要求劳动者承担违约金

依据《劳动合同法》第二十五条规定："除违反服务期约定违约金和违反竞业限制约定违约金的情形外，用人单位不得与劳动者约定由劳动者承担违约金"。某舞蹈培训机构在涉案《保密及竞业禁止合同》中约定支付违反保密义务违约金，违反上述规定，其依据该约定要求姚某支付违反保密义务违约金10万元的诉讼请求，于法无据。

综上，单位与劳动者在劳动合同中约定劳动者承担违约金的情形，应当符合《劳动合同法》规定的内容。单位如主张给劳动者的竞业限制补偿金已经包含在工资中，应当提供确实充分的证据予以证明，否则将会承担举证不能的不利后果。

92. 驾校教练上班看微信，是否违反公司规章制度？

□ 张建武

【案情简介】

2010 年 1 月 8 日，张某入职 A 驾驶学校股份有限公司（以下简称 A 公司），担任岗位教练员，实行综合计算工时工作制。A 公司（甲方）与张某（乙方）于 2017 年 1 月 8 日签订无固定期限劳动合同。

2021 年 8 月 24 日，A 公司向张某出具《解除劳动合同通知书》，载明："张某：由于您违反我公司《员工手册》第 5 条第 15 款之规定，依据《劳动合同法》第三十九条第二款，于 2021 年 8 月 24 日与您解除劳动合同，特此通知。"

2021 年 8 月 31 日，张某向某仲裁委申请仲裁。2021 年 11 月 4 日，某仲裁委裁决：一、A 公司支付张某 2019 年 1 月 1 日至 2021 年 8 月 24 日期间 2 天未休年休假工资 799.84 元；二、A 公司支付张某 2020 年 2 月 1 日至 2020 年 2 月 29 日期间工资差额 1410 元；三、驳回张某的其他仲裁请求。

A 公司认可仲裁裁决结果，张某不服仲裁裁决结果，向法院提起诉讼。

【判决结果】

一审判决：

一、被告 A 驾驶学校股份有限公司于本判决生效之日起十日内支付原告张某 2019 年 1 月 1 日至 2021 年 8 月 24 日期间 2 天未休年休假工资 799.84 元；

二、被告 A 驾驶学校股份有限公司于本判决生效之日起十日内支付原告张某 2020 年 2 月 1 日至 2020 年 2 月 29 日期间工资差额 1410 元；

三、驳回原告张某的其他诉讼请求。

原告张某不服一审判决，提起上诉。

二审判决：

驳回上诉人张某的上诉，维持原判。

【律师解读】

根据《劳动合同法》第三十九条第二项规定，劳动者严重违反用人单位的规章制度，用人单位可以解除劳动合同。通常而言，用人单位可以通过规章制度规定严重违纪的情形，但是应当在合理范围之内。比如，一些用人单位规定员工无故连续旷工三日属于严重违纪，这是合理的；一些用人单位规定员工上班病假应当提前7天请假，否则属于严重违纪，这明显过于苛刻。

本案中，A公司《员工手册》第5条第15款规定："教练员在教学过程中，不得拨打、接听、观看手机，当班时间不做与工作无关的事宜，不说与工作无关的话等，如有两次属于重大违反公司规章制度的行为，A公司可以解除劳动合同。"从A公司提交的员工违规鉴证表、车载视频等证据表明张某存在两次教学过程中查看手机的情形。虽张某称看手机是查看A公司管理人员下发的通知和工作安排，但并没有提交相应的证据证明其主张，应承担不利后果。教练员在教学过程中，由于学员并未取得驾照，对教练员的要求要高于普通驾驶员，教练员在工作时理应审慎对待可能影响安全的各种行为。并且，张某在《员工手册》领取确认书上签字，视为其对上述规定的知情。A公司向张某送达解除劳动合同通知书，并通知了工会，程序符合法律规定。

综上，A公司并非违法解除劳动合同。

93. 劳务派遣工签署的合同，责任谁来承担?

□ 庞立旺

【案情简介】

A 广告公司的总经理龙某经朋友介绍结识了 B 置业公司的策划经理邹某，后来因 B 置业公司新开发的 Q 小区急需举行展会推广和答谢业主活动，在龙某和邹某的推动下，A 广告公司分别于 2019 年底、2020 年初和 2020 年 8 月主办 B 置业公司的 Q 小区新年主题活动和 Q 小区七夕活动。A 广告公司给出了报价单，B 置业公司和 A 广告公司均在报价单上签字盖章。A 广告公司主办的三场活动顺利举办。B 置业公司认可这三场活动，但迟迟不愿付款。A 广告公司多次要求 B 置业公司付款，但 B 置业公司表示双方之间不存在服务合同关系，以邹某系劳务派遣人员，无权限代表公司进行经济活动为由拖延。

为维护合法权益，A 广告公司委托由庞立旺律师和律师同事组成的团队诉至法院。

【判决结果】

被告 B 置业有限公司于本判决生效之日起七日内支付原告 A 广告公司服务费 154664.36 元及逾期付款利息（以 154664.36 元为基数，按照全国银行间同业拆借中心公布的一年期贷款市场报价利率计算，自 2021 年 9 月 13 日起至实际付清之日止）。

【律师解读】

本案存在法律适用问题，适用的是《合同法》而非《民法典》，这是因为法律原则上没有溯及力，即新颁布的法律并不能约束该法生效之前的事实与行为。《民法典》于 2021 年 1 月 1 日生效，而本案事实发生在 2019 年至 2020 年间，故应当适用当时还未失效的《合同法》。表见代理制度在《合同法》和《民法典》中都有体现，原《合同法》第四十九条规定:

"行为人没有代理权、超越代理权或者代理权终止后以被代理人名义订立合同，相对人有理由相信行为人有代理权的，该代理行为有效。"《合同法》被废止后，《民法典》延续了这项规定。

在仔细分析了案情后，庞立旺律师提出 A 广告公司作为合同相对人，不清楚 B 置业公司的内部用章审批流程。A 广告公司在商事交往中也没有了解对方公司内部管理的必要和义务，出于对合法印章以及邹某身份的合理信任，与 B 置业公司达成合作并忠实履行了合同义务。根据《合同法》关于表见代理制度的有关规定，A 广告公司享有向 B 置业公司请求支付服务费的权利，B 置业公司无权以其内部管理制度对抗善意的 A 广告公司。

首先，邹某作为劳务派遣人员的身份并不必然导致其无权代理公司对外签订合同；其次，即便根据 B 置业公司内部制度，邹某没有权限以公司名义订立合同，但是邹某的岗位为策划经理，且报价单亦加盖有 B 置业公司营销管理部公章，故 A 广告公司作为合同相对人有理由相信邹某有权代理公司对报价单及验收确认单签字确认，邹某的代理行为对 B 置业公司发生效力；再次，三份报价单中"营销管理部公章"的使用是否符合 B 置业公司内部用章制度系 B 置业公司内部管理问题，该问题超出 A 广告公司的认知范围，在没有证据显示 A 广告公司对此存在故意、重大过失的情况下，即便用章不符合 B 置业公司的制度，亦无法对抗作为合同相对方的 A 广告公司；最后，在 A 广告公司根据约定履行服务后，B 置业公司并未就 A 广告公司的服务提出异议，且在庭审中，经法庭多次询问，B 置业公司无法核实三场活动的实际服务方。

综上，法院支持了 A 广告有限公司的诉讼请求。

94. 与关联公司签订变更劳动合同，工龄是否合并计算？

□ 岳广琛

【案情简介】

2017 年，张某（乙方）与北京 A 在线教育科技有限公司（甲方，以下简称北京 A 公司）签订了《劳动合同书》，合同期限为 2017 年 12 月 28 日至 2020 年 12 月 27 日。2020 年 12 月 28 日，双方续签了《劳动合同书》，合同约定："合同期限为 2020 年 12 月 28 日至 2025 年 12 月 27 日，基本工资为 19000 元/月（税前），甲方最终发给乙方的工资包括基本工资、加班工资及绩效奖金等，绩效奖金是甲方根据经营业绩和乙方的工作能力、技术水平、工作表现、工作业绩等情况，由甲方自主确定是否支付给乙方的奖金，其数额没有明确约定。"

2021 年 1 月 1 日，北京 A 公司、张某、北京 A 在线教育科技有限公司武汉 B 分公司（以下简称武汉 B 公司）签订了《劳动合同变更协议》，张某的用工单位变更为武汉 B 公司。同日，武汉 B 分公司与张某签订了《劳动合同书》，合同期限为 2021 年 1 月 1 日至 2025 年 12 月 27 日。

2021 年 9 月 24 日，武汉 B 公司向张某发出解除劳动合同通知书，解除与张某的劳动关系。武汉 B 公司与张某均认可在张某离职前月平均工资为 19653.78 元。

2021 年 9 月 25 日，张某申请劳动仲裁，请求：一、武汉 B 公司支付违法解除劳动合同赔偿金 152000 元；二、武汉 B 公司支付张某 2021 年 1 月 1 日至 2021 年 9 月 24 日未休年休假工资报酬 5421.73 元。

【处理结果】

仲裁结果：

一、武汉 B 公司支付张某违法解除劳动合同赔偿金 152000 元；

二、武汉 B 公司支付张某 2021 年 1 月 1 日至 2021 年 9 月 24 日未休年休假工资报酬 5421.73 元。

武汉 B 公司不服仲裁结果，提起诉讼。

一审判决：

一、原告武汉 B 公司于本判决生效之日起七日内支付被告张某 2021 年 1 月 1 日至 2021 年 9 月 24 日未休年休假工资 5421.73 元；

二、原告武汉 B 公司于本判决生效之日起七日内支付被告张某违法解除劳动合同赔偿金 152000 元；

三、驳回原告武汉 B 公司的诉讼请求。

原告武汉 B 公司不服一审判决，提起上诉。

二审判决：

驳回上诉人武汉 B 公司的上诉，维持原判。

【律师解读】

本案的争议焦点为北京 A 公司和武汉 B 公司之间是否存在关联关系。

一般而言，具备以下几个情形会被认定具有关联关系的混同用工：一、两家公司之间存在投资关系或者实际控制的关系，双方合作紧密。二、两家公司在公司财务、人事等业务部门方面存在一定的重合。三、两家公司的注册地址、办公地点等场所重合。四、两家公司的管理人员之间存在很多重合。五、公司员工同时为两家公司提供劳动或者实质上接受两家公司的劳动管理。六、两家公司轮流为员工发工资或者提供福利待遇等。

《劳动法》第十七条规定："订立和变更劳动合同，应当遵循平等自愿、协商一致的原则，不得违反法律、行政法规的规定"。《劳动合同法实施条例》第十条规定："劳动者非因本人原因从原用人单位被安排到新用人单位工作的，劳动者在原用人单位的工作年限合并计算为新用人单位的工作年限。原用人单位已经向劳动者支付经济补偿的，新用人单位在依法解除、终止劳动合同计算支付经济补偿的工作年限时，不再计算劳动者在原用人单位的工作年限"。因此，结合《劳动合同书》《劳动合同变更协议》的内容，张某与武汉 B 公司形成劳动关系期间，在工作内容、工作地点和工作形式并未发生变化的情况下，仅仅是张某的社保缴纳的用人单位变更为武汉 B 公司，工资也是由武汉 B 公司给张某发。因此，可以认为武汉 B 公司与北京 A 公司存在关联关系。张某在签订《劳动合同变更协议》的时候，北京 A 公司并未再支付经济补偿。在解除劳动关系经济补偿计算的时候，也应当将张某在北京 A 公司和武汉 B 公司的工作年限合并计算。

综上，张某的工作年限应当合并计算，由武汉 B 公司承担违法解除劳动合同赔偿金。

95. 公司内部考核不合格，解除劳动关系是否合法？

□ 张　璐

【案情简介】

2002 年 7 月，曹某与某大学出版社签订了无固定期限劳动合同。2020 年 8 月，某大学出版社与曹某解除劳动关系。

曹某认为：2019 年 5 月起出版社无故让其待岗，2019 年 6 月又要求其选择去新岗，其同年 7 月起再次失去固定岗位。但其在上述期间一直正常工作，2020 年 2 月至 5 月受疫情影响其居家办公。2020 年 6 月 1 日至 18 日正常出勤，同月 19 日起再次因疫情居家办公至 2020 年 8 月 11 日。

某大学出版社认为：曹某在 2018 年违反公司制度，擅自签订合同。并且曹某因公司内部考核不合格，经培训竞聘上岗仍不能胜任本职工作。公司通知曹某解除劳动关系，要求曹某退回因考核不合格于 2019 年发放的绩效工资。

双方经多次协商、沟通，均无果。曹某向某劳动人事争议仲裁委员会申请劳动仲裁，申请事项如下：一、补发 2018 年度绩效工资；二、补发 2019 年 5 月至 2020 年 8 月工资差额；三、补发 2019 年度绩效工资；四、违法解除劳动关系赔偿金。

2021 年 1 月，曹某委托北京市盈科律师事务所张璐团队律师代理本案。根据曹某对案件事实的阐述及相关证据材料，张璐团队律师认真分析案情，历经 2 次开庭使曹某的合法权益得到了保障。

【仲裁结果】

一、某大学出版社于裁判生效之日起五日内，支付曹某 2018 年 1 月 1 日至 2018 年 12 月 31 日年终（绩效工资）55108 元；

二、某大学出版社于裁判生效之日起五日内，支付曹某违法解除劳动关系赔偿金 111494.6 元。

【律师解读】

本案中，曹某与某大学出版社劳动关系存续长达 17 年，案件背后的情况错综复杂。张璐团队律师通过认真分析案情，多次与曹某进行沟通，多方搜集材料，为申请人填补证据漏洞，最终维护了曹某的合法权益。

一、关于 2018 年度绩效工资

某大学出版社虽主张曹某 2018 年绩效工资已根据其绩效考核得分足额支付，但其提交的绩效考核得分排名未显示曹某确认痕迹，曹某对此亦不认可。根据证据规则，某大学出版社对此应承担不利后果，因此应按照曹某的主张支付其 2018 年度绩效工资。

二、关于工资差额

用人单位要求劳动者待岗，属于用人单位自主权利。某大学出版社要求曹某 2019 年 1 月待岗，其支付的待岗工资并不低于依法核算的数额，2020 年 2 月起曹某虽主张居家办公，但曹某未就该主张举证，某大学出版社亦不认可，曹某应承担举证不能的不利后果。因此，曹某主张 2019 年 5 月至 2020 年 8 月的差额工资，无法得到支持。

三、关于 2019 年度绩效工资

曹某认可 2019 年 1－4 月每月固定的 3800 元绩效工资已支付，从 2019 年 5 月起处于待岗状态。某大学出版社每月支付的工资数额并不低于法定标准，而剩余部分因根据年终考核评分情况发放，属于非固定部分。故曹某要求支付绩效工资的请求，仍无法得到支持。

四、关于劳动关系解除

用人单位对双方劳动关系解除情况负有举证责任，举证不能或举证不充分应承担不利后果。某大学出版社就与曹某解除劳动关系的原因提交的《防伪标合同的情况说明》《通报批评》，显示针对该事件仅对曹某作出全社通报批评的处罚，并未作出解除劳动关系的处理。提交的 2019 年绩效考核得分排名未显示曹某确认痕迹，曹某不认可该证据的真实性，且未举证证明考核分数与劳动关系解除存在关联性。此外，某大学出版社在解除劳动合同通知中并未提及上述两项解除原因。因此，某大学出版社系违法解除劳动关系，应结合曹某离职前 12 个月实发工资数额，进行计算。

96. 因解决户口与劳动者约定服务期及违约金，是否合法？

□ 李 韬

【案情简介】

胡某于 2018 年 7 月硕士毕业，之后便进入了北京某云科技公司（以下简称"公司"）工作。入职不久，公司就与他签订《落户协议书》，随后帮胡某办理完落户手续。协议中约定："胡某向公司申请办理北京户口，由公司协助办理落户一事。对此，胡某承诺，按照所签订《劳动合同》约定，在公司服务 5 年，若干不满 5 年，须向公司支付 10 万元的'户口违约金'，按照合同期限五年折算。"

在公司工作两年半后，胡某提出辞职。人力资源部门告知胡某须支付 5 万元的"户口违约金"，否则就不给办理离职手续。胡某不予理会，公司遂诉至仲裁委，仲裁裁决胡某需支付违约金 2 万元。胡某不服提起诉讼，请求法院判决签订的"户口违约金"协议无效。

【判决结果】

一审判决：

一、《落户协议书》中关于违约金的约定无效。被告公司应于判决生效之日起7日内为原告胡某出具解除劳动合同证明；

二、原告胡某赔偿被告公司损失2万元人民币。

原告胡某不服一审判决，提起上诉。

二审判决：

驳回上诉人胡某的上诉，维持原判。

【律师解读】

合同是意思自治的产物，当事人在合同中约定违约金，法律本不应该干预。但在劳动合同中，劳动者作为弱势的一方很可能会被用人单位利用优势地位滥用合同缔约权力，所以《劳动合同法》对用人单位与劳动者协议约定违约金有严格的限制。

《劳动合同法》第二十二条规定："用人单位为劳动者提供专项培训费用，对其进行专业技术培训的，可以与该劳动者订立协议，约定服务期。劳动者违反服务期约定的，应当按照约定向用人单位支付违约金。违约金的数额不得超过用人单位提供的培训费用。"据此，用人单位有权以"出资提供专业技术培训"为条件，与劳动者约定服务期及相应违约金。该条对因违反服务期约定而支付违约金的场合有明确的前提性规定，即用人单位向劳动者进行专业技术培训并提供专项培训费用的，用人单位可以与该劳动者订立协议约定服务期，劳动者违反服务期约定的，应按照约定向用人单位支付违约金。然而，随着社会经济的发展与城镇户口政策的变化，在北京、上海等户籍资源较为紧缺的地区，实践中出现了以办理落户作为条件约定服务期的方式。

本案中，北京某云科技公司为胡某办理的北京市户口属于稀缺资源，为其办理北京市户口的行为属于用人单位为劳动者提供特殊待遇的范畴。胡某与公司签订《落户协议书》的行为，亦能表明胡某接受了公司为其提供的特殊待遇。双方基于上述事实，经过协商一致签订了《劳动合同》，双方均应当诚信守约。胡某在办理完北京户口后违背诚实信用原则，违反单方承诺，要求离开公司且不履行承诺对公司进行损失赔偿，造成公司北京户籍指标损失，且公司没有达到吸引人才、稳定人才，长期发展壮大的目的，给公司造成了一定的损失。基于此，最终法院酌定胡某赔偿公司损失2万元，于法有据。

因此，用人单位因办理户口约定了服务期和违约金，以双方约定为依据要求劳动者支付违约金的，不应予以支持。但是，劳动者拿到户口后就辞职的行为，也会承担相应的赔偿责任。

97. 解除劳动合同未通知工会，用人单位是否违法？

□ 张 鹏

【案情简介】

2019年6月21日，李某与某公司签订书面劳动合同，从事销售岗位工作。2020年10月，某公司因李某未通过业绩考核，安排其自2021年2月开始参加培训。后李某因多次未参加培训，某公司亦给予数次警告。

根据双方签订的《个贷基本法人员补充协议》第五条约定，为了提升销售技能，公司为劳动者提供多种培训，劳动者有接受公司培训的权利和义务。某公司《员工手册》附件中规定，无重大疾病、不可抗力、政策法律法规等正当理由，拒不服从公司决定，拒绝执行被指派的任务或工作调整属于违反公司劳动纪律及规章制度的行为。

某公司以李某严重违反规章制度为由与其解除劳动合同，由此产生争议。

【仲裁结果】

某公司向李某支付违法解除劳动合同赔偿金14886.4元。

【律师解读】

本案中，某公司单方面解除劳动合同是否合法，应从两个方面评判，即实体上和程序上：

一、实体上是否合法

李某因未能通过某公司业绩考核，某公司依据《个贷基本法人员补充协议》第五条规定，"为了提升销售技能，公司为劳动者提供多种培训，劳动者有接受公司培训的权利和义务"有权安排李某进行培训，这属于公司内部管理和考核内容，李某应予以遵守。李某多次缺席培训行为，依据某公司《员工手册》规定，属于违反公司劳动纪律及规章制度的行为。某公司有权依据《劳动合同法》第三十九条，严重违反用人单位的规章制度的，用人单位可以解除劳动合同之规定，与李某解除劳动合同。因此，本案中某公司与李某解除劳动合同的理由合法。

二、程序上是否合法

依据《最高人民法院关于审理劳动争议案件适用法律问题的解释（一）》第四十七条规定，建立了工会组织的用人单位解除劳动合同符合劳动合同法第三十九条、第四十条规定，未按照劳动合同法第四十三条规定事先通知工会，劳动者以用人单位违法解除劳动合同为由请求用人单位支付赔偿金的，人民法院应予支持，起诉前用人单位已经补正有关程序的除外。某公司虽然有权按照《劳动合同法》第三十九条的规定与李某解除劳动合同，亦需满足上述程序要求，但是仍然属于违法。某公司并未举证证明已经就解除劳动关系取得工会组织的相关回复，故解除劳动合同程序存在违法。

综上，因某公司解除劳动合同在程序上存在瑕疵，故属于违法解除。用人单位在与劳动者解除劳动合同时，既要兼顾实体，又要兼顾程序。

第五部分

行政法篇

98. 乡政府依据强制拆除决定拆除大棚，法院为何判决违法？

□ 娄　静

【案情简介】

李某在吉林省某市某乡承包 16 公顷（1 公顷＝0.01 平方千米）农用地，用于种植贝达葡萄苗等农作物，并搭设农业大棚。2020 年 12 月，某乡政府为实施"延吉至长春高速公路大蒲柴河至烟筒山段（某境内段）建设项目"，未公示任何征收公告、农用地转用审批手续、征地告知书、建设用地审批手续等征地文件，于 2020 年 12 月 3 日，向李某下达《强制拆除（清除）青苗和附属物的决定书》（以下简称决定书），次日在未给予李某任何赔偿的情况下，便将李某的 16 公顷承包地全部摧毁。李某为维护其合法权益，委托北京市盈科律师事务所律师向法院提起诉讼。

【判决结果】

法院判决确认乡政府作出的决定书违法，确认乡政府强制拆除李某青苗和附属物的行为违法。

【律师解读】

一、乡政府作为行政机关作出的强制拆除决定书是否违法

根据《中华人民共和国行政诉讼法》第三十条规定："被告对作出的行政行为负有举证责任，应当提供作出该行政行为的证据和所依据的规范性文件。"

本案法庭调查阶段，乡政府提出其依据的《中华人民共和国城乡规划法》第六十五条，但该条针对的是未按照乡村"建设规划许可证"的规定进行建设，针对的是乡村建筑物，而乡政府作出的决定书，针对的是农用地上的农作物、青苗以及农用大棚，因此乡政府属于事实认定不清，适用法律错误。

根据《中华人民共和国行政强制法》第三十七条第二款"强制执行决定应当以书面形式作出，并载明下列事项，（四）申请行政复议或者提起行政诉讼的途径和期限之规定"，本案中，乡政府于2020年12月3日作出的强制拆除决定书不符合法定形式，未告知李某救济途径。

二、关于乡政府强制拆除行为是否违法

本案中，乡政府于2020年12月4日作出的强制拆除行为，违反程序正当原则。

根据《土地管理法（2019年）》第四十七条规定："国家征收土地的，依照法定程序批准后，由县级以上地方人民政府予以公告并组织实施。"说明关于延吉至长春高速公路大蒲柴河至烟筒山段项目（以下简称"建设项目"）建设用地预审仅在前期的预审阶段，并未审批。根据《土地管理法（2019年）》第四十六条："征收下列土地的，由国务院批准：（三）其他土地超过七十公顷的。征收农用地的，应当依照本法第四十四条的规定先行办理农用地转用审批。"建设项目涉嫌未批先占农用地。

《最高人民法院关于审理涉及农村集体土地行政案件若干问题的规定》第十四条明确"土地管理部门申请人民法院强制执行责令交出土地决定的，应符合被征收土地所有权人、使用人已经依法得到安置补偿或者无正当理由拒绝接受安置补偿等条件"。

综上所述，乡政府未与李某签署安置补偿协议，未支付补偿款，在未完成安置补偿工作之前，违反《中华人民共和国行政强制法》规定的告知、救济等法定程序，采取"突击拆除"等方式违法强制拆除的行为，也不能作为拆除李某青苗及大棚的合法依据。据此，强制执行行为应在完成补偿安置工作的情况下由行政机关申请人民法院强制执行，在获得法院的准许强制执行裁定前，行政机关没有直接强制拆除的权力。

99. 范某申请政府信息公开，能否得到支持？

□ 高 庆

【案情简介】

2019 年，范某购买小区经济适用房一套，因未能如期办理房产证，范某向辖区房地产管理局书面申请公开该小区楼盘登记备案信息。得到的答复为，该小区未向房地产管理局申报相关材料，没有办理初始登记，具体信息不详。

因区人民政府为经济适用房主管单位，范某向区人民政府申请自己所购经济适用房的小区楼盘初始登记信息及相关审批手续，区人民政府未予公开，故范某提起行政诉讼，请求区人民政府依法履行法定职责，公开小区房屋开发资格及建设审批相关手续。

【法院判决】

一、范某享有申请政府信息公开的权利；

二、区人民政府负有公开义务，判决生效后 5 日内向范某作出书面答复予以公开。

【律师解读】

政府信息，是指行政机关在履行行政管理职能过程中制作或者获取的，以一定形式记录、保存的信息。政府信息公开制度遵循"谁制作，谁公开""谁保存，谁公开"的原则。区人民政府作为经济适用房主管单位，制作与保存经济适用房的登记信息及相关审批手续。因此范某申请政府信息公开的主管机关正确。政府信息公开的方式包括主动公开和依申请公开。根据《政府信息公开条例》的规定，除行政机关主动公开的政府信息外，公民、法人或者其他组织可以向地方各级人民政府、对外以自己名义履行行政管理职能的县级以上人民政府部门申请获取相关政府信息。行政机关收到政府信息公开申请，能够当场答复的，应当当场予以答复。行政机关不能当场答复的，应当自收到申请之日起 20 个工作日内予以答复。因此范某有权向区人民政府申请公开该小区楼盘的相关信息，且无须说明申请信息的用途。区人民政府负有公开义务，且不属于法定不公开的范围，应在法定期限范围内公开当事人所申请的信息。区人民政府在收到范某的政府信息公开申请后，不作任何处理，听之任之，这是典型的行政不作为，侵害了范某的知情权，范某可以依法提起行政诉讼，请求区人民政府依法履行法定职责，公开相关信息。

本案中人民法院保护公民知情权，责令行政机关限期公开相关信息，有助于完善公众监督、举报反馈机制和奖励机制，有助于督促行政机关履行职能，提高行政机关工作的透明度，推进建设法治政府。

100. 税务处罚前组织了听证，为何被撤销处罚？

□ 吴　友

【案情简介】

2011 年 12 月，E 税务局对基隆公司的纳税情况进行检查，并发出调取资料通知书，调取基隆公司 2006 年 1 月 1 日至 2010 年 12 月 31 日的会计账簿。基隆公司以"2008 年特大暴雨浸没办公室导致资料毁灭，此后与客户月结，未建账册"为由，没有提供。后 E 税务局根据《税收征收管理法》对基隆公司的所得情况进行了核定，认定基隆公司少缴资源税 979 万元、少缴企业所得税 223 万元，共计 1202 万元。

E 税务局对基隆公司核定的主要法律依据是《税收征收管理法》第三十五条，纳税人有下列情形之一的，税务机关有权核定其应纳税额：（二）依照法律、行政法规的规定应当设置账簿但未设置的。主要方法是：一、根据受委托第三方提供的《基隆公司石灰岩矿 2011 年度储量年报》，估算矿产动用量、损失量和矿产资源的增减量，计算基隆公司开采矿石量。二、将基隆公司提供的财务报表和从银行调取基隆公司的银行账号记录进行对比，发现其银行存款实际余额远大于财务报表记录的数字。三、围绕基隆公司的上下游客户，调查其销售和购进情况，发现其和银行账户的余额基本相符。利用上述核定的方法，核定基隆公司少缴的税款分别为资源税 979 万元、企业所得税 223 万元。

2015 年 3 月 18 日，E 税务局对基隆公司作出〔2015〕1 号《税务行政处罚决定书》，对基隆公司作出了上述少缴税款 0.5 倍的罚款，即 601 万元。基隆公司不服，经过行政复议、行政诉讼的一审、二审法院审理，某中级人民法院认为涉案行政处罚属于重大税务案件审理范围，E 税务局作出税务处罚的执法主体不适格，程序违法，故撤销了〔2015〕1 号《税务处罚决定书》。

2017 年 7 月 5 日，E 税务局重大案件审理委员会作出《审理意见书》，对该处罚案件提出审理意见。2018 年 2 月 28 日，E 税务局向基隆公司发出《税务行政处罚事项告知书》，告知拟作出行政处罚的事实、理由和依据，并告知其享有陈述、申辩和听证的权利。基隆公司提出了听证申请。2018 年 3 月 15 日，E 税务局举行听证会，听取了基隆公司的陈述意见，但未在会上出示证据。之后 E 税务局制作了听证报告，再次经重大审理委员会审理后，E 税务局作出本案的〔2018〕1 号《税务行政处罚决定书》。

【判决结果】

撤销 E 税务局作出的〔2018〕1 号《税务行政处罚决定书》。

【律师解读】

听证过程中，由调查人员就当事人的违法行为予以指控，出示事实证据材料，提出行政处罚建议。相对人或者其代理人可以就所指控的事实及相关问题进行申辩和质证。质证是当事人在听证程序中享有的权利，也是听证程序中的必要环节，未在听证会上出示并经质证的证据不能作为定案的证据。对于补充调查的影响是否处罚的证据，需要再次听证，未经听证的，属于程序违法。

《行政处罚法》第四十二条第一款规定，听证依照以下程序组织：（六）举行听证时，调查人员提出当事人违法的事实、证据和行政处罚建议；当事人进行申辩和质证。《税务行政处罚听证程序实施办法（试行）》第十四条第一款规定，听证过程中，由本案调查人员就当事人的违法行为予以指控，并出示事实证据材料，提出行政处罚建议。当事人或者其代理人可以就所指控的事实及相关问题进行申辩和质证。由前述规定可知，质证是当事人在听证程序中享有的权利，也是听证程序中的必要环节，未在听证会上出示并经质证的证据不能作为定案的证据。具体到本案，E税务局在对基隆公司作出涉案行政处罚前依申请组织了听证，但从《听证笔录》反映，E税务局的调查人员在听证会的举证阶段没有出示证据，剥夺了基隆公司在税务行政处罚听证程序中的质证权利。因此，E税务局作出涉案行政处罚的程序违法，应当予以撤销。

税务处罚和其他处罚一样，在程序上的要求非常严格。处罚决定前的听证，是以听证会的形式听取当事人的陈述、申辩，并对全案证据进行质证，由当事人一方和调查方进行辩论，是相对人在行政处罚决定前重要的程序性权利，依法应予保障。但是该案只是听取了相对人的陈述、申辩，没有对全案的证据进行质证，完全剥夺了相对人的质证权利，属于严重的违法。

同样因为听证不合法被撤销处罚的案例还有〔2018〕浙06行终411号，该案在第一次组织完听证以后提交重大案件审理委员会审理时，两次退回补充调查。补充调查的证据，是案件是否处罚的重要依据，对处罚决定是否成立会产生直接影响，但没有再次组织听证，属于程序违法，法院也因此撤销了处罚决定。由此可知，听证是程序合法的重要内容，需要严格依照法律规定，全面细致地组织。

101. 外文商标中多字母重合，是否为近似商标？

□ 董园园

【案情简介】

某工程设备公司主要从事压力容器、搅拌器、核电设备、机器类设备以及模块化装置的设计与制造等。其基于实际经营所需，在第 11 类商品上申请注册 A 商标（简称讼争商标），国家知识产权局经审查认为讼争商标与在先注册 B 商标（简称引证商标）近似，驳回讼争商标在指定的部分商品上的注册申请。在驳回复审程序中，国家知识产权局决定对讼争商标在复审商品上的注册申请予以驳回（简称被诉决定）。

该公司对国家知识产权局作出的被诉决定不服，故委托北京市盈科律师事务所律师团队向北京知识产权法院提起行政诉讼。

Nagamori

讼争商标   引证商标

【判决结果】

一、撤销被告国家知识产权局作出的商评字〔2021〕第某号关于第某号"NAGAMORI"商标驳回复审决定；

二、被告国家知识产权局就原告某工程设备公司针对第某号"NAGA-MORI"商标所提出的驳回复审申请重新作出决定。

【律师解读】

根据《商标法》第三十条的规定，申请注册的商标，凡不符合本法有关规定或者同他人在同一种或类似商品上已经注册的或者初步审定的商标相同或者近似的，由商标局驳回申请，不予公告。

根据国家知识产权局驳回诉争商标注册申请的主要理由，本案的争议焦点在于讼争商标是否违反上述《商标法》第三十条的规定。

代理律师在接受委托后，通过将讼争商标与引证商标进行对比发现：

第一，在构成要素方面：讼争商标由纯字母构成；引证商标为图文商标，由圆形作为整体轮廓，内部包含花体书写且并不易被识别的"NAKA-MORI"、意为"美发廊"的英文"HAIR SALON"以及由王冠、侧脸、剪刀、梳子等组成的图形。两商标的构成要素明显不同，相关公众在看到两商标时可以将两商标清晰区分，不会产生混淆。

第二，在排列方式方面：讼争商标与引证商标的构成要素在排列方式和设计风格上均差异明显，两商标在整体外观视觉效果方面明显不同，一般公众在看到两商标时并不会产生混淆的可能性。

第三，在含义和呼叫方面：某工程设备公司曾为日资企业，讼争商标也来源于日语词汇，与其企业名称相呼应，对讼争商标的注册申请是合理且善意的行为。而引证商标所体现出来的深层含义与商标注册人所从事的经营范围密切相关，且引证商标中显著识别部分是意为"美发廊"的"HAIR SALON"，与讼争商标含义相差甚远。

经过律师团队对讼争商标与引证商标对比，并进行多层次、多方面的分析，法院最终认定讼争商标与引证商标在字母、呼叫、构成要素、整体视觉效果等方面存在一定差异，尚可区分，不构成近似商标。经过律师团队的努力，某工程设备公司核心商标成功注册。

102. 税务代理人造成偷税，纳税人是否受罚？

□ 吴　友

【案情简介】

2014 年，J 税务局稽查局（以下简称稽查局）因基能公司在 2011 年和 2012 年共隐瞒收入 3874 万元，对其作出了补税 124.3 万元和加收滞纳金的税务处理，并处一倍罚款 124.3 万元。

基能公司认为，是某财务公司的行为导致了其隐瞒收入，基能公司并不知情，没有隐瞒收入的故意，不属于偷税行为，不应受到罚款，只应接受补缴税款和加收滞纳金的处理。基能公司向稽查局出示了其与某财务公司签订的《代理记账协议书》，双方约定了财务公司为基能公司代理记账、税务申报的合同义务。基能公司同时出示了与财务公司发生纠纷、终止上述协议、进行相关诉讼的证据。

故基能公司对罚款不服，起诉至法院。

【判决结果】

一审判决：

撤销被告稽查局作出的《税务行政处罚决定书》。

被告稽查局不服一审判决，提起上诉。

二审判决：

驳回上诉人稽查局的上诉，维持原判。

【律师解读】

一审法院认为，《税收征收管理法》第八十九条规定，纳税人、扣缴义务人可以委托税务代理人代为办理税务事宜。《中华人民共和国税收征收管理法实施细则》第九十八条规定，税务代理人违反税收法律、行政法规，造成纳税人未缴或者少缴税款的，除由纳税人缴纳或者补缴应纳税款、滞纳金外，对税务代理人处纳税人未缴或者少缴税款50%以上3倍以下的罚款。结合原告在被告行政处罚程序中的陈述意见，被告应当根据原告提供的证据、线索进行调查、核实，对纳税人未缴、少缴税款的原因进行甄别、确认。原告向被告提供的证据，需要被告在行政程序中根据原告的主张及被告的职责权限调查并予以核实。被告的处罚需要确认纳税人未缴、少缴税款的原因和责任主体，现无证据证明被告对此进行了调查，被告当庭陈述对原告证据进行了书面审查，但未尽到审慎的职责。被告仅凭现有证据，不足以对原告进行处罚，属于行政行为认定事实缺乏证据。

二审法院认为，本案的争议焦点是对基能公司的申辩意见，即委托第三人代为办理税务事宜，稽查局是否进行了复核；未进行复核是否可能影响税务处罚决定的正确性。稽查局具有复核的法定义务。基能公司撤回听证申请，不能免除上诉人的复核义务。上诉人未提供证据证明其履行了复核程序，其行政处罚程序违法。复核程序是确保结果公正的重要保障。《税收征收管理法》第八十九条和《税收征收管理法实施细则》第九十八条，明确规定了税务代理人违反税收法律、法规规定的法律责任。在行政处罚处理期间，基能公司主张其并无偷税故意并陈述、申辩称，其与财务咨询公司曾签订《代理记账协议书》，因双方其他纠纷导致该公司故意未按约定进行纳税申报等事务，并提供了有关证据。在此情况下，稽查局应确定基能公司的申辩理由是否与事实相符，同时对基能公司未缴、少缴税款的原因作出认定，以确定承担法律责任的主体。由于稽查局未对基能公司的申辩进行复核，行政处罚程序违法，且可能影响到处罚结果的正确，故驳回上诉，维持原判。

律师提醒：首先，偷税的认定必有主观的故意。《税收征收管理法》第八十九条和《税收征收管理法实施细则》第九十八条规定也正好契合了这一点。在纳税人主张是税务代理人造成偷税并提供一定证据的，税务机关需要审查和甄别，是纳税人的主观责任还是税务代理人的主观责任，从而作出相应的处罚。如果双方都没有责任，则只能做出补税和加收滞纳金的处理，而不能进行税收处罚。其次，纳税人在聘请纳税申报代理人时要特别地注意，不能放任不管，不然可能给自己带来不确定的税收风险。最后，纳税申报代理人在代理的过程中，要遵守税收法律的规定，如果代理人违反了税收法律法规，同样需要承担相应的责任。

103. 行业协会《自律协议》，为何遭受除名处罚？

□ 罗文正

【案情简介】

甲市预拌混凝土协会系由甲市 A 建材有限公司、甲市 B 混凝土有限公司、甲市 C 建材有限公司、甲市 D 建材实业有限公司、甲市 E 建材有限公司、甲市 F 建材有限公司六家公司于 2012 年共同成立，经民政部门登记的社团法人组织。该社团成立之时便订立了《甲市商砼企业行业自律小组协议》，协议内容实质上是共同固定商品价格、限制商品生产数量、分割销售市场、联合抵制交易等《反垄断法》禁止的垄断协议。通过该协议及相关行为，协会成员在甲市范围内操纵了预制混凝土价格并以禁售等方式阻碍非本地同行业企业在甲市本地合法销售。

2021 年以来，因供需关系变化，国内预制混凝土的原材料价格一路上涨。为进一步垄断牟取暴利，甲市预拌混凝土协会采取多种方式加大垄断力度，其成员之间约定限制生产、限制原料供应途径等方式抬升本地预制混凝土价格并实施利润分割计划。

江西省市场监督管理局对甲市预拌混凝土协会及成员开展反垄断调查，根据收集到的合同、协议复印件、公司账户、协会账户、相关人员笔录、市场信息等证据，依法作出反垄断处罚。

【处理结果】

一、对甲市预拌混凝土协会作出罚款 50 万元的行政处罚，并建议甲市民政局依法撤销其社会团体法人登记；

二、对甲市 A 建材有限公司、甲市 B 混凝土有限公司、甲市 C 建材有限公司、甲市 D 建材实业有限公司四家会员企业责令停止违法行为，没收违法所得，并处 2018 年销售额 8% 的罚款；

三、对甲市 E 建材有限公司、甲市 F 建材有限公司两家会员企业责令停止违法行为，没收违法所得，并处 2018 年销售额 3% 的罚款。

【律师解读】

预制混凝土商品具有短距运输的特性，国家标准中对于预制混凝土运输距离有规定。但对于满足生产销售资质的企业，并无除此之外其他准入要求和价格要求，任何施加前置性市场准入许可的行为都是违法行为。

《反垄断法》第四十六条第三款规定："行业协会违反本法规定，组织本行业的经营者达成垄断协议的，反垄断执法机构可以处五十万元以下的罚款；情节严重的，社会团体登记管理机关可以依法撤销登记。"本案中，甲市预拌混凝土协会多次组织会员单位达成并实施《反垄断法》禁止的变更商品价格、限制商品的生产数量、分割销售市场及原材料采购市场、共同抵制交易的垄断协议，排除、限制了甲市预拌混凝土市场的正常竞争。

《反垄断法》第四十九条规定："对本法第四十六条、第四十七条、第四十八条规定的罚款，反垄断执法机构确定具体罚款数额时，应当考虑违法行为的性质、程度和持续的时间等因素。"经调查，成立甲市预拌混凝土协会是为了使2012年7月17日《甲市商砼企业行业自律小组协议》、2012年8月5日《甲市商砼自律小组运营管理办法》中行业自律小组管理形式合法化。主要目的是继续组织实施垄断协议，排除、限制当地预拌混凝土市场正当竞争。协会法定代表人丁某为达到垄断甲市预拌混凝土市场的目的，以协会为依托，多次组织并使用暴力手段干扰、阻碍市场竞争，违法犯罪的刑事案件达三十余起。涉及组织、领导黑社会性质组织罪及故意毁坏财物罪、寻衅滋事罪、强迫交易罪、破坏生产经营罪等多项罪名（涉及刑事案件相关人员由公安机关另行处理）。

国家多部门出台专项规定，严厉打击非法行业协会和攫取不正当利益的自律协会。在此背景下，市场监督管理局处罚决定中"建议甲市民政局依法撤销其社会团体法人登记"的举措起到了标本兼治的作用和执法督促行政的效果。

104. 不动产权证书附记栏备注惹争议，产权人如何维权？

□ 张　璐

【案情简介】

2008年1月，某公司以公开出让（挂牌）方式取得开发土地，并与某市国土资源局及某管理委员会签订国有土地使用权出让合同。土地用途为商业、酒店、办公、科研用地。

2013年11月，某公司、某市国土资源局、某管理委员会签订补充协议，同意增加地下一层空间建设用地使用权，用途为商业，某公司补交了土地出让金。2017年4月，商业中心竣工后，在为地下商业房产办理不动产权属登记时，某市国土资源局在不动产权证书附记栏中加注了新建，办理自用房手续，不得对外销售。如需进行二手房转让，必须先行征得某管理委员会同意。

鉴于商业中心项目存在巨大资金缺口，为解决企业融资问题，某公司自 2015 年 1 月起多次向某管理委员会、某市住房和城乡建设局和某市国土资源局提交书面申请，请求撤销不动产权证书附记栏中所加注的权利限制性文字内容，均未能解决。

某公司诉至法院，请求：一、判决撤销某市国土资源局在涉案不动产权证书附记栏中的上述批注内容；二、判决某市国土资源局赔偿某公司 2017 年 4 月至 2018 年 4 月期间的利息差额损失 1111.1335 万元。

【判决结果】

一、撤销被告某市国土资源局在涉案不动产权证书附记栏中的上述批注内容；

二、驳回原告某公司其他诉讼请求。

【律师解读】

一、涉案不动产登记为何属于可诉的行政行为

商业中心地下室商业部分 2015 年的国有土地使用权登记及 2016 年的房屋所有权登记，均是独立且已完成的登记行为。因登记部门不同，房屋及其所占土地的登记存在不一致，即房屋分成 43 份进行所有权登记，土地使用权按 1 份使用权登记，土地使用权证附记栏注明不得对外分割销售，每份房屋所有权登记证明附记栏注明不得对外销售等内容。涉案 2017 年不动产登记，系将上述房屋所有权与土地使用权合并进行统一登记，且将 43 套房屋归并成 1 份进行所有权登记，附记栏注明不得对外销售等内容，未记载不得对外分割销售的内容。

因此，涉案 2017 年不动产登记并非简单地对 2015 年、2016 年两次发证的合并换证，还涉及权利状态、附记事项等变化，应属于变更登记，该变更登记对某公司权利义务产生实际影响，属于可诉的行政行为。

二、涉案不动产登记的附记内容为何违背物权法定原则

根据物权法定原则，物权的种类、内容均由法律明确规定，当事人之间不能任意创立物权或约定变更物权的法定内容。《民法典》第二百零九条第一款规定："不动产物权的设立、变更、转让和消灭，经依法登记，发生效力；未经登记，不发生效力，但法律另有规定的除外。"不动产物权经登记发生法律效力，登记起到了物权公示作用，不动产登记簿是物权归属和内容的根据。不动产权属证书记载的事项，应当与不动产登记簿一致。

本案中，某公司通过土地出让方式合法取得了国有土地使用权，在该地块上开发建设了游站商业中心项目，某公司对该房产依法享有直接支配和排他的权利，享有完整的占有、使用、收益、处分的权利。某公司享有的上述物权内容是法定的，不应受到任意限制。涉案不动产登记违背了物权法定原则及相关规定。

三、附记内容为何违反不动产登记行政法规

《不动产登记暂行条例》第二条第一款规定："本条例所称不动产登记，是指不动产登记机构依法将不动产权利归属和其他法定事项记载于不动产登记簿的行为。"第八条规定："不动产以不动产单元为基本单位进行登记。不动产单元具有唯一编码。不动产登记机构应当按照国务院国土资源主管部门的规定设立统一的不动产登记簿。不动产登记簿应当记载以下事项：（一）不动产的坐落、界址、空间界限、面积、用途等自然状况；（二）不动产权利的主体、类型、内容、来源、期限、权利变化等权属状况；（三）涉及不动产权利限制、提示的事项；（四）其他相关事项。"《不动产登记暂行条例》对于不动产登记簿的记载事项作了明确规定。上述条款规定了不动产登记簿的记载事项主要分为不动产的自然状况、权属状况以及其他限制、提示事项等三种类型。其中，不动产限制提示事项主要是针对异议登记、预告登记、查封登记等登记类型而规定的。不动产登记部门在作出不动产登记时，应严格按照条例的规定进行办理，对于任何涉及不动产权利限制、提示的事项，登记必须有法律依据，不能随意对《不动产登记暂行条例》第八条的规定做扩大解释。

本案中，某公司于2017年作出的涉案不动产登记，其附记内容不得对外销售，如需进行二手房转让，必须先行征得某管理委员会同意系对某公司物权的限制，该限制内容不符合物权法定原则，仅是某公司、某市国

土资源局、某管理委员会就土地出让合同签订补充协议时某公司与某管理委员会的约定事项，具有合同相对性，不属于《不动产登记暂行条例》第八条规定的应当登记的涉及不动产权利限制的法定事项范围。因此，涉案登记的附记记载行为缺乏法律依据。

四、某公司主张的融资利息差额损失为何缺乏依据

行政赔偿适用于因行政行为违法或无效等造成权利人直接损失的情形。某公司主张行政赔偿，系认为基于涉案不动产登记中附记内容违法，限制其销售而导致其向相关企业、单位借款所产生的利息与同期银行贷款利息的差额。但涉案不动产登记中限制的仅是不得销售，不影响某公司进行其他相应利用、处分，且某公司所称上述损失与涉案登记行为并无直接的因果关系。因此，某公司要求行政赔偿缺乏事实和法律依据。

综上，不动产登记系对物权的公示，涉及民事、行政双重法律关系，既应遵循物权法定等民事法律规范，又应符合不动产登记相关行政法规。物权的种类和内容由法律规定，当事人无权通过约定变更物权的法定内容。登记机关如将缺乏法律依据的约定内容进行登记，有违物权法定原则，当事人请求撤销相关登记内容的，人民法院应予支持。

105.5 亿元税收强制执行，为何被撤销？

□ 吴 友

【案情简介】

A 个人独资企业（以下简称 A 个独）和 B 公司的实际控制人均为甲。A 个独拥有建筑物和机器设备，B 公司拥有采矿权。2016 年 11 月至 2018 年 3 月，甲及其关联方和 H 公司进行了一系列的交易，将 A 个独拥有的建筑物和机器设备以及 B 公司 100% 的股权转让给 H 公司及其关联方，但在具体的交易过程中，出现了法律和税收的双重问题。

经双方协商，A 个独的建筑物价值为 1100 万元、机器设备为 1000 万元，B 公司的采矿权价值为 2.57 亿元。另外，由于甲及其关联方实缴了 B

公司注册资本 5000 万元，因此整个交易的价格为上述之和，即 3.28 亿元。但是，在双方的股权和资产转让协议上，却确定了如下的交易方式：甲及其关联方将 B 公司 100% 的股权转让给 H 公司或关联方，价值为 5000 万元（按照实缴的注册资本）。此时虽然 B 公司已经 100% 属于 H 公司及其关联方，但是甲认为采矿权仍然属于甲（法律上，B 公司是采矿权的所有权人）。因此，甲以 A 个独的名义，将采矿权、建筑物和机器设备分别按照上述价值之和 2.78 亿元（2.57 亿元 + 0.11 亿元 + 0.1 亿元）转让给了 B 公司，并向 B 公司全额开具了发票。也就是说，A 个独将 B 公司拥有所有权的采矿权以 A 个独的名义转让给了 B 公司。这里不仅出现法律上无权处分的问题，还出现了税法上虚开发票的问题。由于本案税务局没有提及虚开发票的问题，我们也不在此讨论，只讨论由此引发的其他问题。

A 个独所在地的 L 省 M 市税务局认为，由于 A 个独没有采矿权，A 个独转让价格中的 2.57 亿元不是采矿权的价值，而是建筑物的价值，要对建筑物的转让征收相应的增值税、土地增值税、个人所得税和其他税费，合计约 1.63 亿元（其中税率最高为 65% 的土地增值税 1.37 亿元），加收相应的滞纳金（截至 2022 年 11 月滞纳金已有 1.5 亿元以上），并处罚款 1.8 亿元，以上合计约 4.93 亿元。M 市税务局在 2019 年 12 月对 A 个独作出《税务处理决定书》和《税务处罚决定书》，并送达给在监狱服刑的甲（2019 年 10 月因组织、领导黑社会性质组织罪、非法采矿罪等罪名被同属于 L 省的 N 市中级人民法院判处有期徒刑 20 年）；在 2022 年 8 月下达了《税收强制执行决定书》，决定执行位于 L 省 M 市的 Y 酒店资产，其土地使用权以及七栋楼房的市场价值约为 2.53 亿元。该部分财产已经被同属于 L 省的 N 市中级人民法院刑事裁定书认定为甲的个人财产，并全部没收。

当前，由于甲及其关联方没有及时缴纳上述税款、滞纳金和罚款，M 市税务局已经将该案以逃税罪和逃避追缴欠税罪移送公安机关，公安机关已移送检察院审查起诉。该案《税务处理决定书》确定的补税和滞纳金，A 个独、甲及其关联方无力缴纳，由于税收前置，甲已经失去复议和诉讼的权利。当前，针对《税收处罚决定书》，甲已经委托我们提起了行政复议，复议机关 L 省税务局认为已经超过了 6 个月的起诉期限，作出了不予受理决定。针对不予受理决定，我们提起了行政诉讼，要求撤销不予受理决定并依法受理税务处罚的行政复议。我们认为向监狱服刑人员送达文书属于时效中止，甲依然享有诉权；并提交了法律依据和相关案例。因为行政处罚在很大程度上决定了逃税罪和逃避追缴欠税罪刑事案件的裁判，当事人绝不会放弃。截至 2022 年 11 月下旬，该行政诉讼尚未开庭审理。

【处理结果】

L 省税务局撤销 M 市税务局作出的《税收强制执行决定书》。

【律师解读】

2022 年 9 月，我们代理 A 个独作为申请人，针对《税收强制执行决定书》向 L 省税务局提起了行政复议，并提出如下理由：

第一，强制执行相对人选择错误。根据《个人所得税法》的规定，对于个人独资企业，其个人所得税的纳税主体为投资人，而不是个人独资企业本身，故有关个人所得税的税款、滞纳金和罚款的执行相对人应为甲自然人，而不是 A 个独。而该《税收强制执行决定书》的执行相对人为 A 个独，因此执行相对人选择错误。M 市税务局虽然向在监狱服刑的甲送达了文书，但甲只是代 A 个独接收文书，并不代表执行相对人为甲。

第二，《税收强制执行决定书》部分执行没有法律依据。除了个人所得税之外的其他税种比如增值税、土地增值税等，其纳税主体为 A 个独，而不是甲自然人。根据《个人独资企业法》第三十一条，个人独资企业的财产不足以清偿债务的，投资人应当以其个人的其他财产予以清偿。因此，只有当 A 个独的财产不足以清偿全部债务时，投资人甲才以个人的其他财产清偿债务。M 市税务局尚没有对 A 个独的财产进行充分执行，尚不能确定 A 个独的财产是否能够清偿全部的税款、滞纳金和罚款，因此对于除个人所得税之外的其他税种，M 市税务局尚不能强制执行甲个人的其他财产。

第三，《税收强制执行决定书》严重违反法律规定。《税务稽查案件办理程序规定》第五十二条第二款规定，实施强制执行时，应当向被执行人送达强制执行决定书，告知其实施强制执行的内容、理由及依据，并告知其享有依法申请行政复议或者提起行政诉讼的权利。但《税收强制执行决定书》中根本没有明确强制执行的依据，也没有明确强制执行的金额。其用于证明Y酒店资产属于甲个人财产的N市中级人民法院和N市T县人民法院的裁判文书也没有向申请人送达副本或复印件，申请人无从查证。

复议机关L省税务局对我们提出的理由没有做任何评述或者采纳，但依然撤销了《税收强制执行决定书》，其认为的主要理由如下：Y酒店资产已经被人民法院裁定罚没，所有权已经转移，M市税务局对Y酒店采取的税收强制执行措施，不符合《税收征收管理法》第四十条第一款第二项和《税收征收管理法实施细则》第五十九条第一款的规定。

下面我们做简要分析，L省税务局的观点是，由于Y酒店已经被人民法院裁定罚没，所有权已经转移，因此M市税务局不能对Y酒店强制执行。但是《刑法》第六十条规定，没收财产以前犯罪分子所负的正当债务，需要以没收的财产偿还的，经债权人请求，应当偿还。另《税收征收管理法》第四十五条第二款规定，纳税人欠缴税款，同时又被行政机关决定处以罚款、没收违法所得的，税收优先于罚款、没收违法所得。因此，从实体法上讲，M市税务局具有执行Y酒店资产的法律依据，但L省税务局依然撤销了《税收强制执行决定书》，或者L省税务局认为，M市税务局不能直接强制执行，而是在N市主导的没收财产中优先参与分配。

另外，本案的一个重要背景，即位于M市的Y酒店资产被N市中级人民法院没收。对于该酒店资产，在依法偿还相关债务后，剩余资产将归属于N市。但如果该酒店被M市税务局做税收强制执行，该酒店资产将全部或者绝大部分属于M市，这涉及了同一个省不同两个市的资产分配问题。所以L省税务局在对M市的《税收处理决定书》和《税收处罚决定书》合法性、合理性未全面、深入、细致地研究分析并谨慎做出结论之前，难以维持一个高达2.5亿元的税收强制执行。从税收实体法上讲，把采矿权的价值直接认定为土地建筑物的价值，难免有值得商榷之处。更何况，1.8亿元税收的行政处罚还在诉讼当中，法律程序尚没有尘埃落定。现在将强制执行撤销，等所有税收争议的程序完成以后，税收征收和罚款的合法性、合理性研究分析并确定或者依法调整以后，再重新进行强制执行程序也不迟。

对于本案而言，所涉财产已经被法院全部没收。当事人在乎的是已经移送检察院审查起诉的逃税罪和逃避追缴欠税罪。如果税收处罚被撤销，税收刑事犯罪也很有可能不成立。如果税收处罚被维持，则当事人的行为是否构成犯罪，有待后续的刑事审判程序进一步确定，律师的工作也会更加繁重和复杂。后续任重而道远，需要责任，更需要专业！

后 记 AFTER WORD

　　三月的北京，春意盎然。渐渐苏醒的草木，带来了春天的气息。2023年3月5日，第十四届全国人大一次会议在北京胜利召开，《"律师说法"案例集（6）》的出版，为姹紫嫣红、草长莺飞的神州大地，平添了我们收获的喜悦。

　　党建引领，为建设国际化、专业化全球领先的律师事务所，盈科人一直在砥砺前行。"盈科律师一日一法"核心团队不忘初心、肩负使命。2020年12月22日，《"律师说法"案例集（1）》出版发行。2021年6月22日，《"律师说法"案例集（2）》出版发行。2021年12月22日，《"律师说法"案例集（3）》出版发行。2022年6月22日，《"律师说法"案例集（4）》出版发行。2022年12月22日，《"律师说法"案例集（5）》出版发行。经过"盈科律师一日一法"核心团队的共同努力，《"律师说法"案例集（6）》即将与大家见面。

　　目前，"盈科律师一日一法"公众号刊发案例一千多起，被多家公众号转发，今日头条、搜狐网、新浪网、新浪微博等200多家网站转载。投稿作者是来自二十多家分所的律师，合计140余人。

　　《"律师说法"案例集（1）》选择的是从公众号创刊至2020年4月30日发布的案例，封面颜色是红色。《"律师说法"案例集（2）》选择的是从2020年5月1日至2020年12月31日发布的案例，封面颜色是橙色。《"律师说法"案例集（3）》选择的是从2021年1月1日至2021年6月30日发布的案例，封面颜色是黄色。《"律师说法"案例集（4）》选择的是从2021年7月1日至2021年12月31日发布的案例，封面颜色是绿色。《"律师说法"案例集（5）》选择的是从2022年1月1日至2022年6月30

日发布的案例，封面颜色是青色。《"律师说法"案例集（6）》选择的是从 2022 年 7 月 1 日至 2022 年 12 月 31 日发布的案例，封面颜色是蓝色。本书总共分五个部分，包括民事法案例 40 篇、刑事法案例 31 篇、公司法案例 15 篇、劳动法案例 11 篇、行政法案例 8 篇，合计 105 篇。

在编委会侯晓宇、娄静、车行义、刘涛、王俊林、曹彤龙、吴友、郭灿炎、汤学丽、张其元、杨倩、刘敏等人的大力支持下，在张印富、赵爱梅、高庆、李韬、刘永江、罗文正、温奕昕、张璐、张鹏、白桂香、师萌、岳广琛等律师的辛苦付出下，从 2023 年 1 月 1 日开始，历经多次审稿，本书终于汇编成集。

我代表编委会，向本案例集投稿的作者，向长期支持我们的广大读者朋友，再次表示感谢。

"盈科律师一日一法"主编　**韩英伟律师**
盈科刑民行交叉法律事务部主任

2023 年 3 月 22 日于北京